증산 강일순 상제의 성해는
甑山 姜一淳 上帝의 聖骸

석암 강희준 엮음

뱅크북

서문

　세월의 흐름은 검은 머리를 흰 머리로 바꾸고 이마에 주름이 파이게 합니다. 그 주름에 희노애락(喜怒哀樂)이 새겨지고, 삶의 역경이 마치 짚으로 엮어진 이엉의 한 틈새처럼 남겨집니다. 인간 개개인의 삶도 이렇게 흔적을 남기는데, 하물며 역사의 흐름을 바꾸고자 하는 노력이야 장강대하(長江大河)같은 기록을 남기고도 남음이 없겠습니까.

　이제 노도처럼 흘러가는 역사의 흐름과 진실 속에 한줄기의 흐름을 더하고자 합니다. 어느덧 지나간 시간이 되고 말았습니다만 2017년 8월 15일 광복절의 그 날에, 미흡하다는 생각에 조금은 망설여지고 마음은 흡족하지 않았지만 『대순전경』과 『천심경』을 출판하여 세상에 알린바가 있습니다.

　『대순전경』과 『천심경』은 선친의 유품입니다. 아주 어린 기억은 없을지라도, 기억이 있는 한 『대순전경』 육필본과 서찰(비록), 『천심경』과 『참정신으로 배울 일』은 언제나 곁에 있었습니다. 어릴 때 선친께서는 이 모든 것을 한 묶음으로 제게 주셨습니다. 그 당시는 잘 몰랐지만 지금도 선친께서 하신 말씀이 귓가에 쟁쟁합니다.

"만일 내가 먼저 죽고 난 후라도 이 보따리 묶어 놓은 것을 소중하게 여겨라. 네 나이가 60이 넘었을 정도면 그때 살펴 보거라!"

선친의 이 말씀은 결국 유언이 되었습니다. 나이가 들면서 살아온 뒤를 돌아봅니다. 마치 먼 산길을 굽이굽이 돌아 온 것처럼 인생이 평범하지는 않았습니다. 무언가 허우적거리는 듯 생각에 나를 믿기고 살아온 인생입니다. 항상 아쉬운 부분입니다. 많은 것을 놓아버렸지만 다행히도 선친이 남겨주신 이 소중한 보따리는 지금 곁에 있습니다.

부친은 진주강씨(晉州姜氏) 후손이십니다. 저 또한 아버지의 핏줄이니 진주강씨이고 24대손이 됩니다. 우연의 일치이지만 증산상제(강일순) 어른도 가까운 집안입니다. 그래서 이 소중한 유물이 선친께 전해지고 아끼셨으며 보중하신 것인지도 모릅니다. 하여튼 저는 이 물건을 아끼고 지키라는 선친의 약속을 지키게 됨을 매우 기쁘게 생각합니다.

60살이 넘어서 『대순전경』과 『천심경』도 공개를 하였고, 이번에 또다시 증산상제와 연관이 있는 여러 증빙(證憑)을 발표할 수 있게 되었습니다. 1921년부터 해방 후까지의 증산 상제 성해(聖骸)에 관련된 문서(서찰)들을 학자들의 도움을 받아 발표하게 된 것입니다. 가슴이 벅차오르는 일이 아닐 수 없습니다. 사람이란 매사에 감명을 받고 사소한 일에 감동하는 법이라 하나 이처럼 가슴 벅찬 일은 흔하지 않다는 생각이 듭니다.

　이제 다시 증산 상제에 관한 역사의 한 페이지를 세상에 알리게 되어 참으로 감격스러울 뿐입니다. 이 역사에 동참해 주시고 물심양면으로 지원해 주신 여러 지인과 동료, 또한 학자 여러분들에게 감사를 드립니다. 항상 가까운 곳에서 도움을 주는 현대산업주식회사 대표이신 김상열님, 본인이 선친으로부터 물려받은 유물의 공개와 관련 자료를 출판할 수 있도록 도와준 『증산 왼팔 유골은 어디로 갔나?』의 저자 문일섭 대표님께도 진심으로 감사를 드립니다.

　많은 분들이 정성을 다해 도움을 주셨습니다. 신도회장 김광종님,

임현수님께도 감사를 드립니다. 『대순전경』과 『천심경』을 처음으로 공개, 지면에 소개시켜준 《브레이크 뉴스》 김충렬 기자님, 김석두 법사님에게도 진심으로 감사를 드립니다. 또한 가까운 곳에서 도와주시며 형제같이 아껴주시고 학문적인 영감을 주시는 김두년 선생님, 문보 박영신 선생님, 성보 안종선 교수님, 홍진기님, 김성환님, 김낙유님, 피중선님, 문화 투데이 대표 황창연님, 고불선원 홍보대사 박승희님, 진성공사 김진숙님께도 심심한 감사와 경하를 드립니다.

2019년 4월

석암당 올림

증산(보천교) 자료

높이:13.5cm 직경:3cm

<십일방주>

<십일방주>

제 1 부

증산 상제의 성해는 어디에

1. 증산 상제 진여 성해가 갖는 의미

성해 빼앗기 싸움이라는 생소한 말을 처음 대했을 때 상식적으로 이해하기 어려울 것이다.

그러나 시간이 흐를수록 이 말이 갖는 의미가 더해지기 시작했다.

무엇을 위해서 이미 땅 속에 묻혀 있는 성해를 이런 의문의 시작을 지금까지 찾지 못하고 있다.

간헐적으로 유족간에 유골 빼앗기 싸움은 가끔 뉴스에 나오지만, 증산계 창교주이신 증산상제 성해 빼앗기 싸움은 여타의 경우와 다른 데가 있다.

이 성해 빼앗기 싸움이 한 번에 그쳤다면 사람들에게 더 이상 관심을 가지지 않았을 것이다.

그런 싸움이 70년이 넘는 긴 기간을 두고 계속 되었다.

누구나 이 세상을 살다가 죽게 되면 어느 누구를 막론하고 유골을 남기게 된다.

인간이 이 세상을 사는 동안 정신을 담아 두었던 육체(몸)는, 즉 사람의 유골은 어느 누구를 막론하고 시간이 흐르면 흙으로 변하는 것이 자연의 순리일 것이다.

그런데 증산계 종교의 창교주인 강증산 성해를 차지하기 위해 이처럼 긴 시간을 소유권 다툼으로 싸우고 있었던 것일까?

그 성해의 주인공은 증산계 종교의 창시자인 강증산(1871~1909년

본명은 강일순)이다.

그 성해의 주인은 1909년 8월9일에 그것도 39세라는 짧은 생애로 떠나신 분이시다.

그가 세상을 떠나신지 12년 후부터 성해를 차지하려는 희귀한 싸움이 시작된 것이다.

성해를 빼앗는 싸움이란 증산께서 종교의 창시자로서 민중들 속에 널리 알려지면서 그를 추종했던 제자, 혈족, 그리고 계시를 받아 종교 활동을 벌이던 그룹들이 서로 성해를 차지하기 위해 노력한 그런 부분들은 역사의 기록물인 서찰(서간) 38점(1920~해방 후까지 기록물)과 육필본 대순전경이 완성된 날짜를 훼손된 천구백 십년 완필이라는 그 부분을 살펴보게 되고 바로 옆을 보면 1948년(무자년) 5월에 완기라고 된 것을 보게 된다.

즉 대순전경은 1910년 7월26일에 완필로 끝낸 것을 1948년 5월에 시작하여 6월20일에 완기, 즉 옮겨 쓰게 되었다는 것으로 보이고, 또 겉표지를 보면 단기 4282년(1949년) 7월로 표기되어 있다.

살펴보면 증산교단 통정원이 1945년에 유동열(임시정부참모총장) 설립자가 만든 증산교 각 교파간의 연합조직운동단체가 1949년 1월 11일 증산교의 17개 교단 대표들이 모여 증산교단 선언과 교의체계, 신앙체계, 증산교규약을 채택 선포하며 영원한 민족 종교의 뿌리임을 입증하기 위한 기록물로 즉 이번에 학자들 4분들께서 38점의 일부인 기록물인 대순전경, 참정신으로 배울일(교리서)외 서간 38점들이 증산상제의 성해(일제시대 1920년~해방 전후까지)를 지켜낸 문서라는 것을 학자들(2017년 9월25일경부터 2019년 3월1일)에 의해 세상에 모습이 드러나게 되었다.

그 안에 증산상제의 천심경도 같이 나오게 된 것이다.

즉 증산상제의 성해를 지켰던 문서, 천심경, 대순전경, 참정신으로 배울 일의 기록들은 증산교단통정원의 통교 유동열 선생께서 6.25때 납북되기 전까지 교세를 확장하기 위한 역사적인 기록물인 것이다.

38점의 서찰을 해독하다 보니 증산상제의 성해를 지키기 위한 얘기들이 공개되게 된 것이다.

좀 늦은 감은 있었으나 증산교단의 발전을 위해 중요한 기록들로 큰 가치가 있다.

다시 증산상제 성해의 행방을 찾아보기로 하자.

그 당시 따르는 추종자들은 증산상제의 유품들을 서로 차지하기 위해 야밤에 도굴하는 일이 거듭되었다.

그 와중에서 증산상제의 성해의 일부인 왼쪽 팔이 자취를 감추고 말았다.

증산상제의 왼팔은 과연 어디로 간 것일까?

왼쪽 팔의 성해를 일반인이 보는 상식으로 생각을 해보면 그렇게 대수로운 것이 아니다.

그러나 지금까지 세상에 관심을 끌고 있는 것은 증산상제의 왼쪽 팔 성해가 은밀히 그를 추종하는 종교 단체에 의해서 비밀리에 어디로 옮겨 간 것이 세월이 흐른 지금까지 어디에 있는 것이 발견되지 않고 있었으나, 이번에 38장의 비록(서간)에 의해 일제 시대에 증산상제 성해를 모시고 여기 저기 다닌 기록들이 들어나게 되었다.

증산상제의 후천시대는 지금까지 와는 전혀 다른 새로운 시대를 예언하였다.

즉 원한으로 점철된 시대가 없어지고 서로가 화해하고 상생하는 시대, 여자가 차별받는 사회가 없어지고 대우받는 사회, 인간이 인간에 의해 차별되는 사회가 없어지고 평등한 사회가 온다는 주장을 가지고 있었다.

다시 말하자면 오른손잡이가 많은 사회에서는 오른팔로 주로 써왔는데, 앞으로는 왼손도 오른손과 동일하게 사용을 하는 시대가 온다는 해석이다.

증산상제를 따르는 제자들 중 누군가가 증산상제의 왼팔 성해를 간직하고 있는 것이 확실하다.

다시 말하면 왼팔 성해를 모시고 있는 단체가 증산의 비의를 간직하고 있다고 말할 수 있기 때문이다.

38장의 비록이 발견된 지금 현재에서 본 내용을 간추려 보면 증산상제의 왼팔 성해인지 아니면 왼팔이 없는 성해인지 궁금증을 불러일으킨다.

고불선원이 소장하고 있는 대순전경 육필본은 489절 252면으로 되어있다.

증산상제의 행적을 기록한 권위있는 책의 육필본으로 본다.

대순전경의 육필본을 통해서 증산상제께서 화천까지의 전을 살펴보면, 마지막 장면을 여는 어떤 사람과 동일한 모습을 발견하게 된다.

예수는 죽은 후 3일 만에 부활했다고 되어있으나,

증산상제는 화천하기 4일 전에 제자들을 불러 모아놓고 마지막 설법을 했다.

그 설법 속에는

"내가 죽어도 나를 믿겠느냐"는 다짐이 담겨져 있다.

즉 "너희들아 나를 믿느냐"

모두 대하여 가로되, "믿나이다."

가라사대 "죽어도 믿겠느냐?"

모두 대하여 가로되, "죽어도 믿겠나이다."

또 가라시대, "한사람만 있어도 나의 일은 성립되리라."라고 말했다고 전해진다.

2. 증산 상제 성해의 초빈에 모시기 (1909.8.9~1919.9.4)

1909년 8월 9일 세상을 떠난 지 3일 후에 증산상제는 아버지 강문회의 주선으로 전북 금산군 금산면 구릿골 대나무밭에 가매장된다.

다음날 25일에는 제자인 김형렬 등이 주축이 되어 만물 근처의 구릿골 큰골 솔개봉 아래 장댓날 기슭에 초빈 묘를 썼다고 전해진다.

초빈*이란 성해를 땅 속에 묻지 않고 땅위에 올려놓고 풀이나 짚 등으로 덮어두는 묘지 형태를 말한다.

---

* 초빈:어떤 사정으로 장사를 속히 지내지 못하고 유해를 방안에 둘 수 없을 때, 임시로 바깥에 관을 놓고 이엉 따위로 그 위를 이어서 눈이나 비 따위를 가림.

증산상제의 성해 빼앗기 싸움은 상제가 화천하신지 12년 후부터 시작 되었다.

후일 '무극도' 라는 교단을 만든 조철제 도주가 상제의 성해에 대해 처음으로 관심을 가지게 된다.

증산교사를 쓴 이정립 선생은 증산상제의 성해 빼앗기 싸움을 '성묘도굴사건' 이라고 부르면서, "구릿골 뒷산 장탯날에 모셔둔 성묘를 파헤쳐 성묘를 도둑질하여 갔거늘, 김형렬이 김제 경찰서에 고발하니 경찰은 전라북도 각 경찰서에 통지하여 큰 수사를 하였다." 라고 기록되어 있다.

증산상제의 묘는 그렇게 초빈 상태로 12년간 방치되어 있었다고 기록되어 있다.

그런데 제일 먼저 이 초빈에 관심을 가진 사람은 무극도의 조철제 도주였다.

3. 조철제 도주(무극도)의 통사동 재실에 모시기(1919~1922)

조철제는 1919년부터 증산상제의 모친 권양덕, 증산상제의 부인 정치순, 누이동생 선돌부인, 딸 강순임 등 친척들을 보살피면서 두터운 신임을 받았다고 기록되어 있다.

증산상제의 친척들로부터 신임을 얻은 조철제는 1921년 도주 선언을 한다.

그가 무극도를 창도(1925년 4월 무극 대도교를 설립 했는데 이때

도주가 되었다는 기록이 있음) 도주가 되면서 제일 먼저 증산상제의 초빈에 관심을 쏟기 시작한 것이다.

그 당시만 해도 1919년 3월1일에 만세운동이 일어나는 등 전 국민이 일제에 항거하는 반일운동이 전국을 휩쓸고 있을 때였다.

그런데 민족종교인 증산교의 신도가 수백만에 이르자, 일제는 증산교인의 증가를 달갑지 않게 생각하고 있었다.

그 무렵에 무극도를 시작한 조철제 도주는 산속에 방치돼 있는 것과 마찬가지인 증산 상제의 초빈을 다른 데로 옮겨 잘 모셔야겠다는 생각을 갖게 된 것이다.

조철제 도주는 다른 사람들에게는 이 사실을 일체 알리지 않고 먼저 친척들의 의향을 확인했다.

"상제님의 묘소가 산속에 초빈 상태로 계시는데, 다른 곳으로 이장해서 성묘를 만드는 것이 어떻겠습니까? 제가 도주가 되었기 때문에 도주 신분으로 증산상제의 성해를 모시겠습니다. 제가 상제님의 성해를 모시려 하는 까닭은 생전에 상제님을 만나 뵙지 못했기 때문입니다." 라고 하는 말에 친척들은 모두 찬성했다는 기록이 있다.

"그래도 조철제 도주님이 제일 증산상제님을 생각하고 계시니 증산상제님께서도 너무 기뻐하실 겁니다."라고 가족들이 동의했다는 부분을 살펴보게 된다.

증산상제의 초빈 이장에 대한 가족들의 동의를 얻은 조철제 도주는 9월 5일(음력) 친척들이 지켜보는 가운데 증산상제의 성해를 비단으로 싸서 통사동 재실로 옮긴다.

조철제 도주가 증산상제의 성해를 옮긴 것은 수도상의 이유도 있었 겠지만 또 다른 이유가 있다.

조철제 도주는 증산상제의 성해를 재실에 모신 후에 매일 조석상식 을 하고, 음력 초하루 보름에는 제사를 지냈다.

조철제 도주는 1백일간을 그렇게 하면서 수도를 했다는 기록을 본 다.

조철제 도주는 1백일의 수도를 마친 다음,

"때때로 빈 산속에서 묵송을 하고 / 밤마다 한가로이 고요한 방 속 에서 듣는다 / 분명한 조화가 성고하는 날에 요임금 우임금이 모두 같 도다" 라는 시를 읊었다.

이 시는 불교에서 승려가 깨달음을 얻은 후 읊은 오도송과 같은 의 미를 지닌 것으로 조철제 도주께서 도맥을 이었다는 뜻을 담고 있다.

조철제 도주가 증산상제의 성해를 극진히 떠모시면서 수도를 하고 있다는 소문이 증산상제를 믿는 신도들에게로 삽시간에 번져나갔다.

이때 증산 상제의 성해를 지키던 신도들은 조철제의 신도들이기도 하다.

그들은 조철제 도주를 제2의 상제로 믿고 따르고 있었다.

신앙심의 상징으로 증산 상제의 성해를 지키고 있었던 것이다.

그 무렵, 증산상제의 성해를 지키는 이들은 그 누군가가 그 성해를 빼앗기 위해 쳐들어올지도 모른다는 생각에 빠져 한밤중에도 잠을 이 루지 못하고 깨어서 만일에 대비를 했다는 기록을 본다.

증산상제 생존시 제자 중에 문공신이라는 사람이 있다.

그는 조철제 도주가 증산의 성해를 도굴해 갔다는 소문을 입수하고, 그 성해를 어떻게 돌려오나 라는 생각을 골똘히 연구를 했다.

그러나 증산상제 성해가 어디로 가 있는지, 도굴한 당사자 이외에는 아는 이들이 없었다.

"상제님의 성해를 도굴해 갔다는 정보를 입수했는데, 어떻게 하면 그 성해를 찾아올 수 있을까?"

이 같은 염려를 하고 있는 문공신을 추종하는 세력들이 있었다.

한 측근이 묘안이 있다면서 다음과 같이 말했다.

"들리는 바로는 조철제 도주가 그런 일을 했을 것이란 소문이 있는데, 우리 중에서 누군가가 조철제 도주의 신도로 위장해 들어가 그에게 추종하는 척하면서 그곳의 정보를 빼어내 온 다음에 실행에 옮기는 것이 좋겠습니다." 라는 이 묘안에 따라서 문공신은 신도 김정우를 조철제 도주의 무극도에 들여보낸다.

김정우는 조철제의 산하에 침투하면서 열심히 심부름도 하며 신임을 얻게 된다.

그런 일로 인해 성해가 어디에 모셔져 있다는 것을 입수하게 된다.

김정우는 이 사실을 문공신에게 보고 한다.

문공신은 증산상제의 성해가 어디에 있는지 알았으므로 더 이상 지체하지 않고 즉시 20명의 신도들로 구성된 젊은이들을 모았다.

조철제 도주가 지키고 있는 통사동의 이씨 재실에 가서 증산상제의 성해를 모시고 오도록 명령을 내린다.

김정우등 20명의 신도로 구성되어 어두운 밤을 택해서 그곳으로 들어가 증산상제의 성해를 모셔 오겠다는 판단을 하게 된다.

1922년 1월, 문공신 외 증산상제 신도들이 조철제 도주의 신도들이 지키고 있는 이씨 재실을 습격하게 된다.

그 시간, 재실에는 조용모, 권영문, 등이 성해를 지키고 있었다.

옥신각신 몸싸움이 벌어지는 과정에 조용모는 오른팔이 부러지고, 권영문은 실신해서 땅바닥에 넘어졌다는 기록을 보게 된다.

그렇게 하여 문공신과 김정우는 증산상제의 성해를 쉽게 모시고 오게 되고, 이때 조철제 도주는 무극도 도장을 건축하려고 모아두었던 자금을 가지고 돌아갈 수 있었다. 라는 기록이 있다.

증산의 성해를 지키고 있던 이들은 모두 무극도 신도로서 조철제 도주를 증산상제와 같이 믿고 신봉을 하면서 성해를 지키는 일을 영광으로 알고 있었다.

그런데 하루아침에 무슨 날벼락인가. 한밤중에 습격을 했기에 방어할 능력이 없었다고 한다.

이런 일이 발생되기 전까지만 해도 조철제 도주 곁에 있는 증산상제의 성해가 자신들을 지켜주고 있다고 판단했다.

그 중에는 '상제의 성골' 옆에서 지키길 희망하면서 자원경비를 서러온 이들이 많았다고 한다.

조철제 도주는 잠시 몸을 피했다가 가고난 후에 성해가 모셔졌던 방에 들어가 보니 몸싸움 끝에 증산상제의 왼쪽 팔 성해가 남아있었다.

조철제 도주는 증산의 왼쪽 팔 성해를 다른 곳으로 옮기기로 하고 실행에 옮겼다.

문공신 외 20명의 신도들이 뒤늦게 증산상제의 왼팔 성해가 없었다는 것을 확인하고 조철제 도주의 뒤를 추적한다.

조철제 도주를 추적하던 김정우는 서대전에서 마주치게 된다.

어렵게 조철제 도주를 찾게 되었지만 그에게 증산상제의 왼팔 성해가 없다는 것을 확인한 후에 허탈감에 빠져 버렸다고 한다.

증산상제의 성해를 가지고 간 문공신은 누군가가 또 다시 그 성해를 빼앗으러 올까 두려워 자신이 거처하고 있는 방안의 천장에 몰래 모셔놓고 있었다 한다.

일반사람 상식 같으면 자신이 잠자고 있는 방안에 죽은 사람의 유해를 모셔둔다는 일은 상상도 할 수 없을 것이다.

문공신은 증산상제 성해를 자신이 거처하고 있는 천장 속에 모셔놓을 수 있었던 것을 증산상제를 '이 우주를 마음대로 움직일 수 있는 하늘에 계시는 상제'로 믿는 신앙심이 앞섰기 때문이다.

초기에 ; 증산상제를 가까이 볼 수 있었던 신도들이 왜 그룹을 조직해서 증산 상제의 성해를 차지하려고 했을까? 하는 의문이 앞선다.

이정립 선생에 따르면 증산상제의 성해를 도굴해간 이들이 성해를 몸에 지니고 수련을 하면 쉽게 도통할 수 있다는 생각을 했다고 한다.

불교 신도들이 모시는 석가여래(2천5백년전)께서 열반 하신 후의 진신사리를 모시는 입장으로 보면 되겠다.

종교적인 추앙심이 곁들여진 마음으로 보기로 했다.

김정우 외 20명에 의해 증산상제 성해를 빼앗긴 조철제 도주가 대전에 있는 경찰서에 사건을 접수한 후 경찰은 즉시 김정우를 구속하게 된다.

사건으로 구속된 김정우와 문공신은 증산상제의 성해를 모셔간 경위들을 설명하는 과정에서 조철제 도주도 경찰서에 체포되게 된다.

이 일로 인해 일이 발생하기 시작한다.

김정우는 일본경찰의 고문을 받다가 죽게 된다.

또 문공신은 7년 징역형을 언도 받는다.

함께 구치소에 수감되었던 조철제 도주는 석방된다.

대전 경찰서는 문공신외 20명에 의해 빼앗긴 증산상제의 성해를 회수해 관할 경찰서인 정읍 경찰서로 증산상제의 성해를 이송시킨다.

증산상제는 이미 세상에 존재되지 않지만, 상제의 성해는 계속해서 신도들에 의해 옮겨 다니시는 형편에 놓인 것이다.

대전경찰서로부터 증산상제의 성해를 이송 받은 정읍경찰서는 난감한 입장이었다.

4. 차경석 교주(보천교)의 대흥리 앞 빈실에 모시기
(1922~1927)

이 무렵 증산상제의 제자이며, 엄청난 세력을 모은 보천교의 차경석 교주는 그의 신도인 문정삼을 정읍경찰서에 보내 성해를 인도하게 하는 로비활동을 시킨다.

경찰서장을 만난 문정삼은 "보천교에서 증산상제님의 장례절차를 지내도록 도와 달라"고 말한다.

그러나 경찰측 입장에서 볼 때 또다시 성해를 빼앗는 싸움으로 번질까 봐 그 제의를 거절한다.

그리고 대흥리 앞 냇가에 빈실*을 지어놓고 증산상제의 성해를 모시도록 한다.

그리고 관리는 보천교에서 맡았다.

대전경찰서에서 풀려나온 조철제 도주는 문제의 증산상제의 왼팔 성해를 모시고 있다는 자체만으로 만족을 했다고 기록되어 있다.

왜냐하면 우주의 신비와 천지의 도수가 모두 왼손에 들어 있다고 믿고 있었기 때문이다.

그러나 조철제 도주가 증산상제 왼팔 성해를 어떻게 했는지는 지금까지 아무도 아는 사람이 없다.

다만 이정립 선생이 "증산상제의 왼손 성해는 회문산에 묻었다고 말했다." 라고 하지만, 그 확실한 근거는 입증할 수가 없다.

조철제 도주는 그 뒤 순창에 있는 회문산으로 가서 증산상제의 왼팔 성해를 매장하고 논 네 마지기를 정덕원에게 사주면서 그 왼팔 성해를 잘 지키도록 당부했다고 전해지고 있다.

그후 정덕원에게 논 네 마지기(약 8백평)를 사주면서까지 성해를 지키도록 했다는 소문이 순창일대에 쫙 퍼졌다.

• 빈실(殯室):염습(殮襲)을 마친 상태로 유해를 안치하고 교의(交椅)와 제성을 놓은 장소. 빈소(殯所)라고도 한다.

전라북도 일대에는 증산상제의 행적들이 신화가 되어 퍼져나갔다.

증산상제의 성해가 순창에 있다는 말 자체가 화제의 대상이 되었다.

그래서 왼팔 성해를 찾아오는 사람들도 생겨나기 시작했다.

원래 조철제 도주는 비밀에 붙이기 위해 순창 회문산까지 가서 왼팔 성해를 모셔왔다는 사실로 사람들의 입에서 입으로 그 소식이 전해지게 한 것이다.

그 얼마쯤 지난 후에 바로 그 문제의 왼쪽 성해가 없어지고 말았다.

성해를 지키고 있던 정덕원이 죽고 난후 김병철이라는 사람이 묘를 파보니 그곳에는 아무것도 없었다고 기록되어 있다.

증산상제께서 선화하신 후의 12년 후를 보면 1921년경으로 보인다.

그렇다면 고불선원에서의 대순전경 외의 서찰(비록)에서 확인된 것을 비추어 보면 1920년경에 증산상제 성해를 모시는 그룹들이 1938년 해방 후까지 이어지는 것을 확인할 수 있다.

그렇다면 그 당시 증산 성제 성좌 집사라는 사람이 누구란 말인가?

조철제 도주의 그룹? 차경석 그룹의 신도?

아니면 또 강순임교주의 그룹신도?

어느 신도들이 증산상제 성해를 1920년경부터 해방 전후까지 어떤 이유와 목적으로 남겼다는 말인가?

증산상제 성해는 지금까지 찾지 못하는 미스터리로 남아 있다. 기록물인 38점(서찰) 속에 천심경을 포함하여 증산 상제 상좌 집사에게 보낸 비록이 지금에 와서 공개되게 된 자체 필연인 것인가?

다시 또 화제의 증산상제 왼팔 성해의 사건으로 돌아가 보자.

그 증산상제 왼팔 성해는 누가 파갔을까?

증산 상제 왼팔의 성해는 여기서부터 묘연해지기 시작했다.

증산 상제 성해를 몸에 지니고 있으면 누구나 도통한다는 종교적 신비감을 불러일으키게 한 왼팔 성해는 과연 어디로 간 것일까?

생각이 여기까지 다다랐을 때 증산상제의 성해를 추적하는 일이 무의미하지 않다는 것을 깨닫게 됐다.

미궁에 빠진 왼쪽 성해를 찾아내기 위해 몇 개의 가설을 정리해보자.

증산상제께서 살아계실 때 본인이 화천 하신 후에 성해에 관한 처리지침을 내리지 않았을까? 하는 첫 째 가설이다.

이 가설을 뒷받침할 수 있는 증거로 제자인 문공신에게 하신 말이 "내 유골이 전라도 땅을 벗어나지 않게 하라"는 말을 남겼다는 증언자가 있다.

다시 정리를 해보면, 증산상제의 성해를 모시고 있는 사람이나 집단이 자신의

정통한 도맥을 이룰 수 있다는 예언을 해놓을 수도 있을 것이라는 추측을 해볼 수 있다.

사실 증산상제 제자들이 성해를 빼앗기 싸움을 그치지 않은 이유를 정확히 꼬집어 내기가 쉽지 않다.

이같이 가설이 아니면 풀 수 없는 미스터리로 내재해 있다는 이야기이다.

증산상제의 성해의 빼앗기 싸움은 증산상제의 관심을 계속해서 갖게 하는 한 요인으로 작용되고 있기 때문이다.

이 가설은 특히 왼쪽팔의 중요성에 대해 언급 했을 가능성을 열어주고 있다.

증산상제는 자신을 가리켜서 '다시 올 미륵불' 『정감록』의 정도령' '기독교의 재림주' 라고 말한 기록을 보게 된다.

그리고 증산 상제는 청년시절에 동학에 관계있는 인물이었고 또 일제 식민지화가 시작되는 시기의 인물이기도 하다.

그는 식민지화가 본격적으로 시작될 때 자신의 종교가 어떠할 거라는 것을 예감, 즉 본인의 종교가 신비적이고 신화적인 것으로 될 것이라는 것을 알고 있을 것이라고 예측해본다.

그것이 두 번째 가설이다.

다시 증산상제의 성해로 되돌아가 보자.

조철제 도주가 모시고 다녔던 증산상제의 왼손의 성해는 그 시절부터 어디로 갔는지 행방에 묘연해 졌다. 그런데 이 무렵 대흥리 앞 냇가의 빈실에 모셔져 있는 증산상제의 묘소가 다시 문제로 부각되었다.

증산상제의 성해를 모시는 데 실패한 조철제 도주는 대단한 집념이 있었다.

그는 그 자체에서 물러서질 않았다.

그래서 또다른 방법을 계속 구사하며 증산상제의 성해를 모시는 자체를 본인의 숙원으로 생각한 것으로 보인다.

증산상제 첫 부인 정치순에게서 태어난 딸이 강순임 교주이다.

조철제 도주는 증산상제 가족들과 상의한 다음 1927년 강순임 교주의 이름으로 보천교를 상대로 유골 인도 소송을 법원에 제기한다.

5. 차경석 교주의 대흥리 뒷산에 암장하기(1927~1948)

이 소식을 전해들은 보천교의 차경석은 앉아서 당할 수만은 없다는 생각을 한 것 같다.

신도들을 불러 모았다.

차윤경, 김정고, 김규찬, 권창기 등이 참석을 한다.

조철제 도주는 또 다시 증산상제의 성해를 모셔가기 위해서 재판을 신청한다.

차경석 쪽에서는 "이일을 어떻게 하면 좋겠느냐?"는 고민의 시작으로 회의를 하게 된다.

차경석 외 참석한 이들은 머리를 짜낸다.

"어떤 신도가 좋은 묘안이 있습니다. 차경석은 좋은 묘안이 있다는 신도에게로 눈을 돌렸다. 어떤 묘안이 있느냐 일단은 증산상제님의 성해를 다른 곳으로 옮기고 그 자리에 다른 사람의 유골을 가져다가 이장시키면 재판에 패하더라도 증산상제의 성해는 무사할 것 아닙니까?"

차경석은 바로 결정을 내린다.

"그러면 누구의 유골을 그 자리에 옮겨다가 이장을 한다는 말이냐?"

가만히 듣고 있던 김정곤이 끼어들어 말한다.

"저희 집에서 머슴살이 하다가 죽은 사람의 묘가 마을 근처에 있는데 그 유골 옮겨오면 됩니다. 연고지가 없으니 유골이 없어져도 문제될 일이 없을 것으로 보입니다." 라는 그런 은밀한 회의 끝에 김정곤의 집에서 머슴살이 하다가 죽은 사람의 유골을 증산상제의 성해와 바꿔치기 하는 방법으로 채택한다.

다른 사람들의 눈을 피해 한밤중을 택한 것이다.

증산 상제의 성해를 파내는 작업을 한 것이다.

"그 밖의 무리들에게 내줄 수는 없다"

차경석의 신도들은 증산상제의 성해를 파헤치는 작업을 하면서 대화를 나눈다.

그렇게 증산상제의 성해는 대홍리 뒷산 중턱에 암장시킨다. 그리고 증산상제가 계셨던 그 자리에 머슴의 유골을 대신 암장한다.

그러나 그 일을 모르는 증산상제를 따르는 신도들은 그 묘지에 와서 기도를 드리기도 하고 큰절을 하면서 참배를 하기도 했다.

그런가 하면 묘 옆에서 밤을 지새며 기도를 하는 이들도 많이 모였다는 기록이 있다.

그리고 어떤 신도들은 "상제님의 성해 옆에서 기도를 함으로써 도통의 경지를 얻었다" 라며 자랑하는 이들도 많았다.

차경석은 증산상제의 성해를 옮겨다 놓은 이후 10년의 시간이 흘러 재판이 오래 지속되지만, 조철제 도주가 제기한 소송은 패소로 끝나고 만다.

그러나 그 세월 속에 수많은 신도들의 참배 행렬은 그칠 줄 몰랐다 라고 기록 되어 있다.

10년 후쯤 문정삼이 증산상제의 가족들과 함께 증산상제의 성해를 이장하기 위해 대흥리 앞의 산소를 경찰 입회하에 개장을 하게 된다.

어느 묘지와 비슷한 형태로 그 묘안에서 부패된 관이 나왔다 한다.

그런데 구관 뚜껑을 열어보니 있어야 할 증산상제의 성해는 온 데 간 데 없이 텅 비어 있었다고 한다.

"아니 관속에는 상제님의 성해가 없잖아! 이런 일이..."

문정삼과 증산상제의 가족들은 놀랄 수밖에 없었다고 한다. 그 관 에는 성해는 보이지 않았기 때문이다.

증산상제의 제자들 중에 그 누군가가 성해를 도굴해 간 것으로 짐 작해본다.

그러나 그 성해는 증산 상제의 성해가 아니라 김정곤의 집에서 일 하다가 죽은 머슴의 유골이었다.

그런데 몰래 도굴해 간 사람들은 은밀하게 묘지를 만들어 놓고 그 묘를 증산상제의 묘로 극진히 모셨던 것이다.

증산상제의 성해를 이장하려 했던 친척들은 실망해서 돌아갔다고 한다.

그런데 문정삼은 당시 정읍 경찰서를 찾아가서 애원을 한다.

"틀림없이 보천교 사람들이 상제님의 성해를 모셔갔으니 그들을 족쳐서라도 어디에 숨겨 놓은 것을 밝혀 주십시오"

경찰 측은 문정삼의 말을 받아들여 보천교 간부들을 차례로 불러다가 심문을 하기 시작했다.

보천교 간부들 입장에서 쉽게 입을 열 리가 없다.

자기들로서는 이 세상에서 가장 위대하게 모시는 분이시기에 어떤 일이 있어도 입을 열어서는 안 된다는 각오를 가지고 있었기 때문이다.

누가 입을 열어서 그 사실들을 말했는지는 모르겠으나, 정읍경찰서의 담당은 증산상제의 성해가 머슴의 유골과 바꿔치기 당했다는 사실까지 알아냈다.

그러나 증산상제의 성해는 절대 어디 있는지 알아내지 못했다.

차경석의 제자들은 끝까지 입을 열지 않았다.

이쯤 해서부터는 어떤 유골이 증산상제의 성해인지를 분간하기 힘든 상황으로 밀려나고 말았다.

한 분 밖에 없다는 차원에서 어디에선가 상징적으로 숨겨져 모셔져 있을 것으로 확신해 본다.

그런데 증산상제의 성해로 알고 있었던 머슴의 유골을 도굴해 갔던 집안에서는 그 유골을 어떤 형태로 암장되어 있을지! 그리고 그 이후로 어떤 신앙형태를 띠우고 있을 수도 있다.

비밀리에 진행되었기 때문에 아무도 모를 일이었다.

그러나 증산상제의 사후 10년~20년 사이에 증산계 종교의 많은 파들이 나타나고 서로가 증산상제의 도맥을 이었다는 주장을 펴면서 종교를 만들고 그 종파들에 의해 신도들이 구름처럼 몰려들었다. 그때 이후 지금까지 종맥을 이어온 증산계파 중의 한곳은 머슴의 유골을 몰래 훔쳐간 종파도 있을 것이다.

그러나 유골의 도굴이 비밀리에 시도되었기에 진짜 증산상제의 성해를 모시고 있다는 자부심으로 종교운동을 펴왔을 거라고 생각을 해보게 된다.

그리고 그 이후에도 이와 같은 형태의 유골 도굴 사건이 암암리에 진행되지 않았을 것이라는 보장을 그 누구도 할 수 없다.

보천교의 차경석은 증산상제의 성해를 머슴의 유골과 바꿔치기 한 것과 동일한 형태의 바꿔치기가 얼마든지 가능했기 때문이다.

가령 보천교의 제자들을 시켜 증산상제의 성해를 암장케 했는데, 그것을 못 믿어서 또 다른 유골과 바꿔치기 했다고 가정을 해보자.

이런 일은 그 당시 상황으로 미뤄보면 얼마든지 있을 수 있는 일이다.

6. 강순임 선사(증산 법종교)의 오리알터에 모시기(1948.3.5~ 현재)

증산상제의 성해에 대한 시비는 해방 직후인 1947년에 다시 재연되었다.

증산상제의 외동딸 강순임 교주(1900~1959)는 4차원의 세계와 교통할 수 있는 능력을 보유한 사람으로 알려져 있다.

그녀는 김병철과의 결혼, 아버지인 증산상제의 권위를 이어 받은 유일한 혈족이라는 점에서 당시 많은 증산계 신도들로부터 추앙을 받고 있었다.

그녀는 [증산법종교[(처음에는 [선불교]라는 증산교 종교의 여교주로 활약했다.

1947년 6월 24일(음력)이었다.

이날은 증산상제께서 화천하신지 38년째 되는 날이었다.

강순임은 아버지의 제삿날을 맞아 치성을 드렸다.

그런데 중요한 일이 있을 때마다 아버지인 증산상제와 영통을 해왔던 강순임은 이날도 영통을 한다.

"순임아!'

"예 아버님 저 순임입니다."

"너 내말을 듣고 있지? 무당을 데려다 천지대굿을 하여라"

"왜 천지대굿을 해야 합니까?'

순임이 "왜 무당을 데려다가 굿을 해야 하느냐고 묻자, 증산상제는 또록 또록한 발음으로 말을 이어간다.

단군시대에 무도가 시작되어 오늘날까지 전해져 왔다. 역사를 상고해 보면 무도가 성할 때는 인간과 신이 화합한다. 조선시대에 와서 유교가 팽배하면서 무당은 천한 사람으로 대우를 받게 되었다. 이제는 원시반본하는 사회라 상대가 욕을 하여도 도수를 돌려야 한다.

오늘 25일부터 굿을 하되, 무당과 기생을 12명씩 청하여 짝을 지어 춤을 추고 노래를 하게 하여라"

증산상제께서 생전에도 소외된 사람들이 대우받는 사회가 곧 온다고 주장을 하셨는데, 딸 순임과의 영적 교통에서도 그런 말을 했다.

강순임은 아버지의 말이었기 때문에 살아 있을 때의 말을 듣는 것처럼 돈을 많이 들여서 무당과 기생을 초청해 잔치를 벌이는 굿판을 마련했다.

12명의 무당이 모인 굿이란 그야말로 큰굿이었다.

음식도 어마어마하게 장만했지만 인근의 마을 사람들까지 다 모이는 큰굿판이 되었다.

굿이 진행될 무렵 증산의 첫부인이었던 정부인(정치순)이 강순임과 영적으로 교감하게 되었다.

"순임아 이런 큰굿을 해줘 고맙다. 내가 이 기회에 한 가지 말을 하겠는데, 너희 아버지이신 천사님의 묘지를 찾아내어 정성껏 모시거라."

"어디에 계십니까? 그리고 언제하면 좋을까요?"

"천사님을 정읍 차 교주님 집에 가면 찾을 수 있을 것이다. 그리고 이장하는 날은(1948) 2월 20일이면 좋겠다."

강순임은 어머니와의 영적 교통에서 아버지이신 증산상제의 성해를 옮겨 오라는 부탁을 받고 바로 실행에 옮긴다.

인간은 평면을 보며 사는 1차원적인 생활을 하는 시간이 많지만, 때에 따라서는 시공까지도 초월 할 수 있는 4차원 이상의 세계를 살 수 있는 존재라는 게 종교세계에서는 입증되고 있다.

마찬가지로 강순임은 다른 사람과 달리 4차원적 삶을 살고 있는 여성이었다.

그러나 그녀의 4차원적 삶이 얼마나 믿을 수 있는 것인지는 확인할 방법이 없다.

다시한번 앞으로 거슬러 올라가본다.

일제강점기 그 시대에는 일본의 종교탄압이 대단했다.

세계3대 종교는 불교, 기독교, 이슬람교라는 것을 학교에서 배워온 상식이다.

그러나 학교를 졸업하고 사회에 나오면 상식이 왜곡되어 타종교를 이단으로 몰아 오직 자신이 믿는 종교만이 유일한 종교라고 주장한다.

그러나 엄밀히 따지면 이들 세 종교는 외래종교라 볼 수 있다.

그런 측면에서 우리의 정신세계를 지배하고 있는 것은 민족정통종교가 아닌 외래종교인지도 모른다.

일제 강점기 조선총독부는 민족종교를 말살시키고자 촉탁 무라야마 지준을 시켜 한국의 민족종교들을 "유사종교"로 일괄 정리하면서 총 5계파 66교로 분류됐다.

무라야마가 분류한 "유사종교"는 다음과 같다.

*동학계열 17개교 : 사천교, 상제교, 원종교, 천요교, 청림교, 대화교, 동학교, 인천교, 백백교, 수운교, 대동교, 천명교, 평화교, 무궁교, 무극대도교, 천법교, 대도교.

*증산교계열 11개교 : 보천교, 무극대도교, 미륵불교, 증산대도교, 증산교, 동화교, 태을교, 대세교, 원군교, 용화

교, 신도교

*불교계열 10개교 : 불법연구회, 금강도, 불교극락회, 감로법회 대
각교, 운용도, 정도교, 영각교, 광화교, 광화연합
도관, 원각현원교.

*숭신교계열 16개교 : 관성교, 단군교, 대종교, 삼성교, 기자교, 기사
교, 영신회, 서신신도동지회, 황조경신숭신
교, 칠성교, 지아교, 영가무교.

*유교계열 7개교 : 태극교, 대성원, 막성원, 공자교, 대성교회, 대종
교, 성도교.

*계통 불명 5개교 : 제화교, 천화교, 각세도, 천인도, 동천교 등이다.

(출처 : 일제 강점기, 민족종교의 탄압과 수난, 김상웅 전독립기념관장)

무라야마가 이처럼 민족종교를 상세히 파악하고 실태를 조사한 것
은 "치안유지상, 이들의 동태를 파악하려는 목적과 더불어 한국의 무
격신앙을 조선민간의 기초신앙의 중추라 규정하여 일제 식민 정책
즉, 신도지배 식민지배를 정당화(천지명,민족종교)하는데 기본 목적
이 있었다.

이들 민족종교 가운데는 민족적 체계가 있었는가 하면, 그냥 무격,
무당, 미신 사이비 종교로 민중들을 갈취하고 일제에 협력한 종파도
없지 않았다.

일제강점기에서 한국 독립을 표방한 대표적인 민족종교들은 대종
교, 미륵불교, 무극대도교, 성도교, 세천교, 식인동맹, 신장교, 여처자

교, 영가무도교, 일련교, 정도교, 천자교, 태극교, 태을교, 황극교 등이다.

일제는 1930년대 후반 대륙을 침략하면서 더욱 강화된 통제정책에 따라 민족종교를 이른바 "유사종교" 란 굴레를 덧씌워 더욱 철저한 탄압을 자행했다.

그 당시 새로 부임한 총독 미나미지로는 "신사참배를 거부하거나 타인을 참배 시키지 않는 행위는 안녕질서를 문란케 하는 자이며 공익을 해치는 자" 로 규정하여 민족종교를 대대적으로 탄압했다.

그런가 하면 1938년에는 ≪유사종교해산령≫을 내려 민족종교를 모조리 해산시키는 만행을 저질렀다.

이 해산령으로 민족주의 성향을 띠지 않았던 일반종교(단체)들도 대부분 해체 되었다.

특히 총독부의 강경한 정책과 탄압은 증산교 각 교파의 많은 신도들이 투옥되어 옥사하는 결과를 가져오기도 했다.

이때부터 증산계 교화는 지하에서 조직적인 활동을 전개하게 된다.

이런 이유로 1938년경부터 1945년 광복이 이런 이유로 1938년경부터 1945년 광복이 되기 전까지의 증산계 교단의 활동기록이 공식적, 비공식적으로 남아 있지 않고 있으나 이번 38장(비록) 서간의 내용 또한 일제강점기의 지하조직에서 증산상제 성해를 지키기 위해 이곳저곳에서 숨어서 해방되기까지의 행적을 찾아볼 수가 있다.

1938년 유사 종교 해산령 이후 광복 전까지가 한국 민족종교사상 최대의 시련기라고 본다.

그럼에도 일부 민족종교인들은 이에 굴하지 않고 일제와 힘겹게 싸웠다.

증산계 교단의 암흑기인 1938년부터 해방 전까지의 증산계 교단 지하조직 활동과 한국전쟁 시기인 1950년 활동이 유일하게 기록되어 있는 서간체 형식 38장의 문건과 육필『대순전경』,『천심경』,『참정신으로 배울일』등 근거들을 "국사편찬위원회" 근·현대문화유산 종교(민족종교)분야 목록과 조사연구 보고서를 문화재청에서 출판하게 된 것이다.

다시 증산상제 성해의 행방으로 추적해본다.

딸인 강순임은 38년 전에 화천을 하신 증산상제와 대화를 나누었는데 그 대화가 빙의됐다 라는 등 과학적인 방법이 마련되어 있지 않다는 것이다.

그러나 4차원 세계가 있다는 것을 종교적으로 들어가면 믿을 수가 있는 것이다. 증산상제의 혼령과 대화를 나누었다는 점을 무시할 수 없다.

여기에서 살펴본다.

어디에 있는 성해가 진짜 증산상제의 성해인가 라는 문제가 떠오를 수 있다.

강순임은 보천교를 따랐던 신도들을 찾아 나선다.

그녀가 증산상제의 성해를 찾아 나설 때 따라 다녔던 이들은 김병철, 박창욱, 강수원, 오갑축 그리고 그녀의 집사 등 5명이었다.

정읍에 도착한 강순임 일행은 일제하에서 수백만을 모았던 보천교의 부귀영화를 한눈으로 알아차리게 된다.

몇몇 과거의 무병장수를 염원하고 아쉬워하며 말년을 그렇게 보내는 이들을 만나게 된다.

그중에 보천교 차경석 교주의 동생 차윤경을 그렇게 만나게 된다.

강순임은 차경석의 동생인 차윤경에게 증산상제의 성해를 찾을 수 있느냐고 물었다 한다.

"아버지(증산상제)께서 저에게 선몽하시어 2월 20일까지 나를 옮겨달라는 말씀을 하셨는데 아버님의 성해를 찾도록 도와주십시오"

차윤경은 이렇게 말을 한다.

"저는 상제님의 성해가 어디에 계신지는 전혀 알지 못합니다. 그러나 대흥리 마을 앞에 있는 머슴의 유골이 증산상제님의 성해로 알고 어떤 이가 모셔 갔데요."

강순임의 말,

"저희도 그런 소식을 들었습니다. 그래서 증산상제의 진짜 성해를 모실 수 있도록 도와주십시오."

"우리 중에는 전혀 아는 이가 없습니다. 시간을 두고 여기저기 알아볼 수밖에요."

"정말로 모르신단 말씀입니까?"

"네"

"그럼 또 다시 법적으로 하는 수 밖에 없네요. 그렇게 해서라도 모셔야겠어요."

"이렇게 상제님의 따님께서 오셔서 증산상제님을 목메어 찾고 계신데, 좋은 응답이 있지 않겠습니까? 시간을 두고 찾아보겠습니다."

강순임 일행은 차윤경에게 증산상제의 성해를 찾는 비용으로 써달라면서 7백원을 준다.

그리고 차윤경으로부터 "모른다"라는 말을 들은 일행은 다른 방안도 강구한다.

일행 중 한사람이 그 당시 보천교를 담당했던 경찰을 찾으면 알 수도 있겠다고 제안을 했고 그래서 찾아낸 사람이 강제영이었다.

"그 당시 보천교를 담당하셨으니까 저희 아버님(증산상제)의 묘지가 어디에 계신지 아실 것 아닙니까?" 라는 식으로 일행들은 강제영에게 질문을 퍼부었다.

난감한 표정을 지으며, "보천교를 담당했던 경찰이라고 다 아는 상황이 아닙니다. 만약에 아는 사람이 있다면 저 말고 고급간부만이 아는 일일 텐데 어떻게 제가 알 수가 있겠습니까? 그 당시 관계자들을 불러다가 조사도 벌려 봤는데, 아무도 아는 이가 없다고 했습니다."

강순임 일행은 실망을 한다.

"한 가지 더 말씀을 드리겠습니다. 당시 관 안에 계신 유골이 바꿔치기 당했는데, 그리고 유골마저도 그 누군가가 옮겨 갔데요"라는. 말을 듣는

강순임은 큰 소득이 없이 다시 돌아온다.

딸인 강순임 입장에서 증산상제의 성해를 모셔야 한다는 일념은 대단한 것이었다.

증산상제께서 화천하신 후에 그의 성해를 모시고 있으면 종교단체

가 부흥된다는 소문은 다 나있는 터라 기적이 일어나는 신앙심이 식지 않는 상황은 분명했다.

증산상제의 성해를 딸로써 모셔야 된다는 마음은 자식으로 당연하다고 본다.

보천교는 일제하에서 수백만(필지주=당시 6백만 정도의 신도가 있었다함)의 신도를 모았고, 또 조철제 도주의 무극도에서도 수많은 인파가 몰려들었다 한다.

딸인 강순임 측근들도 증산상제의 성해를 찾아 나선 것도 그런 신비감이 적용되었기 때문이었을 것으로 추측해본다.

헛걸음을 한 강순임은 집으로 돌아오자마자, 밤을 지새가며 다시 허공기도를 시작한다.

"성부를 만들어 복을 구하는 이와 성부의 재강림을 고대하는 사람들이 수백만을 헤아리오나, 성부의 핏줄을 받을 몸으로 아직도 옥체를 찾아 모시지 못하여 어드메 풀덤불 속에 계시게 하였사오니 어찌 차마 하룻밤인들 편히 잘 수 있사오리까, 옥체를 모시어 명산대천에 안장한 후 사무쳐 지새운 사적을 적어 놓을 수 있다면 죽어도 여한이 없겠아오니, 계시를 주시와 저와 더불어 고생을 함께한 형제들의 원을 풀어주옵소서."

한편 강순임으로부터 700원을 받은 차경석의 동생 차윤경은 그날부터 증산의 성해가 어디에 있는지 소수문하기 시작한다.

차윤경은 비룡산으로 나무를 하러 잘 다녔던 한인회를 불러서 얼마의 돈을 떼어주면서 그 당시 임자 없는 묘지가 어디에 쓰여졌는지를 물었다.

"자네가 비룡산에 수없이 나무를 하러 다니는데 혹시 임자 없는 묘가 선 것을 보지 못 했는가?"

"어떤 묘는 어느 가문의 묘라는 것 대개는 아는데 무슨 일인가?"

"혹시 비룡산 중턱에 증산상제님의 성해가 계신다는데 그 성해를 찾기 위해서라는데, 만약 발견하게 된다면 걸쭉하게 인사하겠네."

차윤경은 한인회와 함께 비룡산을 올라갔다.

기억을 더듬으면서 임자 없는 묘를 찾아본다.

그러던 중 봉분이 낮고 길이가 긴 묘를 발견하게 되었다.

한인회는 그 묘가 주인이 뚜렷이 없다고 말했다.

차윤경과 한인회는 아무도 몰래 그 묘를 파헤쳤다. 그 봉분 속에서는 옻칠이 된 까만 관이 나왔고. 그 관 속에는 하얀 백지가 솜처럼 덮여 있었다.

그러나 증산상제의 성해라는 것을 확인할 만한 근거 있는 자료가 들어 있지는 않았다.

그러나 차윤경은 그 묘가 증산상제의 것이 틀림없다는 쪽으로 스스로 결론을 내린다.

그는 가쁘게 숨을 몰아쉬면서 비룡산을 내려왔다.

그리고 그의 아내를 부른다.

"지금 당장 오리알터의 강순임 교주한테 가서 증산상제님의 성해를 찾았다고 전하시오. 그리고 이 사실을 다른 사람에게 일체 알려서는 안 되오. 알겠소?"

"예 알겠습니다. 제가 그곳에 가서 뭐라고 말을 해야 하나요?"

차윤경은 그의 아내에게 자세히 설명을 해주면서 이 사실이 외부로 알려져서는 절대 안 된다고 재다짐을 받는다. 바로 차윤경의 아내는 증산법종교의 본부가 있는 오리알터로 달려간다. 그리고 강순임 교주를 만난다.

"정읍 차윤경씨 집에서 왔습니다. 제 남편이 증산상제님의 성해를 찾았다고 합니다."

"정말로 찾으셨습니까?"

"네 그 당시 그 산을 자주 오르면서 나무를 하려 다니는 한인회라는 사람과 함께 비밀리에 찾아냈답니다."

"정말 수고 하셨군요"

"그런데 제 남편이 만약에 보천교 문중이나 차씨 집안에서 이 사실을 알게 되면 큰일 나므로 아무도 모르게 성해를 모셔가야만 된다고 말을 하였습니다. 그리고 만약에 이 사실이 알려지면 우리 가족은 그곳에서 살수가 없게 되니, 그럴 때 우리 가족을 이곳 오리알터로 이사와서 살게 해주셔야 된다는 말까지 전해 달라고 했습니다. 이런 조건을 들어주신다면 성해를 인도해 드리겠답니다."

"네 알겠습니다. 내가 그 조건을 지킨다고 전해주시오."

"남편이 하는 말 2월 27일에 은밀히 성해를 모시고 온다고 하니, 그 때 맞추어 마중을 나와 달라고 했습니다."

차윤경 아내의 말은 강순임 교주로서는 큰 행운을 가져다 준 말이었다.

그런데 여기에서부터 문제가 발생한다.

당시 증산상제의 성해를 모시고 간 이들의 증언을 듣지도 않고 나무꾼 한인회의 말만 듣고 임자 없이 방치된 그 유골이 어떻게 증산상제의 성해일거라고 확증을 할 수 있느냐는 점이 그것이다.

상식적으로 판단해 보자.

한국이 낳은 대성인으로 모시는 자신의 스승이신 증산상제의 성해를 차경석 교주는 왜 그런 식으로 산중에 방치하다시피 모셔 놓았단 말인가?

하여튼 한밤중에 역사가 이루어진다.

강순임 교주는 보천교와 차씨 문중들이 알지 못하게 밤을 이용해서 차윤경이 비밀리에 모셔온 성해를 증산상제의 성해로 받아들인다.

강순임 교주의 4차원의 이상의 세계를 오가는 계시가 확신성으로 작용했을 것이다.

증산상제 성해를 모시고 온 강순임 교주는 다시 기도를 올린다.

바로 증산상제의 응답을 받았다라고 기록이 되어 있다.

"수고했다 순임아 3월3일에 봉안식을 해!"

그렇게 하여 대홍리 뒷산에 모셔있던 증산제의 성해를 딸 강순임에 의해 공개된 장소인 동곡 성전으로 되돌아왔고, 그렇게 봉안식이 올려지게 되었다.

강순임은 증산상제의 성해를 모셔온 이후에도 줄곧 계시를 받아 행동에 옮겼다.

그 이후의 계시에는 "1949년 3월15일에 오리알터에서 장사를 지내라, 이때에는 너의 어머니(정치순)와 함께 재를 지내 다오. 이 장사는 천지장사, 지하장사, 천지대장사니라." 라는 내용이 담겨있다.

강순임 교주가 받은 계시에는, "꽃상여를 두 대를 만들고 삼배 양복 1백20벌을 만들어서 이 옷을 입은 1백20명이 두 대의 꽃상여를 들도록 하라." 는 등의 구체적인 지시가 내려졌다고 한다.

이에 따라 증산법종교는 증산상제의 재를 지낼 준비를 했다.

일제로부터 해방되어 그 기쁨에 도취되었던 증산 교단 신도들은 이 소식을 듣고 법종교가 있는 동곡(구릿골)으로 모여 들었다.

꽃상여 두 대를 1백20명이 운구하는 화려한 장사행렬을 지켜보기 위해서였다.

얼마의 인원이 모였는지 헤아릴 수 없는 수천 명은 족히 되었다고 한다.

마을이 생긴 후 최대의 인원이 그곳에 모였다 한다.

따뜻한 봄바람이 불어왔다.

전북 일대의 3월15일은 완연한 봄 날씨였다.

이리 저리 옮겨 다녔던 증산상제의 성해를 꽃상여에 모시게 되었다.

성해의 모습을 보기 위해 몰려든 사람들은 슬픈 죽음을 보기 위해서 온 것이 아니라 성해를 모시는 잔치에 참여하러 온 이들이었다.

성해를 모시는 뒤편에서는 노래와 춤의 행렬이 뒤따르기도 했다.

증산상제께서 화천하신지 40년 만에 성스러운 행사로 치루워진 것이다.

성스러운 행사에 참석한 사람들은 모두 하얀 옷을 입고 있어서 행렬은 흰 눈이 내리는 겨울을 연상케 했다고 참석한 이들은 이구동성으로 말을 한다.

"증산상제는 조선이 낳은 대성인이시다." 라고 말하면서 행렬은 이어졌다.

그 후 강순임 교주에게 또 다시 계시가 내려 진다.

그 계시는 지금 성해가 모셔진 곳이 습기가 많으니 성해를 윗방으로 옮겨 놓았다가 4월9일에 앞서와 같이 같은 방법으로 행사를 치루워달라는 계시인 것이다. 그렇게 4월9일의 행사를 전과 같이 진행되었다.

그러나 3월15일 있었던 때와는 조금 못한 행렬이었다.

다시 증산 상제의 성해의 사건들 행방을 들여다보자.

증산상제의 외동딸 강순임 교주가 증산법종교 안에 모신 성해는 유골인가 상제의 성해인가 하는 의문을 제기하는 이들도 많다.

그러나 그런 의문을 갖게 하는 자체가 증산상제의 법력으로 이어질 뿐이다.

7. 증산 상제의 진여 성해는 어디에?

그 무렵 증산계 신도들 중에는 "앞으로 진법이 나오면 그 진법을 가지고 있는 사람이 증산상제의 성해를 모시고 나타날 것이라는 주장을 하는 사람도 있다.

그 진법이라는 것을 한 번 생각해 본다.

지금 현재, 통정원 통교 유동열 임시정부 참모총장께서 해방 이후 6.25동란때 부터 북으로 납북되기 전까지 가지고 계신 고불선원의 육필 『대순전경』, 38점의(서찰) 비록문, 『참정신으로 배울 일』(교과서), 등은 진법의 일부인 것이다.

유동열 통정원 통교께서는 하여튼 6.25 납북이 되지 않았다면, 증산교는 국가의 종교가 되어있었을 것이다.

하여튼 이 상황에서 보면 이 비록들이 진법의 일부로 판단한다.

또 오리알터에 안장되어 있는 증산상제의 성해는 개인적인 소견으로 본인이 볼 때 진짜 성해인 것으로 생각한다. 그런데 1920년대에 사라진 증산상제의 왼팔의 성해는 어디로 사라진 것인가?

누군가에게 성스러움이 전해졌을 거라는 추측 또한 의심되지 않는다.

그 왼쪽 팔 성해를 모시고 있는 단체는 아마 이렇게 생각을 할 것으로 본다.

"내가 비전되어 오는 증산상제의 성해를 모시고 있기에 이 시대의 구원자나 큰 종교단체를 이룰 수 있다." 아마도 그런 선민의식에 도취될 수도 있지 않을까?라는 생각이 떨어지지 않는다.

그동안 증산상제 성해를 모셔가는 싸움은 여기에서 그치지 않았다.

증산상제의 재종숙되는 강성회 손자 강경형은 1973년 6월24일자로 호적에 양자로 입적수속을 마쳤다. 증산상제에게는 족보상으로 대를 이을 사람이 된 것이다.

그는 양자 수속을 마치면서 법종교측 서신과 구두로 증산본부의 증산상제 성해를 증산상제께서 수도를 하셨던 장소이며 선산인 객망리

(지금의 행정구역, 전북 정읍시 덕천면 신월리 시루봉)로 옮기겠다고 통보를 한다.

이 같은 통보와 함께 다시 증산상제의 성해를 빼앗기는 싸움이 재연되었다.

법종교 간부들은 강경형의 통보를 묵살할 수밖에 없었다.

그리고나서 은근히 걱정이 되었다.

양자 수속을 마친 강경형이 제 아버지인 증산(어머니도 포함)의 유골을 모시러 온다는 어쩌면 합법적인 성격을 띤 요구였기 때문이다.

그들은 머리를 맞대고 대책을 논의했다.

그 결과 만일의 사태에 대비해서 건정한 사람들이 성해 옆을 지켜야 한다는 결론을 내렸다.

그러나 큰일은 일어나지 않을 것이라는 생각으로 대비를 완벽하게 하지는 않았다.

1973년 11월10일 늦가을의 싸늘함을 느낄 때였다.

강경형은 9-1200호 영구차를 전세 내어 그 차에 친척과 인부 10여명을 실고 성해가 모셔진 곳에 도착한다.

법종교 안에 안장되어 있는 증산상제의 성해가 모셔진 곳이 두꺼운 시멘트로 골조화되어 있었기 때문에 이장하기가 쉽지 않게 되어 있었다.

못을 빼는 장도리로 성해가 모셔져 있는 문을 무수고 들어간 인부들은 망치로 성해가 모셔져 있는 곳을 깨 뭉개기 시작했다.

법당을 지키고 있던 신도 이태우는 당황해서 어쩔 줄 몰랐다.

지서로 뛰어가서 "묘지를 부수는 일을 못하도록 만류해 달라"고 요

청했으나, 경찰은 이장 절차를 밟아왔기 때문에 어쩔 수 없다는 입장을 취했다. 인부들은 망치와 정으로 두꺼운 시멘트 벽을 헐어 나가기 시작했다.

이때 여신도 6명 정도가 뛰어 나왔다. 이들은 이 장면을 목격하고 망치로 깨트리는 조각들을 치켜들고 "빨리 멈추지 않으면 이 돌로 내리치겠다."고 고함을 쳤다.

증산상제의 성해로 인해 또 다시 사람이 다칠 수밖에 없는 상황이 벌어지고 있었다.

여신도들은 소리소리를 치면서 손에 들었던 시멘트 조각들을 내던졌다. 정으로 성해를 모신 곳을 부수던 인부들이 혼비백산해서 두 손을 들고 나왔다.

"우리는 일당을 벌기 위해 온 인부들이다. 여기에서 나갈 테니 그 돌들을 내려놓아라"

살기등등하게 소리 지르며, 시멘트 조각을 들고 있는 여신도들의 행동에 놀란 인부들은 더 이상의 작업을 하지 못하고 그 안에서 나왔다.

그렇게 강경형은 성해를 옮기는 뜻을 이루지 못하고 결국 되돌아갔다. 법종교 회장 이환우는 강경형의 행동을 막기 위해 중간에 사람을 세워놓고 협상을 벌였다. 이 사건을 원만히 해결하는 조건으로 논 열 마지기를 문중 땅으로 사두겠다고 제의했으나 강경형은 이 제의를 받아들이지 않는다. 사태가 이렇게 발전하자, 이환우는 전주 검찰청에 강경형을 상대로 무단주거침입, 기물파손, 성해 현지 보관 등의 건으로 고소를 제기했다.

증산상제의 양자로서 증산의 성해를 이장하려다 고소까지 당한 강경형은 11월29일에 전주지방법원에 법종교 대묘 이환우를 상대로 "양부의 유골을 인도하라는" 취지의 소송을 제기했다.

증산 연구가인 예산농전의 홍범초 교수를 비롯 증산종단의 통일회와 각종단 대표들이 "성해는 양자가 아닌 교단에서 모셔야한다"는 내용의 성명서를 발표, 강경형이 성해를 이전하려는 것에 대해 쐐기를 박았다.

결국 증산상제의 사후 64년째 되던 해에 그의 성해가 법정 시비거리로 등장했다.

증산상제의 종교하고 관련 있는 사람들이 여기저기로 옮겨가는 증산상제의 성해는 이제는 법정판결로 어디로 또 옮겨가야 할지 모르는 형국에 처하게 된 것이다.

이 재판에서 증산상제의 성해는 어디로 옮기라고 판결이 날것인가?

증산계 신도들뿐만이 아니고 이 재판을 지켜보는 사람들에게 조차 관심의 대상이 되었다.

양자인 강경형은 증산상제의 성해를 과거와 같이 아무도 모르게 다른 곳으로 옮겨가게 되는 것을 막기 위해 소송으로 성해 이장을 막는 가처분 결정을 얻게 된다.

이 가처분에는 '김제군 금산면 금산리 104번지 증산 묘원 안에 납골된 강일순·정치순 유골은 누구를 막론하고 손상, 은닉 기타 방법으로 이전하거나 타에 양여할 때는 형벌을 받음' 이라는 내용이 담겨있는 가처분 용지가 성해를 모신 곳에 붙어져 있었다.

이러한 내용의 가처분 결정을 알리는 법원 문서가 묘원 앞에 나붙자 법종교 간부들은 시급하게 대책을 세워 나갔다. 법종교 측은 강경형을 상대로 소송을 제기한다.

12월14일자로 강경형은 성해를 모신 곳의 출입을 금하는 가처분 결정을 법원으로부터 받아내는 데 성공한다.

재판부에서 있었던 일을 회고해 본다.

"증산 상제님이시여 어디로 가시나이까?" 하고 가슴 조이며 지켜보던 이들에게는 놀랄 만한 소식이 아닐 수 없었다.

양측이 전주법원을 들락거리며 송사를 벌였던 것을 결론적으로 지금까지 안치되어 온 곳에 계시게 해달라는 투쟁이었기 때문이다.

두 가지 가처분결정에 이은 본안소송 판결에서는 강경형이 패소하였다.

전주지방법원 민사 3부는 1974년3월22일 판결에서 원고 강경형의 청구를 기각시켰다.

판결문 요지에 따르면 증산상제의 분묘는 법종교 소유하에 있음이 명백하다는 것이었다.

강경형은 전주지법의 판결에 불복하고 광주 고법에 똑같은 내용으로 항소를 제기한다. 그러나 광주고법민사2부 1974년9월20일의 판결에서 1심판결과 똑같은 이유로 패소 당했다. 그는 대법원까지 상고를 했으나 역시 이기지 못했다.

고등법원과 대법원이 증산상제 양자 강경형에게 패배를 안겨준 판결문을 보면 그 제자들이 60년간 분묘를 수호, 관리해 왔다면 그 수호 관리권이 종교단체에 귀속되어야 한다는 내용을 담고 있다.

증산 상제의 성해 빼앗기 싸움을 분석해 보면, 혈족 직계제자 그리고 증산상제의 계시로 알게 된 계시제자 등 3자간의 싸움이라는 사실을 알게 된다.

이 싸움은 단순한 유골 싸움으로 보여지지만, 사실은 증산계 종교의 발전과정을 잘 함축하고 있는 모형이다.

증산상제의 성해를 소유하려는 싸움이 진행되는 중에도 과연 그 성해가 진짜이냐 라는 의혹은 없어지지 않았다.

명확히 말할 수 있는 것은 아직까지도 증산상제의 잃어버린 왼팔 성해는 어디에 있는지 모른다는 사실이다.

증산상제는 전라북도의 한 시골마을에서 태어난 조선시대 사람이다. 그리고 39세라는 젊은 나이에 이 세상을 떠나가신 성인이시다.

그는 끈질긴 성해 빼앗기 싸움에 휘말려 있었으면서도 조선시대 종교의 교주로써 탄탄한 자리를 굳히게 되었다.

증산상제의 생애를 보면 종교적 사고를 위해 유량생활을 하고 또 본인이 깨우친 바를 중생들에게 교화하는 성인이셨다.

종교는 어느 종교이든지 창시자의 소유가 아니라 창시자를 따르는 사람이 완성되어 가는 사람이 되기 위한 과정이다 라고 볼 수 있다.

화천하신 증산상제 뒤를 이은 증산교의 신도들은 증산상제의 사상을 계속 받들어 갈 것이다.

그들이 끊임없이 증산상제의 성해 싸움을 하는 그 속사정 내막을 알아보기 위해서 이렇게 증산상제의 생애를 조심스럽게 알아본 것은 큰 기쁨으로 받아들인다.

다시 말하면 증산상제의 왼팔 성해는 영원히 증산교를 믿는 모든 신도들 마음에 자리를 잡게 된 것이다.

무극도의 조철제 도주는 '천지도래 일장중' 이라는 말을 남겼다.

한 손안에 천하사가 모두 담겨있다는 풀이로 본다.

증산상제의 왼손 성해는 지금도 누군가에게 비전되면서 이 시대의 문제를 해결하는 신비하고 성스러운 마음으로 담아진다.

증산상제의 성해를 모시고 있으면 그 종파가 발전하고 또 개인이 쉽게 도통한다는 믿음의 시작이었다.

이미 증산상제의 왼팔 성해나 또 증산상제의 성해는 이미 신도들의 영원하고 순수한 마음속에서 더욱 깊은 마음속으로 머무르게 된 것이다.

나 또한 그런 깊이에 빠져 본다.

"꾀꼬리 소리에 취해 첩첩산중을 따라 들어가 보니 더욱더 깊은 첩첩산중에서 메아리 소리가 들려오는구나…"

증산(보천교)자료

높이:15cm 직경 5cm

제 2 부

간찰을 통해서 본 성여 모시기

甑山 省座執事 증산 성좌집사께

向出 旋旆時	지난번에 집을 나와 선패 하실 때에 추행 할 때 이라
適値楸行	마침 고향을 가시는 길에서 만났으니
未得奉別悵歎	성여로 모시는 그 어른과 만났다 헤어지는
曷已	슬픈 탄식이 끝낼수가 있겠습니까?
謹詢日來	삼가 여쭈는 요즘에
兄省體勞頓	형께서 성여를 모시는 노고와
餘萬重	남은 여러 가지가 편안하시길
仰溸區區	우러러 빕니다.
元 日前抵安城	저는 일전에 안성에 다다른
路憊難振奈何	피곤을 떨치지 못하니 어찌합니까?
就寧母藥	아뢰올 말씀은 약은(종교에 쓰이는 자금)
今時已爲付授	지금 이미 받아 부쳤습니다.
弟未趁卽	제가 진작에
來此之故	이곳에 보내지 못한 이유를
尙未通奇	오히려 기별하지 못하였던 것이
咄歎	안타까울 뿐입니다.
而池在弘在京	그리고 지재홍이 서울에 있으나
亦未更逢	아직도 다시 만나지 못했으니
有此	여기에 있으면서도
良貝可歎	낭패스럽고 탄식 할뿐입니다.
授橡送呈	받은 자금을 부쳐 올렸으니
卽地覓傳如何	즉석에서 찾아 전해 줌이 어떻겠습니까?
今已晚時	지금 이미 늦은 때라
慮有相左之端	서로 뒤틀릴 염려가 있으니

幸勿遲滯	행여 지체 말고
飛也似覓授如何	빨리 찾아 줄 것 같으면 어떻겠습니까?
蔘價百金	종교 자금의 많은 돈을 인삼 값의 많은 돈을
先貸言中矣	말대로 미리 빌렸습니다.
自弟家更辦	제 집에서 재차 준비를 시켜
付送于貴邊之意	당신들의 생각대로 부쳐 올릴 것입니다.
稟達于老親	윗 어른에게 말씀을 여쭤주시고
則若又來付來善	만약 부쳐 올린 것이 잘 왔으면
爲任置于着實處	착실한 곳에다 맡겨두는 것이
如何	어떻겠습니까?
側聞	곁에서 얻어들으니
池在弘不卽下去	지재홍이 곧바로 내려 갈수 없다고
云	말했다고 하니
果然耶	과연 그렇습니까?
若然	과연 그렇다면
則洑役何以爲之耶	성여를 모시는 보역을 어떻게 할 것입니까?
此時錢兩	이런 때에 작은 돈이라도
不可歇后	대수롭게 여기지 않을 수 없습니다.
善爲周旋	좋게 주선을 하여야
無或良貝	혹 낭패가 없을 것입니다.

1.1 연월일 미상, 사제 원영(D11060019)

요약 증산 성좌[1] 집사[2]에게

지난번에 집을 나와 마침 고향가는 길에서 만났으니 그 어른과 만나고 헤어짐이 탄식을 끝낼 수가 없었습니다. 형께서 성체[3]를 모시는 노고와 남은 일이 편안하시길 우러러 빕니다. 아뢰올 말씀은 약(종교에 쓰이는 자금)은 이미 받아 부쳤습니다. 지금은 이미 늦은 때라 지체 말고 빨리 찾아줌이 어떻겠습니까?

연월일 미상사제 원영 배

---

1 성좌(省座);성좌하(下)의 줄임이며, 부모님을 모시고 있는 친구에게 편지에 쓰는 용어로, 시안하(侍案下)와 같음.
2 집사(執事):주인(主人) 옆에 있으면서 그 집일을 맡아보는 사람.
  선패(旋斾);앞세우고가던 깃발을 들리어 돌아가거나 돌아온다는 말로, 전의(戰意)하여 사람이 되돌아가거나 또는 군사(軍士)를 되돌리는 것을 뜻함.
  추행(楸行) 조상의 산소에 성묘하러 감.
3 성체(省體)부모님을 모시고 지내는 사람의 안부.
  선대(先貸);돈을 빌려줄 기일 이전에 미리 꾸어 줌.

▶ 簡札
DCB030_00_00K0045

수집정리번호	D11060045
생산자	弟 盧正鉉
생산기간2	己丑年 9月 20日
사료구분	고문서
사료분류	서간;간찰
판사항	필사
언어	한문
장정	낱장
해제	자신이 부모를 모시고 사는 것을 어찌 편안하다 말할 수 있겠냐고 그동안 있었던 일을 정언(正言)종(從)의 편지에 대략 진술했다하면서 편지를 보면 잘 알수 있으리라 생각한다는 내용이 있다.

매체정보	매체유형	원본주기	데이터포맷	수량	크기
	이미지파일	사본	–	1매	45cm*23cm

열람조건	공개자료
복제조건	복제 가능하나 학술적 이용에 한정되며 허락없이 발간 불가 자료

열람정보	등록번호	청구기호	열람상태
	IM0000080720	–	열람가능

▼원본이미지

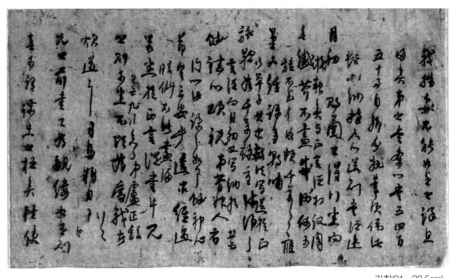

간찰(21×38.5cm)

탱화(임경업)

가로:63cm 세로:111cm

甑山聖座執事 증산성좌집사께

冬暖如春	겨울의 따듯함이 봄과 같사옵니다.
伏惟辰下	요즘에
省餘兄體	성여를 모시는 형의 몸은
連護萬重	연이어 두루 보호되고 생각하십니까?
湯節	약탕으로 모시는 마음으로 성여께
近臻天和否	최근에 건강이 순리에 이르셨다니
竝切仰溸	아울러 간절히 우러러 그립고 염려가 됩니다.
且慮 而子婦	그리고 성여를 모시는 여신도께서도
亦善在耶	또한 잘계십니까?
元親候	저는 성여께
恒多欠和	항상 존경하는 마음이 적어 교차 되겠죠
焦悶何狀	속타는 마음과 민망함이 어떠 하겠습니까?
迷兒	종교에 쓰이는 자금을
間欲起送	그간에 사람에 딸려 보내고 싶으나
而緣於秋事之汨汨	형편이 어려워서
今才送去	지금에야 겨우 보내오니
晦初間 送之如何	그믐초승 간에 보내는 것으로 알고 계십시오
雖有一晉	비록 시간을 내어 만나
相議	상의가 있어야 하는데
而抽身無路	(일본인들 때문에)몸을 움직이는 것이 조심스러워서
未得如誠	아직도 정성을 드릴수가 없으니
咄嘆咄嘆	혀를 차는 탄식이 나옵니다.
或有一次賁臨否	조심하여 혹 한번 찾아주시겠습니까?

餘撓	주위가 요란스러워
不備上	갖추지 못하고 글을 올립니다.
戊寅陽月十八日	1938년 양월 18일
査弟元永拜拜	사제원영배배

3.5. 무인년(1938).10.18. 사제 元永(D11060046)

요약 증산 성좌 집사에게

성여를 모시는 형과 며느리(성여를 모시는 여신도)도 잘 계십니까? 종교에 쓰이는 자금을 형편이 어려워 지금에야 보냅니다. 시간을 내어 만나야 하나 (일본인들 때문에) 몸을 움직이기가 조심스러워 정성을 드릴 수가 없습니다. 혹 조심스럽게 한 번 찾아주시겠습니까?

무인년(1938) 陽月(10월)18일

사제 원영 배배

성좌(省座):성좌하(下)의 줄임이며, 부모님을 모시고 있는 친구에게 편지에 쓰는 용어로, 시안하(侍案下) 와 같음.

집사(執事):주인(主人) 옆에 있으면서 그 집일을 맡아보는 사람.

성여(餘):부모님을 모시는 여자

▶ 簡札

DCB030_00_00K0046

수집정리번호	D11060046				
생산자	查弟 元永				
생산기간2	戊寅年 10月 18日				
사료구분	고문서				
사료분류	서간:간찰				
판사항	필사				
언어	한문				
장정	낱장				
해제	건아(建兒)는 보내고 싶었는데 가을 추수에 바빠 이제서야 보내니 그믐이나 월초에 보내주시고 제가 한번 찾아뵈려해도 겨를이 없으니 한번 왕림해줄 것을 부탁하고 있다.				
매체정보	매체유형	원본주기	데이터포맷	수량	크기
	이미지파일	사본	-	1매	39cm*25.7cm
열람조건	공개자료				
복제조건	복제 가능하나 학술적 이용에 한정되며 허락없이 발간 불가 자료				
열람정보	등록번호		청구기호		열람상태
	IM0000080721		-		열람가능

▼원본이미지

간찰(25.7×39cm)

무신도(임경업)

가로:70cm 세로:98cm

旅舍電晤	여관에서 번개 불 만남은
慰少悵多	위로되기는 적고 서운함만 많습니다.
謹詢日間	삼가 여쭙는 요즘에
兄狀體連護萬重	형께서는 몸은 연이어 두루 건강하시고
覃度均慶	성여를 모시는 식구들은 고루 잘 지내고 계시지요
陸兒內外善在否	신도 육이라는 아이 내외는 잘 지내고 있습니까?
念切仰儳區區	생각하면 우러러 그리움에 구구합니다.
元 昨暮還棲 中路撓惱	저는 어지럽고 골치 아픈 일을
不言可想	생각대로 말할 수가 없습니다.
而乳兒大痛	젖먹이 아이가 심한 병에 걸려 고통을 받아
見今怜然也	불쌍하게 여겨 지는 현상입니다.
惟以省安	오직 성여에 모셔진 편안하심은
爲幸耳	다행으로 여겨집니다.
就迷兒當爲送來	아뢰올 말씀은 사람을 올려 보낼것이며
而來初	오는 초에
似有順騎二來者	순.기(신도가) 둘이 올 것 같으니
則伊時送之如何	이때에 보내시는 것이 어떻겠습니까?
向托册子	지난번 부탁한 책자는(큰자금)
付送于其時如何	그 때에 부쳐 올리려는데 어떻겠습니까?
餘不備上	나머지는 갖추지 못하고 올립니다.
丁丑二月十五日	정축이월십오일(1937년)
査弟元永拜拜	사제 원영배배

2.1. 정축년(1937) 2월 15일 사제 元永(D11060012)

> **요약** 성여를 모시는 식구들은 편안한지, 신도 육(陸)이라는 아이의 내외도
> 잘지내는지요. 오직 성여에 모셔진 편안하심은 다행으로 여겨집니다. 다음
> 달 초에 순.기 신도가 들어올 것 같으니 지난번 부탁한 책자(큰자금)은 그때
> 에 부쳐올리겠습니다.
> 정축년(1937) 2월 15일
> 사제(查弟) 원영

▶ 簡札
DCB030_00_00K0012

수집정리번호	D11060012
생산자	査弟 元永
생산기간2	丁丑年 2月 15日
사료구분	고문서
사료분류	서간:간찰
판사항	필사
언어	한문
장정	낱장
해제	건아(建兒)를 보내주는 문제와 지난 번에 부탁한 책자를 보내주는 문제를 말하고 있다

매체정보	매체유형	원본주기	데이터포맷	수량	크기
	이미지파일	사본	–	1매	42cm*19.2cm

열람조건	공개자료
복제조건	복제 가능하나 학술적 이용에 한정되며 허락없이 발간 불가 자료

열람정보	등록번호	청구기호	열람상태
	IM0000080687	–	열람가능

▼원본이미지

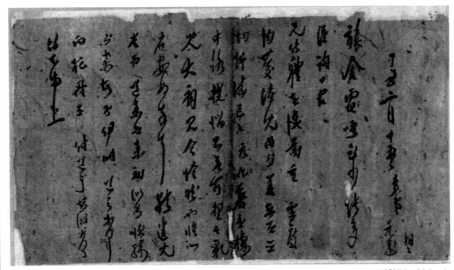

간찰(21×38.5cm)

무신도(삼용궁녀)

가로:70cm 세로:115.5cm

歲已改月已圓	해가 달이 지나 이미 보름인데
瞻誦益勤	그리움이 더욱 간절합니다.
伏惟新正	엎드려 생각건대 새해에
方欲付隷于政色	정사의 바른 조사에 부치고 싶습니다.
請其草記改望	잘못된 인사 추천에 희망하는 청원에
而聽施與否	들어 줄지는 여부는
未可知矣	아직 알 수는 없습니다.
於此於彼	이러나저러나
歸期又晩	돌아갈(해방의 날) 기약이 또한 늦어지면서
都是拘執之端	모든 것에 구애의 단서가 되니
奈何奈何	어찌 조심해야 되겠죠
于禮擇日	혼례의(집회의)날을 잡는 것은
第待弟晉相議	아무튼 제가 나가서 서로 상의하여
擇定如何	날을 정하기를 기다리시는 것이 어떻겠습니까?
歲前鄙隷所負袱封	또 한해 전에 저의 종의 짐(묶은문서)을 봉하여
或是置于貴中	혹시 당신의 집(성여가 모셔진곳)에 두었다가
則付送于此便	이번편에 부쳐 보내는 것이
如何	어떻겠습니까?
餘不備禮	나머지는 예를 갖추지 못합니다.
戊寅元月望日	무인년 정월 보름날(1938년)
功服查弟元永 拜拜	공복사제원영 배배

3.1. 무인년(1938)1.1.15 사제 元永(D11060015)

요약 돌아갈 날(해방의 날)이 늦어지면서 모든 것이 구애의 단서가 되니 조심해야 되겠죠. 혼례날(집회날)을 잡는 것은 나가서 상의하여 날을 기다리는 것이 어떻겠습니까? 종의 짐(묶은문서)를 당신의 집(성여가 모셔진 곳)에 두었다가 그 편에 보내는 것이 어떻겠습니까?
무인년(1938)1월 15일
공복사제(功服查弟) 원영

▶ 簡札

DCB030_00_00K0015

수집정리번호	D11060015
생산자	功服査弟 元永
생산기간2	戊寅年 1月 15日
사료구분	고문서
사료분류	서간:간찰
판사항	필사
언어	한문
장정	낱장
해제	며느리의 안부를 묻고, 자신이 감역(監役)의 초망(初望)에 올랐는데, 이판(吏判)이 년기(年紀)를 잘못알아 그러한 것이라고 전하며 초기정망(草記政望)을 청하고 있다.

매체정보	매체유형	원본주기	데이터포맷	수량	크기
	이미지파일	사본	–	1매	36.5cm*18.5cm

열람조건	공개자료
복제조건	복제 가능하나 학술적 이용에 한정되며 허락없이 발간 불가 자료

열람정보	등록번호	청구기호	열람상태
	IM0000080690	–	열람가능

▼원본이미지

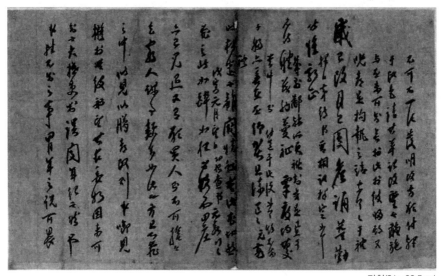

간찰(21×38,5cm)

무신도(염라대왕)

가로:69cm 세로:96cm

謹拜候上	삼가 절하며 안후를 올립니다.
國哀普慟	나라 상에(순종 1926년 4월 25일)모두가 애통·하기를
大小惟均	대소가 오직 균등 할 뿐입니다.
謹詢潦炎	삼가 묻습니다. 장마의 무더위에
兄省體	형께서 부모(성여)를 모시고
連護萬重	연이어 두루 보호되고 중하십니까?
覃度均寧	집안 식구(증산상좌식구)도 고루 편하시고
子婦亦善在否	며느리(성여를 모시는 여신도)또한 잘 계시지요?
竝切仰溸區區	아울러 우러러 거슬러 구구합니다.
元 亞候	저의 작은 아버지가
恒時凜綴	항시 숨이 끊어질 듯 말 듯 하여서
焦悶難狀	애타는 마음을 말로 할 수가 없습니다.
而如干身恙	얼마 전에 저도 마음에 병이 생겨서
憂苦	근심하고 괴로운 몸으로
殆無霽日	거의 풀일 날이 없습니다
實所悶然	실로 민망할 뿐이며
而貴近年形	당신이(성여가)계시는곳에 올 농사는
果何如耶	과연 어떠하신지요?
此近則在甚者太旱	여기는 최근까지 심한 가뭄을 겪다가
近得甘霖已爲移秧	얼마전 단비가 내려서 거의 이앙을 끝냈는데
而乾畓	물이 잘 마르는 논은
則似有至晩之害	이앙이 늦어지는 피해가 있을 것 같으나
而大抵豊証也	대체로 풍년이 들 거로 이르고 싶습니다.
衛兒何不送之耶	위라는 아이를(전달하는신도)어째서 보내지 않는가?
必是農時	필시 농사 때라서
無暇之就也	보낼 틈이 없어서 그래로 있는것인가요?
生紙貳束送呈	생지 두묶음(자금 두다발)을 보내 드리는데

此是前在条也	이것은 전에 약조 한 것으로
諒之如何	이해해 주시는 것이 어떻겠습니까?
高吏處惠貸八錢	고 아전(하급관리)에 빌려준 여덟 전은
可謂虎口之肉也	호랑이 입에 고기를 몰려 준 셈입니다.
雖曰報上云	비록 갚는다고 말은 하지만
而何可必也	그러나 어찌 믿겠습니까?
此後則雖弟下人	차후에 비록 제 아래 사람이라도
切勿貸餞	절대 돈을 빌려 주지 않는 것이
如何	옳겠습니다.
梧室所去唁	오실에 문안을 가더라도
此卽傳如何	이말을 꼭 전해주는 것이 어떻겠습니까?
草牕秘訣	초청 비결의 책(대순전경)은
似在 貴所矣	당신(성여)의 집에 있는 것 갔습니다.
此日惠借如何	이날에 빌려주시는 것이 어떻겠습니까?

頃便惠覆	근자에 인편으로 보내주신 답장에
承慰承慰	위로가 되고 또 위로가 됩니다.
更詢日冷	다시 묻겠습니다. 차가운 날씨에
兄侍體	성여를 모시는 형께서
連護萬重	연이어 두루 중하게 보호되시고
湯節間	약탕(기도)으로 계시는 그간의 건강은
臻天和否	하늘의 조화를 받았는지요?
仰溸區區	우러러 거슬러 구구합니다.
而子婦亦善在否	그리고 며느리(성여를)모시는 여신도도
念念	자꾸 생각이 납니다
元慈候以痢痁	저의 어머님도 이질로
數朔彌留	병이 낫지 않는지가 여러 달입니다.
今雖有減勢	지금 병이 가라 않는 중이나
餘祟尙未夬差	남은 증세에 아직도 쾌차하지 못하니
焦悶難狀	타는 고민을 가눌수 없습니다.
第于禮	아무튼 결혼 예식(집회)는
那當過行耶	언제 행하는 것이 좋겠습니까?
今則在兄示敎	지금부터 형께서 말씀을 해주신다면
而周旋矣	주선을 하겠습니다.
大抵從速似好耳	빠른 속히 행하는 것이 좋을 것 같습니다.
餘走草	나머지는 빨리 쓰다 보니
不備禮	예를 갖추지 못했습니다.

岳丈喪事	장인의 상사의
聞甚驚怛	부고를 받고 깜짝 놀랐습니다.
此丈身後事	이 어른이 돌아가신 후에
與此家事	이 집안 살림을 생각하면
甚爲茫然爲之悲係也	심이 당황스럽고 슬퍼 집니다.
水蔘弟之國種	수삼은 저의 나라의 씨로써
無可採者	재취를 할 수가 없게 되어 있습니다.
且無錢兩	그러나 또한 돈 이 냥이 없어서
未得求呈	올려 보내지 못했습니다.
還切主臣	도리어 죄송함이 간절합니다.
錢荒到處如此	도처에 돈이 귀하기가 이와 같으니
歎之奈何	탄식해본들 어찌하겠습니까?

1.4. 연월일 미상, 사제 元永(D11060022)

> **요약** 나라 상사(순종 승하, 1926.4.26.)에 애통하나 대소가가 오직 균등할 뿐
> 입니다. 집안 식구(증산 성좌 식구)도 편안하고 며느리(성여를 모시는 여신
> 도)도 잘 계시지요? 그곳(성여가 계시는 곳)의 농사는 어떠신지요? 위라는 아
> 이(전달하는 신도)는 어찌 보내지 않으시는지요? 필시 농사철이라서 그렇겠
> 지요? 생지 두 묶음(지금 두다발)을 보내드리는데 전에 약조한 ㅉ ㅓ으로 이
> 해해 주시면 됩니다. 아전에게 빌려준 8전은 호랑이 입에 고기를 물려준 셈
> 입니다. 절대 돈을 빌려주지 않는 것이 좋습니다. 초청비결의 책(대순전경)
> 은 당신(성여)의 집에 있는 것 같습니다만 이날 빌려 주시는 것이 어떻겠습
> 니까?
> 연월일 미상
> 원영

▶ 簡札

DCB030_00_00K0022

수집정리번호	D11060022				
생산자	元永				
사료구분	고문서				
사료분류	서간:간찰				
판사항	필사				
언어	한문				
장정	낱장				
해제	며느리가 잘있는지 걱정된다 하고, 악장(岳丈)의 상사(喪事)는 매우 놀랍고 슬프며 어르신의 사후에 일과 이 집안의 일이 매우 슬프다고 전하고 있다.				
매체정보	· 매체유형	원본주기	데이터포맷	수량	크기
	이미지파일	사본	-	1매	38cm*25.5cm
열람조건	공개자료				
복제조건	복제 가능하나 학술적 이용에 한정되며 허락없이 발간 불가 자료				
열람정보	동록번호		청구기호		열람상태
	IM0000080697		-		열람가능

▼원본이미지

간찰(25.5×38cm)

무신도(장희빈 성수)

가로:70.5cm 세로:110cm

阻**悵**之餘	소식이 막혀 서운한 나머지
獲拜惠翰	편지를 접하니
仍審	인하여 위로가 됩니다.
霜令	서리가 내리는 절기에
兄省體	성여를 모시는 형께서
連護萬重	연이어 보호되고 만중하시다니
仰慰仰慰	우러러 위로가 됩니다.
而湯節彌留	약탕(신앙심)으로 고질병을 갖고 있다는
聞甚仰念	소식을 듣고 나니 마음이 아픕니다.
元 私門不幸	제 자신의 집에 불행이라면
去月遭娣氏喪事	지난달에 손아래 누이가 죽어서
遠外承訃	먼 곳에서 날아온 부음을 받고
情理倍於他人	정리가 남보다 배가 되어서
痛**賈**難裁	고통과 슬픔을 헤아릴 수가 없었으며
心膽如裂	가슴이 찢어질 것 같았습니다.
而兩老親	그리고 두 늙은 부모가
暮境悲疚	노년의 큰 슬픔에
自多損節	스스로 건강을 헤칠까봐 하는
焦悶如此	저의 속타는 마음이 이와 갔습니다.
而荊憂	제 처의 병이
今雖少減	지금 비록 좀 나아지기는 했으나
高歇無常	높았다 내렸다 함이 일정치 않아
焦悶焦悶	가슴이 타 들어 갑니다.
第今年潦炎怪疾	아무튼 올해는 무더운 장마와
無前變年	전에 없는 흉년인데
而此近則初	그러나 이 주위는 처음부터
無水災與怪疾	수재와 괴질이 없었습니다.

是則可幸可幸	이점이 다행이고 또 다행입니다.
貴近亦然	성여가 모셔진 곳도 또한 그렇다고 생각하고
柳川之行	유천으로 향하여 갔다니
稍慰	다소 위로가 되었습니다.
間阻	그간 소식이 막혔다가
而客地抃別	객지에서 서로 만났다 헤어짐은
有倍他品	다른 멋이 배로 느끼게 됩니다.
謹詢日間	삼가 여쭙는 요즈음
省餘兄體	부모(성여) 모시는 형께서 몸은
連護萬晏	보호되고 두루 편안 하십니까?
湯節間	신심(약탕)으로 기도하는 그 시간에
果復常耶	이제 과연 평상으로 회복되었습니까?
竝切仰溸	아울러 간절히 그리움이
區區之至	구구히 지극합니다.
元中路又爲滯雨	저는 중도 길에서 비를 만나 지체되어
昨暮還棲	어제 저녁에야 집에 돌아 왔습니다.
困憊之狀	고달프고 피곤한 상태를
不足長引	족히 질질 오래 부릴 틈도 없습니다.
而親候多損	부모님(성여)를 모시는 나날에 시간에
焦悶難狀	몸이 안좋아져서 타는 고민을 말하기가 어렵습니다.
就弟之笠帽	아뢰올 말씀은 저의 비를 막는 입모를
忘置于敬天役軍	잊고 경천역군의
바지계上	바지계 위에 두었습니다.
若有可尋之	만일 그 모자를 찾았다면
逐推尋以置	보낼 방도를 찾을 때까지 두었다가
待後便	후편을 기다렸다가

付送如何	보내주심이 어떻겠습니까?
餘在續候	나머지는 안부가 이어질 것을 바라며
不備上	갖추지 못하고 글을 올립니다.
己卯閏月念九日	기묘 윤달이십구일
査弟 元永拜拜	사제원영배배

4.1. 기묘년(1939.윤월. 29.) 사제 元永(D11060033)

요약 지난 달에 손아래 누이가 죽어서 두 늙은 부모가 큰 슬픔에 건강을 해칠까 속이 탑니다. 제 처의 병도 비록 좀 나아졌으나 가슴이 타들어 갑니다. 올해는 전에 없는 흉년인데 성여가 모셔진 그곳도 그러하다고 생각하고 유천으로 갔더니 다소 위로가 되었습니다. 부모님(성여)를 모시는 나날에 몸이 좋지 않아져서 고민을 이루 말할 수 없습니다. 아뢰올 말씀은 저의 笠帽글하를 바지게 위에 두었는데 보관했다가 후편에 보내주시기 바랍니다.
己卯年(1939)
사제 원영 배배

▶ 簡札

DCB030_00_00K0033

수집정리번호	D11060033				
생산자	査弟 元永				
생산기간2	己卯年 閏月 29日				
사료구분	고문서				
사료분류	서간;간찰				
판사항	필사				
언어	한문				
장정	낱장				
해제	입모(笠帽)를 경천(敬天)의 일꾼에게 깜박잊고 맡겨놓았으니, 다음 인편에 보내주길 부탁하고 있다.				
매체정보	매체유형	원본주기	데이터포맷	수량	크기
	이미지파일	사본	–	1매	40cm*25cm
열람조건	공개자료				
복제조건	복제 가능하나 학술적 이용에 한정되며 허락없이 발간 불가 자료				
열람정보	등록번호		청구기호		열람상태
	IM0000080708		–		열람가능

▼원본이미지

간찰(25×40cm)

무신도(용궁칠성)

가로:70.5cm 세로:100cm

亦是萬幸也	또한 그런 것이 여러 가지로 다행입니다.
第 示中子婦	아무튼 편지에 성여를 모시는 여신도를
率去之意	데려 가겠다는 말씀은
兄宅情勢雖如此	성여가 모셔진 집의 정세가 비록 그렇다 하더라도
而弟家事勢	저의 집에 형편에
不可暫時送置	잠시라도 걱정이 됩니다.
而且渠姑病	그리고 또한 그의 시어머니의 병이
如右	위와 같아서입니다.
則能有暇隙之	어수선한 틈이 생기더라도
可圖耶	도모할 수가 있겠습니까?
弟非有固執意也	제가 고집을 피우려는 것이 아닙니다.
若爲送去	성여를 모시는 여신도를 보낸다면
則尋常朝夕盂飯	매일 조석의 식사를
亦不可奉親故耳	친히 받들 수가 없습니다.
但以身役太重	단 저의 일이 크게 무거워지니
爲悶憐悶憐耳	민망하고 가련해질 뿐입니다.
貴 農之不得豊稔	성여가 모셔진곳에 농사가 풍성하지 않겠습니까?
仰念仰念	우러러 염려 드립니다.

而弟農亦然耳	저의 농사도 또한 마찬가지입니다.
蔘圃不至良貝	삼밭은 낭패에 이르지는 않았지만
而未知末終如何耳	마지막에는 어떻게 될지는 모르겠습니다.
洑事長時大慮	물 보의 일은 오래도록 크게 걱정을 했으나
幸免水破	다행히 수파를 면했으니
天幸天幸	하늘이 준 다행입니다.
而弟家勢力	그러나 저의 집의 가세에
更難春間**	봄을 지내기 더 어렵게 하는 것은
而各處當入者	각 곳에서 찾아오는 자를
何不捧之耶	어찌 내칠 수가 있겠습니까?
未知內坪	아직도 내평 쪽은 잘 모르겠습니다.
甚鬱甚鬱	심히 답답합니다.
餘煩下艱草	번거로운 나머지 초하기가 어려워
姑不備上	우선 갖추지 못하고 올립니다.

연월일 미상. 사제 元永(D11060020)

요약 성여가 모셔진 곳의 걱정 안부를 전함.
사제 원영

- 성좌(省座):성좌하(下)의 줄임이며, 부모님을 모시고 있는 친구에게 편지에 쓰는 용어로, 시안하(侍案下)와 같음.
- 집사(執事):주인(主人) 옆에 있으면서 그 집일을 맡아보는 사람.
- 성체(省體):부모님을 모시고 지내는 사람의 안부.
- 사제(査弟) : 바깥 사돈끼리 자기를 낮추어 부르는 말
- 입모(笠帽) : 비가 올 때 갓 위에 덮어쓰던 기름종이로 만든 물건을 이르는 말.

▶ 簡札
DCB030_00_00K0020

수집정리번호	D11060020				
생산자	元永				
사료구분	고문서				
사료분류	서간:간찰				
판사항	필사				
언어	한문				
장정	낱장				
해제	심한 가뭄에 단비가 내려 겨우 이앙을 했으며, 마른 논에는 너무 늦어 해가 될 우려가 있으나 대개 대풍년의 징조라고 말하고 있다. 위아(衛兒)는 농번기라서 못보내는지 확인하고, 초창비결(草牕秘訣)이 귀댁에 있으면 좀 보내달라고 부탁하고 있다.				
매체정보	매체유형	원본주기	데이터포맷	수량	크기
	이미지파일	사본	–	1매	35.3cm*23cm
열람조건	공개자료				
복제조건	복제 가능하나 학술적 이용에 한정되며 허락없이 발간 불가 자료				
열람정보	등록번호		청구기호		열람상태
	IM0000080695		–		열람가능

▼원본이미지

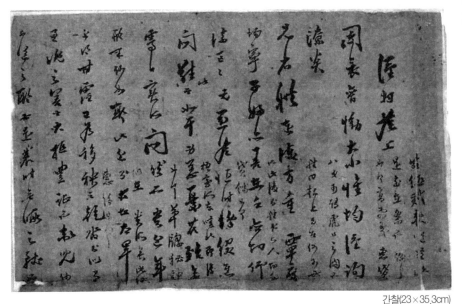

간찰(23×35.3cm)

구하스님

가로:79cm 세로:50cm

설명:큰, 큰 용기는 능히 참을줄 아는 것이고
능히 참을줄 아는 것은 치욕을 작게 하는 것이다.

1872년 출생. 1965년 열반. 독립운동가
오도송 : 마음에 티끌이 따로 없어 존재하고
오체를 공중에 던지니 함께 귀의한다네

數日前因轉便　　수 일전 전한 인편으로

得承長衛安候　　길이 잘 유지하고 있다는 안후를 받았으나

卽三月二十七日辰時　곧바로 삼월이십칠일 신시에

姑母主　　　　　고모께서

奄棄塵世情私　　갑자기 세상을 뜨셨다는 소식에

慟廓驚畫　　　　애통하고 놀란 가슴이

曷有其已　　　　어찌 그 끝이 있겠습니까?

惟以哀兄　　　　오직 슬픔을 잠긴 형께서

姑支　　　　　　우선 몸을 지탱하시고

渾節無故　　　　성여가 모셔져 있는 가족이 편안하시다니

爲遠外稍慰者耳　먼 곳에 있는 저로써는 다소 위안이 됩니다.

山地與葬擇　　　묘를 쓸 산과 장사의 날짜를

姑未聞知　　　　우선 듣지를 못하여서

甚菀甚菀　　　　심히 답답할 뿐입니다.

聞此諱報　　　　여기서 고모의 상을 들은

以來煎節　　　　이래로 애타는 몸

恒多欠和　　　　항상 편치는 않았으나

至於寢息　　　　가라 앉아 그쳐지자

有減其於割半　　형제를 잃은 슬픔보다는 덜함은 있으나

情理之所　　　　인정과 도리로 보면

必然而焦灼　　　반드시 애타는 마음이

則極矣耳　　　　지극할 뿐입니다.

餘外多少　　　　나머지는 다소

留俟後便耳　　　후편을 머물며 기다릴 뿐입니다

向進尙慰	향상되어 나간다니 오히려 위안이 됩니다.
伏詢比來	엎드려 묻는 요즘에
護體度	보호하시는 몸이
漸至勿藥之效	기도의 능력의 효험에 이르셨고
而覃節均迪否	성여가 모셔있는 가족들도 고루 편한지요?
伏溱區區願聞	엎드려 그리움에 구구히 듣기를 원합니다.
族孫朞服人重省	저는 할아버지와 할머니를 모시며
粗安爲幸	다소 편안하심을 다행으로 여기며
它何煩喩	달리 무엇을 번거롭게 말씀드리겠습니까?
第卽漢事査實	아무튼 한씨의 일을 사실 조사를 하는 것은
則千不當萬不當	천부당 만부당한일입니다.
故往者	고로 갔던 자
仁甫金漢之來	인포 김한이 왔으니
而爲妥帖	별탈이 없는 일로 끝날 것이니
以此諒下如何	이것으로써 헤아려주심이 어떻겠습니까?
若金漢丁寧得用	김한을 틀림없이 벌을 적용하면
則崔	최씨라는 사람도
有不捧妥帖之理乎	일을 끌어내지는 않을 것입니다.
仁甫當嚴治爲計耳	인포를 엄히 다스릴 생각입니다.
餘擾惱	나머지는 주위 요란에 신경을 쓰다 보니
不備	글을 갖추지 못하고
謹上候	삼가 안부를 올립니다.
卽日族孫朞服人	즉일 족손기복인
種叔上候	종숙은 안부를 드립니다.

연월일 미상. 사제 元永(D11060021)

요약   수일전 인편으로 3월 27일 진시에 고모께서 세상을 뜨셨다는 소식에
놀란 가슴이 애통합니다. 슬픔에 잠긴 형께서 몸을 지탱하시고 성여가 모셔
져 있는 가족이 편안하다니 위안이 됩니다.

▶ 簡札

DCB030_00_00K0021

수집정리번호	D11060021				
생산자	元永				
사료구분	고문서				
사료분류	서간:간찰				
판사항	필사				
언어	한문				
장정	낱장				
해제	자신의 집은 불행히도 몇일전에 자씨상(姉氏喪)을 당해 멀리서 부음을 들었고, 두 노친이 충격으로 손상이 있을까 걱정하며, 아내의 병은 조금 줄었지만 아직도 걱정이라고, 며느리를 데려가는 문제를 가지고 자신의 곤란한 상황을 호소하고 있다.				
매체정보	매체유형	원본주기	데이터포맷	수량	크기
	이미지파일	사본	–	1매	40cm*26cm
열람조건	공개자료				
복제조건	복제 가능하나 학술적 이용에 한정되며 허락없이 발간 불가 자료				
열람정보	등록번호		청구기호		열람상태
	IM0000080696		–		열람가능

▼원본이미지

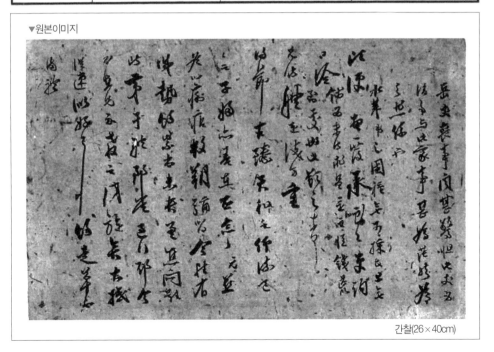

간찰(26×40cm)

청하스님

가로:112cm 세로:43cm

설명: 몸을 눕히고 머리를 땅에 대고 항상 상대를 공경하라!

1927년 10월 출생. 2018년 8월 26일 열반
영축총림 통도사 부방장 (다비식의 거행됐는데)
다비식이 30분여분후 지난 98년 경봉대선사의 입적때처럼
갑자기 구름을 동반한 장대비가 내려
신도들의 가슴에 환희심을 들게하다.

謹賀狀筮仕	처음으로 벼슬(직급)에 삼가 축하드립니다.
固是當來於吾*	이는 우리 친구에게 마땅히 온 일이이니
謹飭之望	삼가 몸가짐을 스스로 조심하길 바랍니다.
而今以道薦蒙恩	현 감사가 천거한 은혜를 입었으니
仰想	우러러 생각건대
侍下感祝	당신께 감사드리고 축하드림을
無比	어디에 비교할 대가 없습니다.
弟之柏悅之情	저는 친구가 잘된 것에 기뻐하며
不勝聳賀之極	축하의 지극함을 이기지 못하여
殆不能寐	거의 잠을 자지를 못하였습니다.
謹詢	삼가 여쭈겠습니다.
仕體勞攘餘	벼슬(직급)하는 몸의 수고를 벗은 나머지
區區 省萬旺	구구히 두루 좋으십니까?
渾節一安	성여가 모셔져 있는 식구들도 한결 같이 편한다니
仰賀	우러러 축하드림을
區區不任	구구히 감당하지 못하겠습니다.
卑私弟經年	저는 한해가 가는데
不能省楸	성여가 모신곳을 갈수가 없습니다.
情還官之期	사실 지방에서 임소로 돌아오는 때가
在於今月 晦內耳	금월 그믐 내에 있었습니다.
亦諒之如何	헤아려 주심이 어떻겠습니까?

기축년(1949).5.20. 弟 宋淳燁(D11060026)

요약 처음으로 벼슬에 나가심에 축하드립니다. 성여가 모셔져 있는 식구들도 편하다니 우러러 축하드립니다. 저는 해가 바뀌었는데도 성여를 모신 곳에 갈 수가 없습니다. 사실 지방에서 돌아오는 것이 이달 그믐께나 있습니다. 저는 바쁜 업무가 많지만 대기근으로 백성들이 굶지 않는 것만 다행으로 생각합니다. 둘째 아이가 지난달 20일 간에 다녀갔습니다. 매번 형께서 도와주시고 아껴주심에 감사드립니다.
己丑年(1949) 5월 旬日(20일)
弟宋淳燁 배배

旱餘甘澍	계속되는 가뭄에 단비가 내리니
令人蘇病	영감께서는 병에서 다시 살아난 것 같습니다.
伏詢際玆	엎드려 묻건대 요즈음에
旅體萬旺	여행(기도)하시는 몸은 두루 좋으시고
鄕候種種承安	성여를 모신 곳 소식도 종종 접합니다.
京察在邇	도목정사(都目政事)가 가까워지는데
意想何如	생각하시는 뜻이 어떤지
區區仰禱	구구히 우러러 빌며
不任願聞	듣기를 원함을 마지못하겠습니다.
弟劇務	저는 바쁜 업무가
方張日事	바야흐로 날로 많아져서
擾惱良憐	흔들리는 괴로운 마음에 진실로 가련합니다.
而大饑之民	대 기근(飢饉)에 백성들이
不至溝壑	구렁텅이 땅에 빠지지 않은 것만이라도
甚幸	심히 다행으로 생각합니다.
次兒去月念間	둘째아이가 지난달 20일간에
暫來旋去	잠시 왔다가 갔습니다.
而每誦兄相愛之意	매번 형께서 도와주시고 아껴주시는 뜻에
殆欲舌弊老朽	말로 혀가 달아 쓸모가 없도록 하고 싶은 것을
於此亦不能無感也	여기에서 느끼지 않을 수가 있겠습니까?
餘爲擾略伸	나머지는 주위 요란에 대략 펴고
不備	갖추지 못하겠습니다.
謹候	삼가 안후 드립니다.
己丑五月念日	기축오월20일
弟宋淳爀	제 송순혁
拜拜	올립니다.

▶ 簡札

DCB030_00_00K0026

수집정리번호	D11060026
생산자	弟 宋淳燁
생산기간2	己丑年 5月 20日
사료구분	고문서
사료분류	서간:간찰
판사항	필사
언어	한문
장정	낱장
해제	매일의 일들로 정신이 없고 힘들지만 크게 굶주리는 백성들이 도랑과 골짜기에 나뒹구는 지경까지는 이르지 않아 다행이라하고, 최동지(崔同知)과 주모(主姥)는 잘 지내고 있는지 묻고 각각 보낸 것은 그들에게 전해달라고 부탁하고 있다.

매체정보	매체유형	원본주기	데이터포맷	수량	크기
	이미지파일	사본	–	1매	42.6cm*25.5cm

열람조건	공개자료
복제조건	복제 가능하나 학술적 이용에 한정되며 허락없이 발간 불가 자료

열람정보	등록번호	청구기호	열람상태
	IM0000080701	–	열람가능

▼원본이미지

간찰(22.5×42.6cm)

석전스님(독립운동가)

가로:88cm 세로:30cm

이화 겹접지 매석 득운요

설명: 꽃을 옮기니 나비까지 따라오고 돌을 사니
구름까지 넉넉히 얻었네

1870년 출생. 1948년 열반.

개화기 근대화 과정과 자주 독립 과정에서 교육을 통한 선구자

再昨拜惠覆承	그저께 보내주신 답장을 받았습니다.
伏審	엎드려 살피건대
旅體候萬旺	여행(기도)하시는 몸 두루 좋으시다니
仰慰之至	우러러 위로됨이 지극합니다.
而日來更若何	요즘 어떻게 지내는지요?
慶科在前	나라 경사로 치를 과거시험에 앞서서
做得那樣	어떻게든 반드시 성취하여야 하는데
好夢	꿈은 잘 꾸었습니까?
弟省節	저도 성여를 모시는 몸과 같이
近以寒感有損	최근에 감기가 걸려 고생을 하고 있으니
煎私煎私	개인적으로 마음이 타들어 갑니다.
敬玉從今將登程	경옥은 이제 길을 떠났습니다.
而相握之日	그러나 그와 서로 만난 날
旅館談懷	여관에서 감회의 말을 주고 받으며
其樂可掬也耳	그 반가움을 확인해 볼 수 있었습니다.
第有一不緊	아무튼 긴급한 것은 아니나
仰告者	우러러 고하고 싶은 것은
好粉五匣	좋은 분가루 다섯 갑인데,
此回買送否	이것을 돌아오는 편에 사서 보내주실 수 없는지요?
此是兒女所託	이것은 집안 아녀자들의 부탁으로
而不能恝去者耳	괄시하여 보낼 수가 없어서 입니다.
價文	돈은
則已爲區畫於令季氏矣	이미 영계씨와 나누어 낼 것입니다.
餘留	나머지는 유의 하시고
俟續后	이어지는 편지를 기다리겠습니다.
不備	갖추지 못합니다.

戊子元月十八日.　무자원월십팔일

弟 盧正鉉拜白　　　제 노정현은 아룁니다.

무자년(1948).1.18. 弟 盧正鉉(D11060027)

요약 나라의 경사로 치를 시험에서 반드시 성취해야 하는데 꿈은 잘 꾸었습니까? 저도 성여를 모시는 몸과 같이 감기가 걸려 마음이 타들어 갑니다. 말씀드릴 것은 좋은 분(粉)가루 5갑을 사서 보내주실 수 없는지요? 돈은 李氏(동생분)과 나누어 낼 것입니다.
무자년(1947) 元月(1월) 18일
弟 盧正鉉 배백

▶ 簡札

DCB030_00_00K0027

수집정리번호	D11060027
생산자	弟 盧正鉉
생산기간2	戊子年 1月 18日
사료구분	고문서
사료분류	서간;간찰
판사항	필사
언어	한문
장정	낱장
해제	호분(好粉)5갑(匣)은 사서 보냈는지 묻고 이것은 아녀자들이 부탁한 것이라고 알리고 있다.

매체정보	매체유형	원본주기	데이터포맷	수량	크기
	이미지파일	사본	–	1매	45.2cm*22cm

열람조건	공개자료.
복제조건	복제 가능하나 학술적 이용에 한정되며 허락없이 발간 불가 자료.

열람정보	등록번호	청구기호	열람상태
	IM0000080702	–	열람가능

▼원본이미지

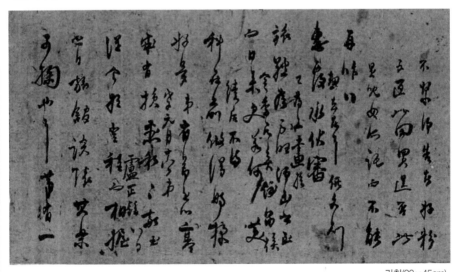

간찰(22×45cm)

혜월스님

가로:195.5cm 세로:44cm

설명:어미 학이 울면 새끼 학도 울음에 화답하여 운다.
(덕이 있는 자는 자기가 나타내려 하지않더라도 저절로 세상이 알려진다. 라는 말을 비유함)

1861년 충남 예산에서 출생. 1937년 열반

弟亦	제가 또한
擬送一隷者	한 심부름할 사람을 보내려고 생각한지가
已久	이미 오래 지났지만
而今才掃万	지금에서야 겨우 모든 일을 제쳐놓고
發送者	사람을 보내드립니다.
而迷兒	그리고 제아이(성여가 모신곳에 심부름 하는 사람)은
則當此炎天	이런 몹시 더운 날씨에
往來極難	왕래하기가 지극히 어려우니
待秋率去	가을에 사람이 갈 때 까지 기다리며
爲定	준비하고 계십시오.
而衛兒	그리고 위라는 아이도
此便牽送如何	이편에 딸려 보내시는 것이 어떻겠습니까?
子婦疝氣者	성여를 모시는 여신도의 산증은
無更發之患耶	재발의 걱정은 없는지요?
沙蔘可謂當材	더덕이 마땅한 걸로 이를만한데
而今則非徒難求	그러나 지금은 구하기가 어렵고
藥力且未及秋採	약력이 가을에 채취한 것에 미치지 못하니
故待秋求得計耳	고로 기다렸다가 가을에 구할 생각입니다.
馬柯木杖一介送呈	마가목 한 토막을 보내드리니
疝氣發作時	산증이 일어났을 때
以病人	아픈 사람을 위하여
手握三握	손아귀에 세 조각을 쥐고
斷折細破	꺾고 부러뜨려 잘게 부셔
煎服取汗	따뜻하게 다려 복용하고 땀을 낸다면
則救急	급히 구하는 효험에
無如此	이만한 것이 없습니다.

試之如何　　　　시도 해보는 것이 어떻습니까?

餘不備上　　　　나머지는 갖추지 못하고 글을 올립니다.

戊寅六月十一日　무인 유월 십이일

查弟元永拜拜　　사제원영배배

무인년(1938). 6. 11. 사제 元永(D11060028)

요약 며느리(성여를 모시는 여신도)의 산증(疝症)은 어떠신지요? 더덕이 좋
으나 지금은 약효가 적어 후일로 미루고 마가목을 구해서 보내드리니 달여
서 복용하고 땀을 낸다면 효험이 있을 것입니다.
무인년(1938) 6월 11일
사제(查弟) 원영

▶ 簡札

DCB030_00_00K0028

수집정리번호	D11060028				
생산자	査弟 元永				
생산기간2	戊寅年 6月 11日				
사료구분	고문서				
사료분류	서간:간찰				
판사항	필사				
언어	한문				
장정	낱장				
해제	건아(建兒)는 이 무더위에 왕래하는 것은 극히 어려워 가을을 기다렸다가 데리고 가기로 정하고, 위아(衛兒)는 이 인편에 데리고 보내주기를 부탁하고 있고, 며느리의 산기(疝氣)는 다시 재발할 염려는 없는지 물어보고 있다.				
매체정보	매체유형	원본주기	데이터포맷	수량	크기
	이미지파일	사본	-	1매	32.2cm*23cm
열람조건	공개자료				
복제조건	복제 가능하나 학술적 이용에 한정되며 허락없이 발간 불가 자료				
열람정보	등록번호		청구기호		열람상태
	IM0000080703		-		열람가능

▼원본이미지

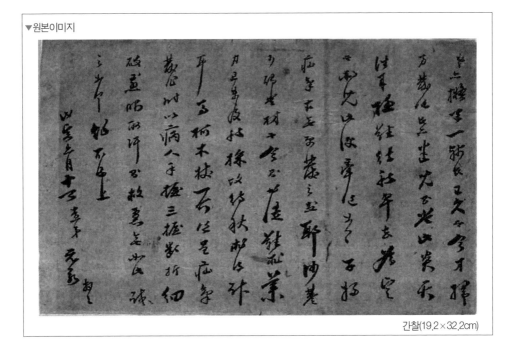

간찰(19.2×32.2cm)

만공스님

(가로:174cm 세로:42cm)

"칠일정진중" "불창삼매중" "홀성무아불" "만사의자제"

설명:칠일 기도를 설법을 일으키고 중창하게 하는중
부처의 부르는 소리에 이상적인 경지에 있고
후연이 나에게 없는 부처님의 깨달음을 느끼며
세상 만사 내뜻대로 부처가 되었네

1871년 출생 1946년 열반
조선후기와 일제강점기의 선승

桃符換矣	새해를 맞아 길상의 축원의 문을 바꿨고
春意稍生	봄기운이 조금씩 생기는 것 같습니다.
謹審元正	삼가 살핀 설날에
旅體上多得萬福	여행하시는 몸에 만복이 많이 깃들길
仰漇且祝	우러러 바라고 또한 축원 드립니다.
弟奉老迓新	저는 어른(성여) 모시고 새해를 맞이하여
喜懼	기쁘기도 하고 두렵기도 한 마음을
享切	항상 간절히 갖고 있습니다.
而穉輩	그리고 아이들이(기도하는 젊은이)이
多有不健者	모두가 건강하지 못하여
見悶見悶	고민되고 고민됩니다.
京毛	서울의 소식은
近果何如	지금은 과연 어떻습니까?
鄕人世況	여기 시골의 세상의 상황은
日以林客度了	날마다 산 도적이 지나가니
如坐針席上耳	바늘방석 위에 앉자 있는 것 같습니다.
第有仰懇	아무튼 우러러 간청컨대
幸勿孤耶	행여 저버리지나 마십시오.
唐紙二軸片回貿送	중국지 이축을 답편에 사서 보내니
則價文當備呈于令季兄矣	돈은 마땅히 당신 아우에게 준비하여 보내주십시오.
另施之	특별하게 베풀어 주는 것이
千萬千萬	많고 많습니다.
餘便促	나머지는 인편이 재촉을 하여
不備上禮	갖추지 못한 예로 올립니다.
乙元十七日	을자해 정월 십칠일에
弟盧周鉉拜拜	동생 노주현 인사드립니다.

을유년(1945).1.17일. 弟 盧周鉉 (D11060029)

> 요약 저는 어른(성여) 모시고 새해를 맞이하여 기쁘기도하고 두렵기도 합니다. 서울의 소식은 어떻습니까? 이곳 시골은 날마다 산도적이 지나가니 바늘방석입니다. 중국 종이 2축을 사서 보내니 돈은 아우편에 준비하여 보내주십시오. 乙元(1945) 元月(1월) 17일 아우 노주현 배배

▶ 簡札
DCB030_00_00K0029

수집정리번호	D11060029				
생산자	弟 盧周鉉				
생산기간2	乙○年 1月 17日				
사료구분	고문서				
사료분류	서간:간찰				
판사항	필사				
언어	한문				
장정	낱장				
해제	아이들이 대다수가 건강하지 못해 걱정하고 있으며, 서울소식이 최근에 과연 어떠한지 물어보고 있다.				
매체정보	매체유형	원본주기	데이터포맷	수량	크기
	이미지파일	사본	-	1매	47cm*23cm
열람조건	공개자료				
복제조건	복제 가능하나 학술적 이용에 한정되며 허락없이 발간 불가 자료				
열람정보	등록번호		청구기호		열람상태
	IM0000080704		-		열람가능

▼원본이미지

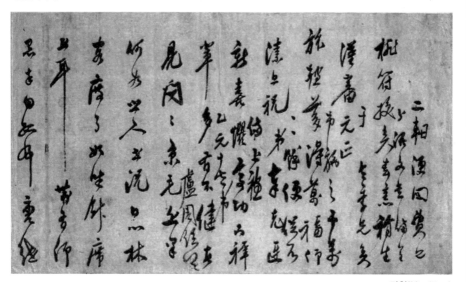

간찰(23×47cm)

동산스님

(가로:173.5cm 세로 44.5cm)

설명:부처님의 말씀은 모두가 법이고 모든 중생의
마음을 제도하기 위함이니 만약 모든 중생의 마음이 없다면
그 일체의 법이 무슨 소용이란 말인가?

1890년 충북 단양 출생 1965년 열반

頃承惠書	지난번에 편지를 받으니
尙切慰感	더욱 간절히 위로되고 감사합니다.
謹詢秋凉	삼가 여쭈는 서늘한 가을에
旅體連護	여행(기도)하시는 몸 연이어 보호되소고
萬重	여러 가지로 괜찮으시며
鄕候	고향의 부모님(성여가 모셔진곳)이
種種承審	편안하다는 소식을 받았습니다.
仰溯區區	우러러 그리움이 구구하고
實勞擎祝	실로 수고롭게 축원을 빕니다.
記下十八日	저는 십팔일에
赴任於英陽	영양군에 부임하니
家山絶遠	고향의 산천이 아주 멀어서
如坐夢界	마치 꿈속의 세계에 앉아 있는 것 같아
自憐自憐	스스로 가련합니다.
在咸時	함땅에 있을 때와
自擬源源	스스로 비교를 끊임없이 하니
是亦緣淺耶	이것 또한 얕은 인연인가?
伊後	이후에는
則以續心契	마음속으로 깊은 다짐을 이으려고
企仰企仰	우러러 바라고 바랍니다.
餘留夾	나머지는 쪽지에 남겨두고
不備	갖추지 못합니다.
謹候禮	삼가 예를 올립니다.
戊子八月卄二日	무자팔월입이일(1948년)
記下吳榮錫拜拜	기하오영석배배

▶ 簡札

DCB030_00_00K0035

수집정리번호	D11060035
생산자	記下 吳榮錫
생산기간2	戊子年 8月 22日
사료구분	고문서
사료분류	서간:간찰
판사항	필사
언어	한문
장정	낱장
해제	자신의 18일에 고향산천에서 멀리 떨어진 영양(英陽)에 부임한다는 소식을 전하며, 자신의 신세를 한탄하면서도 이후에도 친구의 인연을 계속이어가기를 바라고 있다.

매체정보	매체유형	원본주기	데이터포맷	수량	크기
	이미지파일	사본	–	1매	42.4cm*26cm

열람조건	공개자료
복제조건	복제 가능하나 학술적 이용에 한정되며 허락없이 발간 불가 자료

열람정보	등록번호	청구기호	열람상태
	IM0000080710	–	열람가능

▼원본이미지

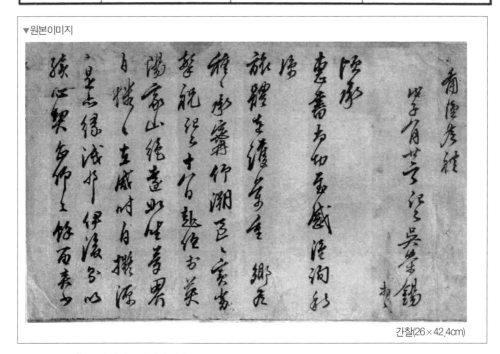

간찰(26×42.4cm)

무불스님

(가로:144.5cm 세로:40cm)

설명:심성이 조급하면 단 하나라도 이룰 수없고
심기가 화평하면 백가지 복이 스스로 모여든다.

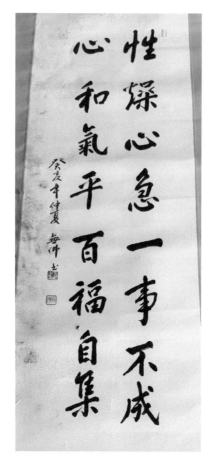

1907년 출생 1984년 열반
경전에 해박하고 깊은 선리를 탐구한 스님.
"짐승들은 배가 고파 살생하지만 인간들은 즐길려고 살생한다."

歲已暮矣	한해가 이미 저물어 갑니다.
謹詢此際	삼가 묻는 요즘에
旅體萬旺	여행(기도)하시는 몸 두루 좋으시며
鄉候承安	고향(성여를모시는곳)에서는 편안한 소식이 있는 지요?
仰溸區區	우러러 그리움에 구구히
且祝	또한 축원합니다.
弟公務益覙	저는 공무에 더욱 시달리고
衰病益肆	늙고 쇠하여 든 병이 더욱 심해지니
已極悶憐	이미 지극히 민망하고 가련해집니다.
而入秋以來	그리고 가을로 접어든 이래로
連帶三邑兼符	세 읍을 맡아 책임지는 부절에
東西奔走	동분서주하고 있으며
近又當昌審督稅之任	최근에는 창녕의 세금을 거두는 책임에
冒寒往來	추위를 무릅쓰고 왕래하며
喫盡無限苦狀	무한의 고통을 다 씹었으나
而昌之積弊成痼	그러나 창녕 고을의 폐단이 고질병이 되어
收刷末由	수습을 할 방도가 끝내 없었다.
轉運使之促關	전운사가 부세를 독촉하는 공문으로
論題太無虛日	논하는 의제에 날을 비울일이 크게 없었다.
令人寢食不安	식구도 침식이 편치 못하니
是何厄會	이것이 얼마나 큰 재액인가?
只恨白首爲吏	단지 한스럽게 허연 머리에 관리가 되어
有此滄浪奈何	바다 물결에 떠돌고 있으니 어찌하겠습니까?
臘政不遠	섣달 도목정사가 멀지 않으니
今番則將有好消息耶	금번 에는 좋은 소식이 있겠지요?

爲兄地甚憧憧	형이 할수 있는 지위는 기도하는 분이시기에 간절히 부탁드립니다.
而弟亦茬此	그리고 내가 또한 이곳에 자리하여
二周不無妄想	이년간 허황된 생각이 없지는 않았지만
幸須爛議	아무쪼록 낱낱이 이치에 맞게 따져보니
東谷相機周旋	동곡 대감(증산옥황상제님)께서 나의 신앙심을 보아
以副此望如何	저의 바람을 부응해주심이 어떻겠습니까?
一則此邑	첫째는 이읍이
無弊莫上	폐단이 위로 없지는 않으나
蹲坐好矣	주저앉아 있기가 좋은 곳입니다.
二則設或陞遷	두 번째는 설혹 직위가 오른다 해도
難得適口之餠	입에 맞는 떡을 얻기가 어려우니
則都不如不動矣	모든 것이 움직이지 않는 것만 못합니다.
然或有好階梯	그러나 좋은 단계가 있어서
不至過費力	지나치게 힘을 드리지 않고도
而可以圖得	도모하여 얻을 수 있다면
則又不必以蹲坐	또한 쭈그리고 앉아 자리를
爲定	정할 필요는 없습니다.
蔽一言	한마디로 말씀드리자면

惟在兄之斡旋	성여를 모시는 형께서 기도하시면
東谷台之操縱矣	동곡대감(증산옥황상제님)이 감흥을 주실겁니다.
次兒更云上去	둘째아이(서신을 가지고 다니는 사람)가
書未盡者	편지로 다하지 못한 것을
可以聞悉矣	직접 다 들을 수가 있을 것입니다.
姑閣	잠시 내려놓고
不備候禮	인사의 예를 갖추지 못합니다.
己臘初三弟	기자해 섣달 초삼일 동생
淳爀拜	순혁배

기축년(1949).12.3. 弟 淳爀(D11060037)

> **요약** 성여를 모시는 형과 식구들 여신도도 잘 있는지요? 이제 12월의 인사를 보니 제가 감역관의 두 번째 후보자로 추천되었는데 곡절을 모르겠으나 불가불 일차로 잘못이 없음을 밝혀야 하는 까닭에 간절히 부탁드립니다. 성여를 모시는 형께서 기도하시면 동곡대감(증산 상제님)께서 감응을 주실 겁니다. 둘째 아이가 올라간다고 하니 이만 줄입니다.
> 己丑年(1949) 12월 3일
> 弟 淳爀 배

▶ 簡札

DCB030_00_00K0037

수집정리번호	D11060037
생산자	弟 淳爀
생산기간2	己○年 12月 3日
사료구분	고문서
사료분류	서간:간찰
판사항	필사
언어	한문
장정	낱장
해제	다 늙어서 벼슬살이하는 자신의 신세를 한탄하고, 납정(臘政)이 멀지 않았는데, 이번에는 좋은 소식이 있을지 묻고 있다.

매체정보	매체유형	원본주기	데이터포맷	수량	크기
	이미지파일	사본	–	1매	42.5cm*25cm

열람조건	공개자료
복제조건	복제 가능하나 학술적 이용에 한정되며 허락없이 발간 불가 자료

열람정보	등록번호	청구기호	열람상태
	IM0000080712	–	열람가능

▼원본이미지

간찰(25×42.5cm)

청담스님

가로:190cm 세로:43cm

설명 : 만세를 뻗쳐서 내려가도 항상 지금 뿐이다.

1902년 출생 1971년 열반
왜색불교인 대처승 제도를 청산하기 위하여
불교 정화를 주장하여 크게 공헌하였다.

延命經 北斗爲祝　연명경 북두위축

北斗九辰 中天大神 上朝金闕 下覆崑崙 調理剛紀 統制乾坤
북두구진 중천대신 상조금궐 하복곤륜 조리강기 통제건곤

大魁貪狼 巨門祿存 文曲廉貞 武曲破軍 高上玉皇 紫薇帝君
대괴탐랑 거문록존 문곡염정 무곡파군 고상옥황 자미제군

大周天界 細入微塵 何灾不滅 何福不臻 元皇正氣 來合我身
대주천계 세입미진 하재불멸 하복부진 원황정기 래합아신

天罡所指 晝夜帝輪 俗居小人 好道求靈 願見存儀 永保長生
천강소지 주야제륜 속거소인 호도구령 원견존의 영보장생

三台虛禎 六淳曲生 生我養我 護我身形
삼태허정 육순곡생 생아양아 호아신형

魁 (鬼 +丸)(鬼 +雚) 䰢繹(鬼 +甫) 飊 尊帝
괴작환행필보표존제

唵吸急 如律令娑呵
암흡급 여율령사바가

癸亥生命星北斗第二陰精巨門元星君 爲祝
계해생명주성북두제이음정거문원성군 위축

113

증산교 자료

延命經 北斗爲祝

北斗九辰 上朝金闕 調理剛紀
中天大神 下覆崑崙 統制乾坤

大魁貪狼 文曲廉貞 高上玉皇
巨門祿存 武曲破軍 紫薇帝君

大周天界 何更不滅 元皇正氣
細入微塵 何福不臻 來合我身

天罡所指 俗居小人 願見尊儀
晝夜帝輪 好道求灵 永保長生

三台虛精 生我養我 胠呪皅呪
六淳曲生 護我身形 唲皅皅尊帝

唵 吸噏 如律令娑婆呵

奏亥生命主星北斗第二陰精溫門 元星君 爲祝

남천스님

가로:184.5cm 세로:43.5cm

설명:사회적 명성이 자랑스러운가!
결코 명성은 겸손에서 이루어진다.

18세에 해인사 신해에 출가하여 예봉 완허스님의 법을 이었다.
일제시대에 중앙기관인 선학원을 서울 안국동에 세웠다.

間阻悵誦	그간 소식이 막혀서 서운했는데
卽承審比辰	소식을 받고 살핀 요즘에
侍候	부모(성여)모시고
連衛萬穆	연이어 건강을 지키고 두루 편하시다니
仰慰愜禱	우러러 위로되고 만족되시길 빕니다.
弟方以感祟吅苦	저는 감기로 고통을 받고 있으니
悶憐悶憐	민망하고 가련 할 뿐입니다.
惟幸衙率	오직 다행한 것은 관아의 가솔들이
無警耳	놀랄만한 일이 없다는 것입니다.
白眉兄書簡	백미형의 편지와
與家兒書角	집 아이의 서신을
依到詳悉	받아서 모든 것을 잘 살폈습니다.
而所托事	그리고 부탁한 바의 일은
期於力圖	기어코 힘써 도모하여
仰副計耳	우러러 계획되로 부응하겠습니다.
餘病枕佳草	나머지는 병에 누어서 글을 빌리니
姑不備謝禮	우선 인사의 예를 갖추지 못합니다.
庚人四月旬一夕	경인 사월 십일일 저녁에(1950)
弟吳榮錫拜	동생 오영석 인사드립니다.

10.1 경인년(1950). 4.11. 弟 吳榮錫(D11060038)

> 요약 저는 공무에 시달리고 늙고 쇠하여 지극히 민망합니다. 한스럽게 하연 머리의 관리가 되어 떠돌고 있으니 어찌하겠습니까? 금년말 인사에는 좋은 소식이 있겠지요. 부모(성여)를 모시고 두루 편안하시다니 위로가 됩니다. 부탁한 일은 기어코 힘써 도모하겠습니다. 병에 누워서 인사의 예를 갖추지 못합니다.
> 庚寅年(1950) 4월 旬一夕(11일)
> 弟 吳榮錫 배

▶ 簡札

DCB030_00_00K0038

수집정리번호	D11060038				
생산자	弟 吳榮錫				
생산기간2	庚寅年 4月 11日				
사료구분	고문서				
사료분류	서간:간찰				
판사항	필사				
언어	한문				
장정	낱장				
해제	백미(白眉)형의 편지와 가아(家兒)의 편지는 잘 도착했으며, 부탁한 일은 힘써 알아보겠다고 약속했다.				
매체정보	매체유형	원본주기	데이터포맷	수량	크기
	이미지파일	사본	-	1매	46.5cm*25.8cm
열람조건	공개자료				
복제조건	복제 가능하나 학술적 이용에 한정되며 허락없이 발간 불가 자료				
열람정보	등록번호		청구기호		열람상태
	IM0000080713		-		열람가능

▼원본이미지

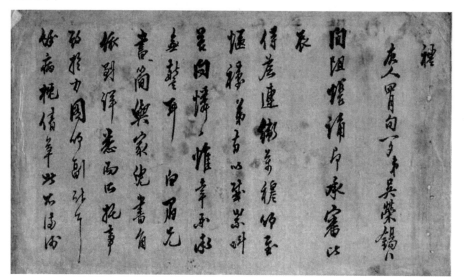

간찰(25.8×46.5cm)

만해스님 (1879~1944)

인우구망 경계중에

설명: 색이 공한 것뿐이 아니라 공도 또 공했더라.
이미 막힌 것이 없으니 어찌 통할 깃도 있으리요.
티끌만큼도 그 자리를 세울 수가 없으니 하늘에 의지한 검이로다.
어찌 오래전부터 조정이 있음을 조금도 의심할 이유가 있겠는가?

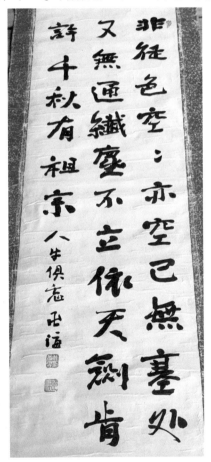

일제 침략기 불교계를 대표하는 사상가, 독립운동가

久阻悵仰　　　　　오랫동안 소식이 막혀 섭섭하였더니

卽拜 惠覆　　　　곧바로 답장을 받으니

可敵面晤　　　　직접 만나 이야기 하는 것과 같습니다.

謹審比炎　　　　삼가 살핀 요즘의 더위에

兄省體　　　　　부모(성여) 모시는 형의 몸은

連護萬重　　　　두루 좋으십니까?

仰賀仰賀　　　　우러러 경하드립니다.

而湯節　　　　　그러나 약탕(기도 하며 모시는 것)을 모시는

憂故之連綿　　　걱정이 계속되고 있다하니

爲之仰慮切切　　그것으로 하여 우러러 염려됨이 깊습니다.

元省欠身痾　　　저는 부모(성여)를 모시는 분들게 제자신 병이 나
　　　　　　　　　보니

俯仰悶灼　　　　땅을 보나 하늘을 보나 민망할 뿐입니다.

第以迷兒之　　　어쨰든 자식(소식을 가져오니)이

無頉還棲　　　　탈이 없이 집에 돌아 온 것을

爲幸耳　　　　　다행으로 여길 뿐입니다.

柳川洑事　　　　유천의 물대는 보의 일은

弟料亦無大慮　　제가 따져 보아도 크게 염려할 것은 아니고

而間經水過　　　그간에 물을 대는 과정에서

則初慰所見也　　처음으로 생각대로 되어 안심이 됐습니다.

各處錢　　　　　각처에서 돈이

尙不入來云　　　오히려 들어오지 않는다고 이르니

果然耶　　　　　과연 그러한가?

趙友又出錢　　　조라는 친구가 돈을 냈다니

甚幸甚幸　　　　심히 다행이라.

各處錢終不入來　각처에서 돈이 끝내 들어오지 않으면

則何以借處耶　　어떻게 조처를 할 것인가?

事之左右　　　　일의 해나가는데

想亦難便也	생각건대 또한 어려운 형편이라.
某人事	모 인사가
雖有所許者	비록 허락한 바가 있어도
意欲問于池生	지생에게 묻고 싶은 것은
懸保施行	보증을 서서 시행하는 가이다.
不然則	그렇지 않은즉
何可施之耶	어찌 그것을 시행이 되겠는가?
事適順便	일 적당하고 순탄 할 때에
入洑役	물보의 일에 들어갔으니
則不必更捉	다시 붙잡을 필요는 없으나
亦因紛撓	또한 일이 얽켜 복잡해져서
未得議	논의가 되지 않으면
及于吾兄耳	형에게 이를 것이니
諒之如何	헤아려 주심이 어떻겠습니까?
子婦所患	며느리(성여를 모시는 여신도)병을
一事諱疾	한결같이 숨기고 드러내지 아니하니
難以知得奈何	알아내기가 어려우니 어찌합니까?
二氣散來	음양의 나쁜 기를 흩어 내보내야 하니
聞于所製處	약조제처를 듣고
則已爲之絶方	이미 끊어낼 방도를 만들어
欲製之計耳	조제하고 싶을 뿐입니다.
餘便忙	나머지는 편이 바빠서
姑不備上	우선 갖추지 못하고 글을 올립니다.
己卯五月初三日	기묘오월초삼일(1939년)
査弟元永拜拜	사제원영배배

기묘년(1939)5.3 사제 元永(D11060039)

요약 오랫동안 소식이 막혔더니 곧바로 답장을 받으니 직접 만난것과 같습니다. 어쨌든 자식(소식)이 탈없이 돌아온 것을 다행으로 여깁니다. 각처에서 돈이 들어오지 않으면 어려운 형편이라 모 인사가 허락한 바가 있어도 보증을 서서 시행하는 것이 가하다고 봅니다. 그렇지 않은 즉 어찌 그것이 시행이 되겠습니까? 己卯年(1939) 5월 초3일   사제 원영 배배

▶ 簡札

DCB030_00_00K0039

수집정리번호	D11060039				
생산자	査弟 元永				
생산기간2	己卯年 5月 3日				
사료구분	고문서				
사료분류	서간:간찰				
판사항	필사				
언어	한문				
장정	낱장				
해제	건아(建兒)가 별탈없이 돌아와 다행이라하고, 각처에서 돈이 들어오지 않았냐고 물어보고, 보역(洑役)에 대해 논의하며, 며느리에게 이기산(二氣散)을 지어 줄 계획임을 알리고 있다.				
매체정보	매체유형	원본주기	데이터포맷	수량	크기
	이미지파일	사본	–	1매	40.2cm*25.3cm
열람조건	공개자료				
복제조건	복제 가능하나 학술적 이용에 한정되며 허락없이 발간 불가 자료				
열람정보	등록번호		청구기호		열람상태
	IM0000080714		–		열람가능

▼원본이미지

간찰(25.3×40.2cm)

성파스님

가로:142cm 세로:38cm

설명: 봄볕은 위 아래 없이 고루 비추이건만
꽃까지는 스스로 길기도 하고 짧기도 하더라

통도사 영축 총림 방장

"종일토록 바쁘고 바쁘나 그 어느일도 방해되지 않네.
해탈을 구하지도 않고 천당을 즐기지도 않네.
다만 한 생각이 무념으로 돌아간다면 높이 바로 정상을 걸어 가리라."

伏唯新元	엎드려 바라건대 새 정월에
靜養動止	조용히 기르는 몸의 건강이
萬重	두루 중하게 보호하고 계신지
仰溯區區之至	우러러 그리움이 지극히 구구합니다.
弟依昨	저는 전과 같이 지내고 있으며
親事	혼사(집회)의 일이
勤導至此	권하여 인도함이 이에 이르니
豈不從	어찌 따르지 않겠습니까?
唯此意通于彼家	오직 이 뜻을 저쪽 집에 알리고
以爲受星之地	사주를 받을 생각을 하는데
如何	어떻겠습니까?
餘不宣	나머지는 펴지 못함을
伏唯兄照	오직 형께서 헤아려 주십시오.
謹拜上狀	삼가 절하고 글을 올립니다.
己丑元月二十九日	기축원월이십구일(1949년)
弟成宇柱拜上	동생 성우주배상

9.1. 기축년(1949). 1.29. 弟 成宇柱(D11060040)

> 요약 새해를 맞이하여 건강이 중하게 보호하고 계신지요? 저는 전과 같이
> 잘 지내고 있으며, 혼사(집회)의 권하는 대로 인도함에 어찌 따르지 않겠습
> 니까? 오직 이 뜻을 저쪽에 알리고 생각을 받으려는데 어떻겠습니까?
> 己丑年(1949) 元月(1월) 29일
> 동생 成宇柱 배상

▶ 簡札

DCB030_00_00K0040

수집정리번호	D11060040				
생산자	弟 成宇柱				
생산기간2	己丑年 1月 29日				
사료구분	고문서				
사료분류	서간;간찰				
판사항	필사				
언어	한문				
장정	낱장				
해제	새해에 정양(靜養)중에 잘 지내시는지 안부를 묻고, 자신은 잘 지내고 있음을 전하며, 혼사로 인해 애쓰고 있는 것을 저쪽집안에 알려줄 것을 부탁하고 있다				
매체정보	매체유형	원본주기	데이터포맷	수량	크기
	이미지파일	사본	–	1매	44cm*31.5cm
열람조건	공개자료				
복제조건	복제 가능하나 학술적 이용에 한정되며 허락없이 말간 불가 자료				
열람정보	등록번호		청구기호		열람상태
	IM0000080715		–		열람가능

▼원본이미지

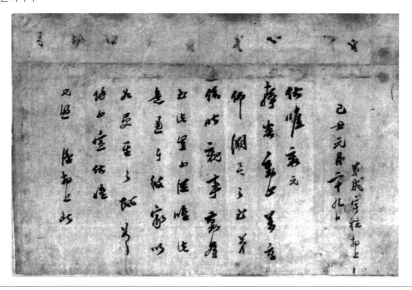

삼재퇴치부(조선시대)

가로:81cm 세로:63cm

歲前宣豊便 惠覆	세전에 선풍의 편에 답장을 받고
承慰承慰	위로 되고 위로 됩니다.
居然歲換	확실히 해가 바뀌니
詹誦倍切	그리움이 배로 간절한데
謹詢新元	삼가 여쭈는 새해에
兄省體	형께서(성여)모시는 몸
茂膺蔓祉	많은 복을 받으시고
覃度均慶	집안 식구(성여식구)들은 고루 좋으십니까?
仰賀且溯	우러러 축원하며 그립습니다.
元省事粗安	저 소원은 부모(성여)모시는 일에 다소 편안함에
是幸	이것을 다행으로 여기고 있습니다.
而荊憂	그러나 아내의 병이
尙未夬祛	오히려 쾌하게 떨쳐 내지를 못하여
焦悶難堪也	타는 근심을 감당하기가 어렵습니다.
惟以兒曹與子婦無頉	오직 아이들과 며느리의 탈이 없음을
以是爲幸耳	이것을 다행으로 여길 뿐입니다.
第金雅	아무튼 김이라는 친구가
近以內患	치근에 부인의 병으로
不得作茂坪之行	무평으로 떠날 수가 없고
而若爲出去	만약에 떠날 수가 있다면
則當*** 仰報矣	우러러 답장을 드릴 것입니다.
餘不備上	나머지는 갖추지 못하고 올립니다.
庚辰元月十七日	경진원월십칠일(1940년)
査弟功服 元永	사제 공복인 원영

경진년(1940).1.17. 사제 元永(D11060041)

요약 설전에 인편으로 답장을 받고 위로가 됩니다. 성여를 모시는 형께서 많은 복을 받으시고 집안 식구들도 고루 즐거움을 축원합니다. 아이들과 며느리의 무탈함을 다행으로 여길 뿐입니다. 아내의 병이 쾌차하지 못하여 무평으로 떠날 수 없고 만약 떠날 수 있다면 의당 답장을 드릴 것입니다.

庚辰年(1940) 1월 17일

사제 功服(喪主) 원영 배배

▶ 簡札
DCB030_00_00K0041

수집정리번호	D11060041				
생산자	査弟功服人 元永				
생산기간2	庚辰年 1月 17日				
사료구분	고문서				
사료분류	서간;간찰				
판사항	필사				
언어	한문				
장정	낱장				
해제	자신은 그런대로 잘 지내나 아내의 병환은 아직 쾌차하지 않아 걱정하고 있으며, 아이들과 며느리가 무탈하여 다행이라는 소식을 전하고 있다.				
매체정보	매체유형	원본주기	데이터포맷	수량	크기
	이미지파일	사본	–	1매	38.5cm*26cm
열람조건	공개자료				
복제조건	복제 가능하나 학술적 이용에 한정되며 허락없이 발간 불가 자료				
열람정보	등록번호		청구기호		열람상태
	IM0000080716		–		열람가능

▼원본이미지

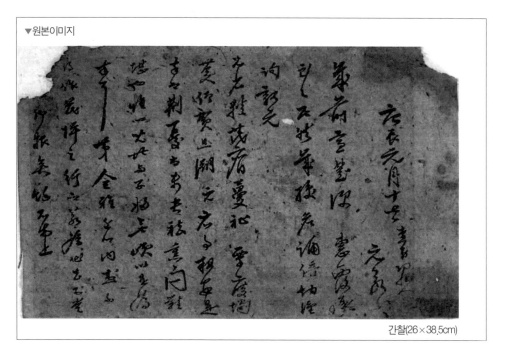

간찰(26×38.5cm)

부적(조선시대)

가로:87.5cm 세로:77cm

설명:요즘 시대의 서양화 그림처럼 표현한 부적

向便付候	앞서 편에 안부를 보냈는데
不至洪喬否	편지가 잘못 이르지 않았는지요?
謹問秋凉	삼가 묻는 선선한 가을에
兄侍體	형께서 부모(성여)를 모시고
連護萬衛	연이어 몸이 두루 보호되시고
覃度均慶	가족들도 고루 좋으십니까?
而子婦亦善在否	그리고 며느리(성여를 모시는 여신도)의 건강 또한 좋습니까?
竝切溯仰區區	아울러 그립고 우러러 구구합니다.
元省狀	저도 부모(성여) 보살피는 몸으로
粗遣	다소 이렇게 보내고 있음을
是幸	다행으로 여기고 있습니다.
兒子病証	아이의 병의 증세가
別無加減	별도의 차도가 없어서
是悶是悶	이것이 걱정이 됩니다.
年事到處	일 년 농사가 모두가
大登云	대풍이라 합니다.
吾兄農形	우리 형께서도 농사(기도)가
亦一體豐登耶	또한 한 결 같이 풍년들었는가?
弟則所農雖不多	저도 농사를 지은 것은 많지는 않지만
若過四五日	대략 사오일이 지나면
則可乍新稻矣	햅쌀을 거둘 수가 있을 것 입니다.
貴邊則近窘	당신이 있은 곳이 취근에 궁색하다는데
亦如何耶	또한 어떠합니까?
餘適有便	나머지 마침 편이 있어서
玆探候	이렇게 안부를 전하며
不備上	갖추지를 못하고 글을 올립니다.

丁丑七月晦日	정축칠월회일(1937년)
查弟元永拜拜	사제원영배배

정축년(1937). 7.30. 사제 元永(D11060042)

> **요약** 형께서 성여를 모시고 가족이 평안하시고 며느리(성여를 모시는 여신도)의 건강도 좋으신지요. 근래에 그곳이 궁색하다는데 어떻습니까? 마침 지나는 인편이 있어서 이렇게 안부를 전합니다.
> 정축년(1937) 7월 30일
> 사제(查弟) 원영

▶ 簡札
DCB030_00_00K0042

수집정리번호	D11060042				
생산자	査弟 元永				
생산기간2	丁丑年 7月 30日				
사료구분	고문서				
사료분류	서간;간찰				
판사항	필사				
언어	한문				
장정	낱장				
해제	자신은 잘 지내나 아이들의 병세가 차도가 없어 걱정하고 있고, 올해 곳곳이 대풍년인데 그곳 농사는 어떠한지 묻고 있다.				
매체정보	매체유형	원본주기	데이터포맷	수량	크기
	이미지파일	사본	–	1매	40.8cm*18.5cm
열람조건	공개자료				
복제조건	복제 가능하나 학술적 이용에 한정되며 허락없이 발간 불가 자료				
열람정보	동록번호		청구기호		열람상태
	!M0000080717		–		열람가능

▼원본이미지

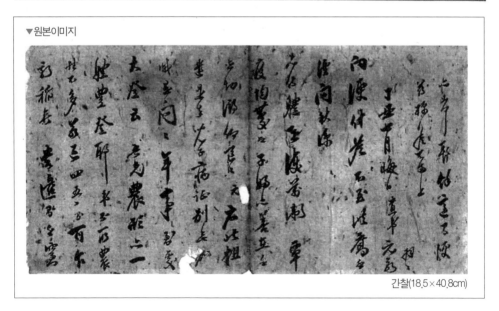

간찰(18.5×40.8cm)

아미타무속탱화(조선후기)
가로:273cm 세로:119cm

秋間拜晤	가을쯤에 만나 뵌 것이
如至夢境	마치 꿈속에 까지 이르고
尙庸悵悚	오히려 더욱 그리워집니다.
伏惟窮沍	엎드려 심히 추운 이 때에
侍體萬旺	부모(성여) 모시는 몸 두루 건강하신지
仰漆區區	우러러 그립고 구구히
且頌	또한 송축 드립니다.
弟今秋	저는 금년 가을에
復命後	명을 받들어 마치고 보고를 드린 후에
卽遭人言	곧 사람들의 말을 듣고
萬萬惶蹙	여러 가지로 황공하게 몸을 움츠리고 있는데도
旋蒙**之處	도리어 은혜를 입었습니다.
則日前	당신이 일전에
査啓上來	조사한 결과를 상주하여 올려서
幸以昭晰	다행이 보고의 결과가 분명하게 되어
一倍惶感耳	배로 황송하고 감사할 뿐입니다.
會擇旣定	정기 인사에서 이미 정하여 졌지만
果得司馬之夢乎	과연 사마직(도인)의 꿈이 이루어지는가?
預切顒祝	미리 간절하게 잘되길 크게 빕니다.
歲後卽作洛駕耶	세후에는 즉시 낙가로 임명되겠는가?
匪久	오래지 않아
似當拜晤	마땅히 만나게 될 것이라는 생각에
預慰預慰	미리 위안이 됩니다.
餘爲探	나머지는 소식을 찾았으나
不備候禮	예를 갖추지 못합니다.
丁亥臘日念日	정해 납월 이십일(1947년)
弟李承載拜拜	제 이승재 배배

정해년(1947)12.20. 弟 李承載(D11060043)

> **요약** 가을쯤에 만나뵌 것이 꿈만 같습니다. 몸을 움츠리고 있는데도 도리어 은혜를 입었습니다. 황공하고 감사할 뿐입니다. 과연 사미직(도인)의 꿈이 이루어지는지요?마땅히 만나게 될 것이라는 생각에 미리 위안이 됩니다. 丁亥年(1947) 臘月(12월) 20일 弟아 이승재 배배

▶ 簡札
DCB030_00_00K0043

수집정리번호	D11060043				
생산자	弟 李承載				
생산기간2	丁亥年 12月 20日				
사료구분	고문서				
사료분류	서간;간찰				
판사항	필사				
언어	한문				
장정	낱장				
해제	가을 복명(復命)후에 사람들의 입방아에 올라 괴로웠던 자신의 심경을 전하고, 세후에 서울에 행차할 것인지를 묻고 머지않아 만나 이야기를 나눌 것을 생각하니 벌써부터 위로가 됨을 전하고 있다.				
매체정보	매체유형	원본주기	데이터포맷	수량	크기
	이미지파일	사본	–	1매	46.5cm*25.8cm
열람조건	공개자료				
복제조건	복제 가능하나 학술적 이용에 한정되며 허락없이 발간 불가 자료				
열람정보	등록번호		청구기호		열람상태
	IM0000080718		–		열람가능

▼원본이미지

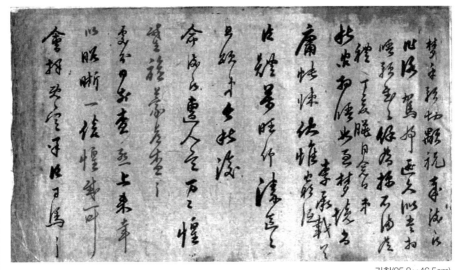

간찰(25.8×46.5cm)

아미타탱화(근대)
가로:115cm 세로:118cm

客月 惠翰   지난 달 편지를 받고

承慰承慰   위안을 받았고

而伊后日富   이후 날로 행복했습니다.

謹詢春日乖宜   삼가 묻건대 봄추위에

兄省體   부모(성여) 모시는 형께서

連護萬重   연이어 몸이 보호되고 두루 중하시고

覃節均安   가족(신도)들은 고루 편안하신지요.

子婦亦善在否   며느리(성여를 모시는 여신도)도 또한 잘 지내고
            있는지요?

竝切仰溯仰溯   아울러 간절히 우러러 그립습니다.

元 客狀依昔   저의 객지의 상황은 예전 그대로이나

而紆鬱之狀   일이 우울한 모양에

實所難堪也   실로 감당하기가 어렵습니다.

所幹事今始   일 처리가 이제 비로소

出末拮据   바삐 일을 끝냈으나

初四五日間   애초부터 사오일간에

斷定發行矣   분명하게 날을 정하고 길을 떠날 것입니다.

于禮擇日   신부가 시집에 처음 가는 날을
            (기도로 충만한 그날을)

其間擇定以置   그간 정하여 두었다니

歷路知日   언제인지 정확히 알고 싶고

以去之地如何   가는 것이 어떻겠습니까?

向聞有京駕	앞서 듣건대 서울로 가는 수레가
而歷訪云矣	지나가다 찾아온다고 일렀는데
其間未果耶	그간 아직도 결과가 없으니
未知或因事故也	혹시 사고로 인한 것인지 궁금합니다.
甚鬱甚鬱	마음히 우울 합니다.
令咸兒親事	당신의 조카(성여를 모시는 그곳에서)의 혼인하는 일은
間果過之耶	그간 과연 지나갔는가?
餘不備上	나머지는 갖추지 못하고 올립니다.
戊寅三月初一日	무인 삼월초일일(1938년)
査弟元永拜拜	사제원영배배

3.2. 무인년(1938)3.1. 사제 元永(D11060044)

> **요약** 며느리(성여를 모시는 여신도)의 안부를 묻고 신부가 시집에 들어가는 날(기도로 충만한 그 날)을 정하였다니 알고 싶고, 당신의 조카 혼인(성여를 모시는 그곳에서 성스러운 집회)이 그간 지나갔는지 묻고 있다.
> 무인년(1938) 3월 1일
> 사제 원영

▶ 簡札
DCB030_00_00K0044

수집정리번호	D11060044				
생산자	査弟 元永				
생산기간2	戊寅年 3月 1日				
사료구분	고문서				
사료분류	서간;간찰				
판사항	필사				
언어	한문				
장정	낱장				
해제	며느리는 잘있는지 묻고 주관하던 일은 초 4-5일에 발행할 것이라고 하고 지난번에 서울에 가는 도중에 들러서 방문해주신다고 했는데, 정말 그렇게하지는 못하는 건 아닌지 묻고 있다.				
매체정보	매체유형	원본주기	데이터포맷	수량	크기
	이미지파일	사본	–	1매	37.5cm*20cm
열람조건	공개자료				
복제조건	복제 가능하나 학술적 이용에 한정되며 허락없이 발간 불가 자료				
열람정보	등록번호		청구기호		열람상태
	IM0000080719		–		열람가능

▼원본이미지

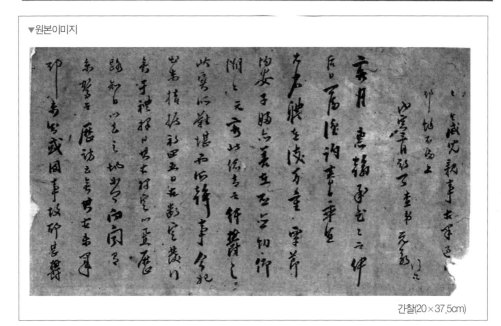

간찰(20×37.5cm)

성제 김태석

가로:192.5cm 세로:46cm

설명:뭇 새들 하늘 높이 날아가버리고
외로운 구름은 홀로 한가롭게 떠간다.
서로 바라만 보아도 둘다 싫증나지
않기로는 오직 경정산 너 뿐이로다.

1875~1953
광복후 나라 국세와 대통령 인감을 새김
일제강점기 서예가 전각가 만해 백범 등과
교류하여 독립운동에 힘씀

月初賜函	월초에 보내 주신 편지에
已得拜悉	이미 다 알았고
而無纖芥	작은 부스러기의 궁금함이(작은 사건들이)
不盡	다 없는 것은 아니나
感謝何可量	감사함을 어찌 다 헤아리겠습니까?
又維許多朝哺	또한 오직 허다하게 아침이나 먹고
旅體候	여행(기도)하시는 몸의 안후가
千萬珍重	여러 가지로 보배롭고 중하시다니
溱仰之餘	우러러 그리운 나머지
繼以頌祝	이어 송축을 드립니다.
弟朞服人	저는 일 년 상의 기복인으로
省節 豈云安乎	부모(성여)를 모시는 것이
	어찌 편하다 이르겠습니까?
這間經過略悉	그간의 경과를 대략 다 알았는데,
於正言從書中見之	정언이 보낸 편지를 보니
則可悉不欲爲	모두가 하고 싶지 않음을 알았습니다.
愛我者	나를 아껴주는 이만이
煩道耳	번거롭게 말할 뿐입니다.
司馬榜目事	급제한 생원진사의 새 명부 일은
	(새로 들어온 신도의 명부 일은)
兄之前書	형의 전 편지에
已爲覼縷	이미 자세하게 언급하였습니다.
如是則眞	이와 같은 즉 참으로
可謂謀忠之極矣	충심의 도모가 지극하다 할 수 있습니다.
雖使我措處	비록 내가 일을 정리하여 처리하여도
不能如是之詳	이와 같이 자세하게
且備矣	갖출 수가 없습니다.

弟之當条　　　　저의 담당의 조목이

以當五四百五十兩　오사백오십량에 해당되어

自鄕分排　　　　시골에 분배를 하였고

幸須依此數　　　다행히 이 수에 의하여

辦納　　　　　　돈이든 물건이든 변통하여 바칠 것을

捧尺以送　　　　문서로 꾸며 보냈으니

則當從速換報矣　마땅히 속히 답서가 있을 것입니다.

與正言　　　　　정언과 더불어

從相議周旋　　　서로 상의하고 주선하여

不至有後頉　　　후에 탈이 이르지 않기를

千萬千萬　　　　천만 바랍니다.

雁行單子　　　　형제의 단자는

其間數從寫　　　그간 여러 번 써서

送於正言　　　　정언에게 올렸습니다.

從而月初　　　　따라서 월초에는

又寫納於營門　　또한 써서 관영에도 써서 드렸으니

以此諒之如何　　이것으로써 헤아려 주심이 어떻겠습니까?

餘神心眩倒　　　나머지는 정신적으로 어지러워서

不能盡備　　　　글을 다 갖출 수가 없습니다.

己丑九月三日　　기축구월삼일(1949년)

弟盧正鉉拜拜　　제 노정현배배

기축년(1949).9.3 弟 盧正鉉(D11060045)

요약　월초에 보내주신 편지를 통해서 작은 궁금함이 없는 것은 아니나 감사할 따름입니다. 여행(기도) 하시는 몸의 안후가 보배롭고 중하시다니 그리울 뿐입니다. 저는 부모상을 모시는 복인으로서 어찌 편하다 이르겠습니까? 급제한 생원 진사의 일은 이미 전의 편지에 자세히 아뢰었습니다. 돈이든 물건이든 변통하여 바칠 것을 문서로 만들어 보냈으니 답서가 있을 것입니다.

己丑年(1949). 9월 3일 弟 盧正鉉 배배

▶ 簡札
DCB030_00_00K0045

수집정리번호	D11060045				
생산자	弟 盧正鉉				
생산기간2	己丑年 9月 20日				
사료구분	고문서				
사료분류	서간:간찰				
판사항	필사				
언어	한문				
장정	낱장				
해제	자신이 부모를 모시고 사는 것을 어찌 편안하다 말할 수 있겠냐하고 그동안 있었던 일을 정언(正言)종(從)의 편지에 대략 진술했다하면서 편지를 보면 잘 알수 있으리라 생각한다는 내용이 있다.				
매체정보	매체유형	원본주기	데이터포맷	수량	크기
	이미지파일	사본	–	1매	45cm*23cm
열람조건	공개자료				
복제조건	복제 가능하나 학술적 이용에 한정되며 허락없이 발간 불가 자료				
열람정보	등록번호		청구기호		열람상태
	IM0000080720		–		열람가능

▼원본이미지

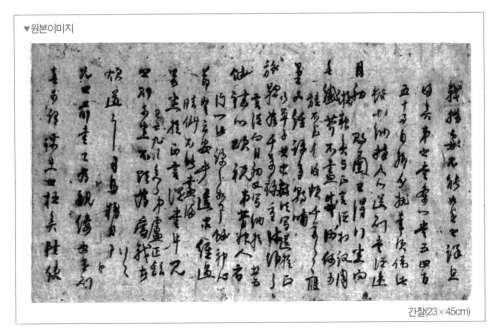

간찰(23×45cm)

용궁탱화(조선시대)

가로:61.5cm 세로:85cm

日前秀余便	일전에 수여편에
付候	안후의 편지를 보냈는데
當前	직접 마주한 것처럼
此照覽矣	자세히 살폈을 것입니다.
更伏請	다시 엎드려 청한
春日漸暢	봄철의 날이 점점 화창한데
旅體衛旺	여행(기도)하시는 몸 보호되어 왕성하시고
科事甚望	과거 보시는 일 잘 되길 심히 바랍니다.
弟省節	저는 부모 모시는 몸으로
只是向日書中人也	단지 지난번 편지 속의 사람으로
餘他無足煩	달리 나머지 족히 번거론 일은 없습니다.
第告祖妣山	고하다시피 저의 할머니 산소가
在於昆陽邑	곤양읍에 있습니다.
而日前遭偸塚	일전에 몰래 쓴 무덤을 만났는데
果甚狎近	너무 심히 바싹 다가붙어 있는 결과로
不容之地	허용을 할 수가 없습니다.
而卽欲下去擧訟	즉시 내려가서 송사를 걸고 싶지만
然昆倅李用漢	그러나 곤양의 수령 이용한이
將遞去云	교체되어 장차 떠난다고 말합니다.
故姑蹲停	고로 우선 송사를 좀 놔두었다가
而且得緊札後	교체된 긴요한 편지를 받은 후가
似可	좋을 것 같으나
故玆冒告	이 사건을 거짓으로 보고 할 것 같습니다.

新昆倅差出之日	수령에게 새로 부임하는 날
幸爲另圖	행여 별도의 계책을 만들어
期於得一緊札送擲	기어이 긴밀히 보내 다루어져야만
則似可諧矣	조화롭게 해결이 될 것 같습니다.
不問誰某	아무에게나 묻지는 마십시오.
東谷札	동곡의 서찰은(증산옥황상제의 문서)은
當不敢恝落	당연히 감히 괄시 할 수가 없으니
則此札期於得送	이 편지를 꼭 찾아 보내주시길
千萬千萬	천만 천만으로 바랍니다.
惟在量宜圖之	오직 헤아려 마땅히 도모해 주십시오.
不備	갖추지를 못하고
錄紙書呈耳	기록된 글을 써서 올립니다.
戊子二月初六	무자이월초육일
弟盧正鉉拜二	동생 노정현 두 번 절합니다.

무자년(1948).2.6. 弟 盧正鉉(D11060047)

요약 봄날이 화창한데 여행(기도)하시는 몸이 보호되고 과거 시험이 잘 되길 바랍니다. 저는 성여를 모시는 몸으로 족히 번거로움은 없었으나 곤양읍에 있는 백모(큰어머니) 산소 옆에 몰래 무덤을 썼는데 너무 바싹 붙어 있어서 송사를 걸고 싶지만 이곳 수령이 곧 떠난다고 하니 기다려서 다룰 것입니다. 동곡의 서찰(증산 상제의 문서)는 괄시 할 수 없으니 꼭 찾아보내주시길 바랍니다.
무자년(1948) 2월 초6일
弟 盧正鉉 배배

▶ 簡札
DCB030_00_00K0047

수집정리번호	D11060047
생산자	弟 盧正鉉
생산기간2	戊子年 2月 6日
사료구분	고문서
사료분류	서간:간찰
판사항	필사
언어	한문
장정	낱장
해제	할머니의 산소가 곤양에 있는데, 산소가 손상되어 내려가서 즉시 소송을 하려했는데 곤양수령이 물러가고, 새로운 수령이 온다고 하기에 이 문제를 상의하는 내용이다.

매체정보	매체유형	원본주기	데이터포맷	수량	크기
	이미지파일	사본	–	1매	45cm*21.5cm

열람조건	공개자료
복제조건	복제 가능하나 학술적 이용에 한정되며 허락없이 발간 불가 자료

열람정보	등록번호	청구기호	열람상태
	IM0000080722	–	열람가능

▼원본이미지

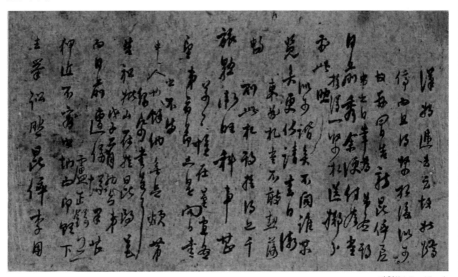

간찰(21.5×45cm)

조선시대(점통)

높이:9.5cm

別後愈久	헤어진 후가 오래 되니
悵 誦難堪	쓸쓸하고 그리움을 참기가 어렵습니다.
伏問	엎드려 묻건대
兄 **旅** 何時入闈	형께서는 언제 대궐(성여가 모셔진곳)에
而勞 **驟** 餘體候	바쁘게 뛰는 나머지 몸의 상태가
能無懘損	피로하여 손상은 없는지
仰溙區區	우러러 그립고 구구하나
非此常品	이것이 몃몃함만은 아닙니다.
弟間	저는 그간에
當雷田從叔母喪事	뇌전 종숙모의 상을 당하여
情理催痛	인정 도리로 받는 슬픈 고통은
已極無言	이미 지극하여 말로 못하겠습니다.
而惟幸	오직 다행스러운 것은
省候依安耳	부모(성여) 모시는 안후가 편안할 뿐입니다.
身則近以毒感	제 자신이 근자에 독감으로
不省人事	인사를 할 수가 없어서
良悶良悶耳	진실로 민망할 뿐입니다.
就控	아뢰올 말씀은
主倅丈之遞歸	고을의 수령께서 교체가 된다는 것을
仰想預知矣	우러러 생각건대 사전에 알았습니다.
此是居民之不幸	이는 이 지역에 사는 사람의 불행으로
其齟齬之心	그 틀어져서 어긋나는 마음을
難以形達耳	형용하여 전달을 하기가 어렵습니다.
餘在夾片	나머지는 쪽지에 있어
不備上	갖추지를 못하고 글을 올립니다.
丁臘念九日	정납이십구일
弟再拜	두 번 절을 올립니다.
鄭汶鉉	정문현

▶ 簡札

DCB030_00_00K0048

수집정리번호	D11060048				
생산자	弟 鄭汝鉉				
생산기간2	○子年 12月 29日				
사료구분	고문서				
사료분류	서간;간찰				
판사항	필사				
언어	한문				
장정	낱장				
해제	주쉬(主倅: 고을 수령)어른이 교체되어 돌아가시는 것을 어찌 미리 예상했겠냐면서, 이는 백성들의 불행이라하며 불안한 마음을 이루다 전달할 수 없음을 나타내고 있다.				
매체정보	매체유형	원본주기	데이터포맷	수량	크기
	이미지파일	사본	–	1매	47.5cm*23cm
열람조건	공개자료				
복제조건	복제 가능하나 학술적 이용에 한정되며 허락없이 발간 불가 자료				
열람정보	등록번호		청구기호		열람상태
	IM0000080723		–		열람가능

▼원본이미지

간찰(23×47.5cm)

月初付候	월초에 안후의 편지를 부쳤는데
尙未入照否	아직도 받아 보지 못하였는가 하여
心鬱心鬱	마음으로 걱정을 하였습니다.
卽於料表	곧 뜻밖에
貴星來墜 惠翰	당신의 종이 편지를 전하여 주니
滿紙娓娓	여러 가지가 소식이 있으니
良敵相唔	진실로 직접 서로 만난 것과 같습니다.
謹審霜風	삼가 살핀 서리 내리는 차가운 바람에
兄省候	형께서 부모 모시는 몸으로
連護萬重	연이어 보호가 두루 되시고 있으며
湯節	약탕(기도의)의 시중에
漸臻天和	점차 건강이 좋아지신다니
仰慰且賀	우러러 위로 되고 또한 축하드립니다.
而子婦病情	그러나 며느리의(성여를 모시는 여신도)병의 증상은
必是氣虛所致也	필시 기가 허하여 일어난 것으로
爲慮不淺也	염려됨이 적지가 않습니다.
元慈候	저의 어머니의 안후는
以痢痁	이질과 학질의 병으로
數三朔靡寧	여러 달간 편치가 못하였고
雖有減勢	비록 병세가 점차 나아지지만
餘祟間間作發	남은 병이 간간이 발작을 하여
焦悶難狀	타는 고민을 표현하기가 어렵습니다.
而室憂	저의 아내의 병은
許多病祟齊發	여러 가지 병이 함께 일어나서
數次吐血	여러 차례 피를 토하는
大段後	큰 과정을 거친 후에는
仍爲亡陽	이내 몸의 양기가 다 빠졌습니다.

今雖免死	지금은 비록 죽음은 면하였으나
專失脾胃	오로지 먹고 살자는 비위를 잃어 버려서
亦未知必生也	또한 반드시 살아날지는 모르겠습니다.
秋間上京之期	가을쯤에 서울을 간다는 약속이
緣此事故	이 일에 연유가 되어
未得抽身	몸을 뺄 수가 없을 것 같고
而室憂雖爲漸差	아내의 병이 비록 점차 차도가 있어도
而今所見	지금 본 바로는
受效無期	효과를 받을 거라고 약속을 못하니
不可不中止矣	중지를 하지 않을 수가 없습니다.
李長水家所去書	이장수집에서 보낸 편지는
留當即傳矣	늦어도 마땅히 전했을 것입니다.
水蔘向旣有托	수삼을 지난번에도 부탁을 하였고
而今有善內	지금도 선내에서
所去書	보낸 편지에도 있습니다.
故意其求蔘	고로 그가 삼을 구하려는 의도를
而發見則果然矣	알게 되니 정말인 거지요?
紅蔘則松都外	홍삼은 송도이외에는
不可造之	만들지 못하도록
至嚴之禁	지극히 엄하게 금하고 있습니다.
而若家用	그러나 만약에 집에서 쓰려면
則以水蔘造之	수삼으로 그것을 만들어야 합니다.

而水蔘與紅蔘	그러나 수삼과 홍삼은
其功不甚相遠	그 효험은 서로 비슷합니다.
無燥而補元	말리지 않아도 원기를 보하는 데는
水蔘倍於紅蔘矣	수삼이 홍삼보다 배로 나은데
何必用紅耶	어째서 홍삼을 쓰겠는가?
水蔘十兩重	수삼 십 량의 무게를
貿送價文	사서 보내는 액수에
則三兩耳	홍삼은 삼량일 뿐입니다.
餘多少在夾信	나머지는 다소가 별지에 있으니
不備上	갖추지 못하고 글을 올립니다.
戊寅菊月念日	무인 구월 이십일
查弟元永拜拜	사제 원영 배배

3.4. 무인년(1938).9.20. 사제 元永(D11060049)

> **요약** 뜻밖의 편지를 받으니 만난 것처럼 반갑습니다. 형께서 부모(성어)를 모시는 몸으로 점차 충만해 지신다니 위로되고 축하드립니다. 저의 아내의 병이 복합적으로 죽음은 면하였으나 이일로 가을에 서울에 간다는 약속은 지키기 어려울 것 같습니다. 수삼과 홍삼은 효험이 비슷합니다. 홍삼을 만들기 수삼을 급하게 구하고 있습니다.
> 무인년(1938) 菊月(9월) 念日(20일)
> 사제(查弟) 원영

▶ 簡札

DCB030_00_00K0049

수집정리번호	D11060049
생산자	査弟 元永
생산기간2	戊寅年 9月 20日
사료구분	고문서
사료분류	서간:간찰
판사항	필사
언어	한문
장정	낱장
해제	수삼과 홍삼은 그 효능이 매우 다르지는 않으나 조기(燥氣)가 없으면서 보태는 것은 원래 수삼이 홍삼보다 배나 뛰어남을 전하고 하필 홍삼을 쓰냐며 수삼의 무게가10량정도 나가는 17개를 사서 보내며 가격은 삼냥(三兩)이라고 알리고 있다.

매체정보	매체유형	원본주기	데이터포맷	수량	크기
	이미지파일	사본	–	1매	39.5cm*25.5cm

열람조건	공개자료
복제조건	복제 가능하나 학술적 이용에 한정되며 허락없이 발간 불가 자료

열람정보	등록번호	청구기호	열람상태
	IM0000080724	–	열람가능

▼원본이미지

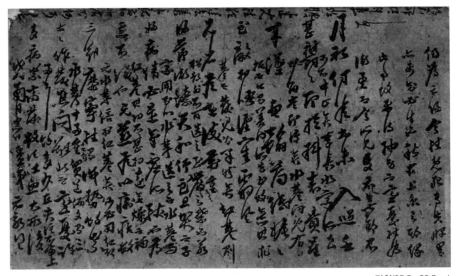

간찰(25,5×39,5cm)

샤머니즘(석물)

길이:26cm

頃者倏倏拜別	지난번 갑자기 헤어지며
慰不足敵悵	위안이 서운함을 대적하기가 부족했습니다.
居然歲色薄紗	어느덧 한해가 다가니
詹誦倍品	그리움이 배로 더합니다.
謹問辰下	삼가 묻는 요즘에
省餘兄體	부모(성여)를 모시는 나머지 형의 몸은
連護萬重	연이어 보호됨이 두루 중하시고
覃度均吉	가족(신도)들도 고루 길하십니까?
令咸婚事	조카의 혼인날(집회하는날)을
果於望日過行耶	과연 보름날이 지나 행할 것입니까?
僉切溯仰	모두가 그립고 우러러
區區之至	구구함이 지극합니다.
元省狀依昨	저도 부모(성여)를 모시는 일이 전과 같고
是幸	이것을 다행으로 여기고 있습니다.
而兒子間	아이들이(전달하는이)
以毒感三四日重痛	독감으로 삼사일을 심히 앓았으나
今則雖痊蘇完	지금 비록 병이 완전히 나을
無期	기약이 없으니
焦悶焦悶	근심으로 마음이 타들어 갑니다.
而子婦善在	며느리(성여를모시는 여신도)는 잘 지내고 있으니
甚幸甚幸	심히 다행입니다.
然間者使宜人看脈	요즘에 의사로 하여 진맥을 하여 보니
則稟賦	선천적으로 기가
甚虛云	심히 허하게 타고 났다고 합니다.
而出方五積散十貼	오적산 십 첩을 지어
爲先試用云故	우선 시험적으로 써야 한다고 이르는 고로
歲後將欲試之計耳	세후에는 약으로써 시용해볼 계획입니다.

餘不備上　　　나머지는 갖추지를 못하고 올립니다.
戊寅臘月念一日　무인 납월 이십일일(1938)
查弟元永拜拜　　사제 원영배배

무인년(1938). 12.21. 사제 元永(D11060050)

> **요약** 지난번 갑자기 헤어지며 서운했고 도 한해가 가니 그리움이 더합니다.
> 조카의 혼인날(집회하는 날)은 보름이 지나서 행할것입니까? 며느리(여신
> 도)는 잘 지내고 있다니 다행입니다. 요즘에 진맥을 하여보니 오적산(五積
> 散) 10첩을 써야한다고 하니 설 지나고 약으로 사용해 볼 생각입니다.
> 무인년(1938) 臘月(12월) 念一日(21일)
> 사제 원영 배배

▶ 簡札

DCB030_00_00K0050

수집정리번호	D11060050
생산자	査弟 元永
생산기간2	戊寅年 12月 21日
사료구분	고문서
사료분류	서간:간찰
판사항	필사
언어	한문
장정	낱장
해제	아이들이 독감에 걸려 3-4일 심하게 앓다가 비록 나았으나, 완전히 좋아질 기약이 없어 걱정임을 전하고, 며느리는 잘 있어 정말 다행이지만 의인(宜人)이 맥을 보니 허(虛)해서 오적산(五積散) 십첩을 먼저 사용하라는 말을 들었음을 알리고 있다.

매체정보	매체유형	원본주기	데이터포맷	수량	크기
	이미지파일	사본	–	1매	39.5cm*25.5cm

열람조건	공개자료
복제조건	복제 가능하나 학술적 이용에 한정되며 허락없이 발간 불가 자료

열람정보	등록번호	청구기호	열람상태
	IM0000080725	–	열람가능

▼원본이미지

간찰(21×38.5cm)

동자(석물)조선시대 초

높이:62cm

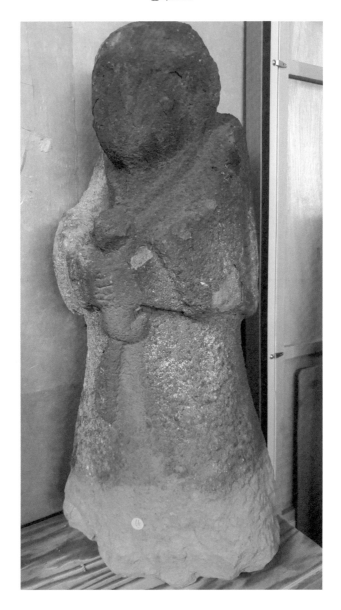

지장탱화(광무 10년)

向者	지난번에
惠覆承	보내주신 답장을 받고
慰慰	위로가 되었습니다.
而已奉便付候	그리고 이미 편이 있어 받들어 보낸 안부는
想卽入照矣	즉시 읽었으리라 생각을 합니다.
勤詢	삼가 말씀드리건대
春寒尙峭	봄추위가 오히려 심한 이때에
兄省體	형께서 부모(성여)를 모시는 몸으로
連	연이어 보호가 되고 두루 좋으십니까?
湯候醫闈患	약탕(기도를 하면)드는 부모와 아내의 병은
果有平復之慶耶	과연 평상으로 회복의 경사가 있겠는지요?
仰溯且慮之至	우러러 그립고 또한 염려가 됩니다.
元省事	저는 부모(성여)를 모시는 일이 다소 편안함을
粗安是幸	다행으로 여깁니다.
而室憂近卽少減	저희 아내의 병은 최근에 다소 덜하나
而其爲完人	그가 완전한 사람이 되리라고
何可望耶	어찌 바라겠습니까?
第某条	우선 아무개의 조건은
方欲得責	장차 책하여 받아내고 싶지만
尙未入量	오히려 아직도 계획대로 안되나
期於圖得爲計矣	기어코 꾀하여 얻어낼 예정입니다.
爲兄始作如何	형께서도 시작해보는 것이 어떻겠습니까?
麝香見今非時	사향(종교자금)은 지금은 구할때가 아니여서
末由求得	끝내 구하기 못하였습니다.
諒之如何	헤아려 주심이 어떻겠습니까?
餘便忙	나머지는 인편이 바빠서
不備禮	우선 예를 갖추지 못합니다.

庚辰二月十三日　　경진이월십삼일(1940년)

査弟元永拜拜　　사재원영배배

경진년(1940). 2. 13. 사제 元永(D11060032)

요약 봄추위가 오히려 심한 이 때에 형께서 성여를 모시는 몸으로 연이어 보호가 되고 좋으십니까? 우선 아무개의 조건은 계획대로 안되나 기어코 받아낼 것입니다. 사향(종교자금)은 지금은 구할 때는 아니어서 끝내 구하지 못하였습니다. 형께서 헤아려 주심이 어떻겠습니까?
庚辰年(1940) 2월 23일
사제 원영 배배

▶ 簡札

DCB030_00_00K0032

수집정리번호	D11060032				
생산자	查弟 元永				
생산기간2	庚辰年 2月 13日				
사료구분	고문서				
사료분류	서간:간찰				
판사항	필사				
언어	한문				
장정	낱장				
해제	수신자의 아내의 병환이 다 나았는지를 묻고 사향(麝香)은 때가 아니라서 구할 길이 없음을 전하고 있다.				
매체정보	매체유형	원본주기	데이터포맷	수량	크기
	이미지파일	사본	–	1매	40cm*25.5cm
열람조건	공개자료				
복제조건	복제 가능하나 학술적 이용에 한정되며 허락없이 발간 불가 자료				
열람정보	등록번호		청구기호		열람상태
	IM0000080707		–		열람가능

▼원본이미지

간찰(20.5×40cm)

柳川數書之穩	유천에서 온 여러 편지가 편하다는 말이
迄今	지금까지 이르니
慰荷伊后有日	감사하고 위로가 날마다 입니다.
謹詢日間	삼가 여쭈는 요즈음에
省餘兄體	성여를 모시는 형께서는 몸이
連護萬重	연이어 두루 좋으십니까?
湯節間	약탕을 달여 모시는 사이
臻勿藥之慶否	물약의 경사에 이르지는 않으셨는지요.
仰念區區	우러러 염려됨이 구구합니다.
元曠省之餘	저는 오랫동안 자리를 비운 나머지
還省親節	돌아가 성여를 모심을 살피니
間多損節	그간 좋지 않음이 많습니다.
慈候見今靡寧	어머니가 지금 편안치 않으셔서
焦悶難狀	타는 걱정을 말하기가 어렵습니다.
而身家非但	저와 가족은 단지
路憊之淬淬	먼 길의 피로는 이어지지는 않았지만
全不善食	전혀 잘 먹지도 못하고
行氣極艱	몸을 움직이는 것이 심히 자유롭지 못한데
終日事藥	하루 종일 탕약(성여를 모시며 기도하는일)을 보는일에
委臨昏睡而已	혼수에 빠질 뿐이니
實所難堪處也	이것이 실로 감당하지 못할 일입니다.
迷兒今作安城之行	아이가(전달하는사람)지금 안성으로 향할계획이나
雨水頻仍	비가 자주 이어져서
爲慮不淺也	염려가 적지 않습니다.
子婦善在是幸	며느리(성여를 모시는 여신도)가 잘 지낸다니 다행입니다.

而二氣散服	음양의 두기를 약을 먹고 푸는데
幾貼用之	몇 첩을 써야
則可也云耶	좋은지 일러 주었는가?
詳論示之如何	자세히 물어 알려 주심이 어떻겠습니까?
築洑事間果了役耶	저수지 보를 쌓는 일은 과연 끝냈는가?

吉軒家垈	길헌가의 대지를
與薛生員論之	설생원에 주자는 논의가 있으나
則雖非急迫	비록 급히 서둘러서
亦可圖之云	또한 도모할 일이 아니라 이르니
故托	고로 부탁컨대
以勿入他人之手	다른 사람의 손을 드리지 말 것을
爲言矣	말씀을 드립니다.
餘不備上	나머지는 갖추지 못하고 글을 올립니다.
己卯四月初四日	기묘초사월사일
査弟 元永拜	사제 원영은 인사를 드립니다.

칠성도(조선시대)

가로:70cm 세로:99.5cm

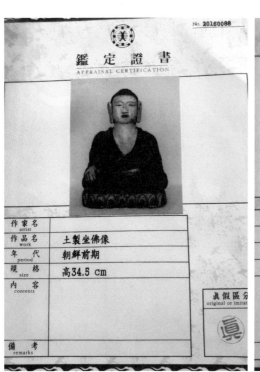

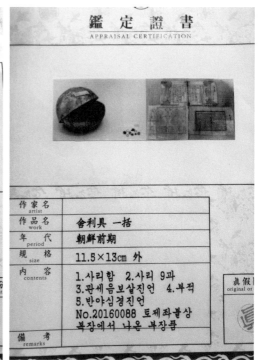

鑑定證書
APPRAISAL CERTIFICATION
No. 20160088

作家名 artist	
作品名 work	土製坐佛像
年代 period	朝鮮前期
規格 size	高34.5 cm
內容 contents	
備考 remarks	

眞假區分
original or imitat
眞

鑑定證書
APPRAISAL CERTIFICATION

作家名 artist	
作品名 work	舍利具 一括
年代 period	朝鮮前期
規格 size	11.5×13cm 外
內容 contents	1.사리함 2.사리 9과 3.관세음보살진언 4.부적 5.반야심경진언 No.20160088 토제좌불상 복장에서 나온 복장품
備考 remarks	

眞假區分
original or
眞

鑑定證書
APPRAISAL CERTIFICATION
No. 20160091

作家名 artist	
作品名 work	玉製藥師如來坐像
年代 period	朝鮮前期
規格 size	高 6.1cm
內容 contents	No.20160088 토제좌불상 복장에서 나온 복장품
備考 remarks	

眞假區分
original or imitation
眞

1. 참 정신으로 배울 일

『참 精神으로 배울 일』이라는 이 기록은 1948년에 작성되는데, 이 저작물의 저술 동기는 아무래도 신앙적 교재의 성격에서 찾아야 할 것 같다. 그 이유는 이 책자의 곳곳에 유교와 불교 그리고 단군신앙 등이 제 각기 어우러져 있고, 그러한 글들은 이른바 '기별' 이란 표현으로 마치 신도들에게 전해주어야 할 '소식' 의 가치로 중시되고 있기 때문이다. 더불어 이 책의 신앙적 요체를 체득한 신앙지도자인 증산 선생님 (先生任)의 소개를 긍지에 가득 찬 자세로 밝히고 있어 주목된다.

뒤이어 여러 글들이 이어지고 있는데, "음양시비 끝난 노래(陰陽是非 끝난 歌)"에서는 온갖 시비가 가려져 그 종식됨을 말하고 있다. 여기서 말하고 있는 종식은 사상적 판갈음의 의미로 규정되는 성격을 띠고 있다. 그리고 각종 시비의 종식은 '내외간' , 그리고 '사둔간' 에 있어서도 마침내 그친다는 의미를 드러내고 있어 19세기 후반에 조선 백성들 사이에 존재했던 숱한 이견과 반목이 신앙적 화합으로 마침내 끝이 났다는 다소 희망적인 감흥을 지니고 역설하고 있다.

다음으로 "해가 많은 천언(天言)을 보고 듣고서 알지 못하고 도가 없으면서 허둥지둥 말을 삼는 자에게(多害한 天言을 見聞而不知하고 無道而草草爲言者에게)" 라는 글이 보인다. 이 글에서 "무릇 도는 도가 아닐 경우라면 도라고 말할 수 없다(夫道는 非道면 不可言道也니라)" 는 내용을 보게 되는데, 다분히 노자 『도덕경』의 맥락상 의미와 대부분 통하고 있다. 19세기 후반부터 싹트고 있던 민중 속의 신종교운동의 사상적 한 바탕이 도가적 정서로 이루어졌음을 알게한다.

다음으로 "한 마음의 살리는 말씀(一心生言)"의 부분을 보면, 앞서 말했듯이 신앙지도자인 증산(선생님)을 극찬하는 내용을 역설하고 있다. 곧 우리 증산 선생님 (先生任)은 천지와 더불어(與天地)로 그 덕을 갖추었소(合其德하시었소) 하늘과 땅으로 그 덕을 갖추실 때에(하날과 땅으로 其德을 슴하실 때에) 하늘과 땅이 누구와 더불어서 그 덕을 갖추었겠소.(하날과 땅이 누구로 더불어 其德을 슴하시겠소 아마도 사람인 것 아니겠소.) 이 사람은 천하에 지극한 선을 크게 했고 지극한 정성을 크게 한 양반입니다.(이 사람은 天下에 大至善 大至誠 한 양반이요.) 천하의 지극한 선을 크게 하고 지극한 정성을 크게 하지 않고는 때를 맞춰 천지가 사람에게 그대에게 다가오지 않을 것입니다.(天下의 大至善大至誠아니고는 때를 맞춰 天地가 사람에게 臨汝치 못하리다.) 그런 까닭으로 우리 증산(선생님)께서는 음양을 알고 있습니다.(그런 故로 우리 先生任께서는 能히 陰陽을 알으십니다.) 천지께서 우리 증산(선생님)의 몸과 마음에 강림하서 천지와 만물이 생육하신 움직임과 고요함을 알고 있습니다.(天地께서 우리 先生任 身心에 降臨하사 天地萬物生育하신 動靜을 압니다.)"라는 부분이 그러하다.

그런데 "한 마음의 살리는 말씀(一心生言)"의 부분은 다시 신앙인의 참된 태도를 역설하고 있어 주목된다. 곧 "도덕(道德)은 누구를 음해(陰害)하고 죽일 심술(心術)은 없소이다. 사람을 살리고자 싶은 마음뿐이요. 우리는 하날임 전(前) 하늘에 알리고 한마음으로 바뀌지 말자는(告天一心不變하잔) 언약(言約)이요. 그런 까닭(故,으)로 우리는 서로 권선(勸善)하야 서로 옳다. 그르다. 맞아!(옳타글차마자) 서로 부탁(付託)한 말뿐이요 우리는 참 하날임 전(前) 손 모아 빌고 하기를(祝手하기을) 관청은 선한 마음으로 화합하도록(官廳善心和) 하심이시여 어서 성공(成功)하야 만백성(萬百姓)의 태평세상太平世 보기로 정성을 들이기(致誠) 하자구요."라는 내용이 그러하다. 신앙의 중심에 '하날임'이 등장함도 주목되는 사항이기도 한데, 결국 '만백성의 태평세상(萬百姓의 太平世)'를 소망하는 것을 통해 모든 신도들이 함께 태평한 세상을 맞이 하자는 매우 보편적인 세계관과 맞닿아 있음을 느끼게 된다.

이어 "예수 제자가 마중을 나간다(예수 弟子 寄別간다)"의 부분을 통해서는 이 책자의 신앙이 기독교적 요소를 부분적으로 활용하고 있다는 뚜렷한 근거를 확인하게 해주고 있다. 그리고 다시 "수운의 제자가 소식차 간다(水雲弟子 消息간다)"의 부분을 통해서는 동학을 창시한 수운 최제우의 종교적 사상성을 역시 활용하고 있음을 알게 된다. 그리고 이 "수운제자(水雲弟子) 소식(消息)간다"라는 기록에는, 사람들의 삶을 위협하는 모든 악을 징벌하고 광제창생의 대도를 열기 위해 '크게 항복시킬 운수의 점령(大降運數占領)'을 꾀하려는 수운의 제자들이 소망하던 의로운 개혁의 힘과 꿈이 담겼던 점도 더불어 살펴진다. 뒤이어 "증산의 제자가 마중을 나간다(甑山第子寄別간다)"의 부분에서는 역시 증산 강일순의 종교적 사상성을 다시 활용하고 있다. 뿐더러 이 기록의 부분에서는 『음부경(陰符經)』이라는 도가적(道家的) 수단이 방편으로 제시되고 있고, 용화회(龍華會)라는 불교의 이상적 상태를 함께 희망하고 있고, 복희에게 물어서 소 같은 부처인 신농씨의 있는 곳을 찾아서, 그 신농씨의 신이한 약초의 힘을 얻어 만병을 치유하고 젊음을 유지하는 길로 나서는 데 크게 도움을 줄 증산(선생님)의 말씀을 들으러 오라는 메시지도 살펴진다. 또한 이 기록의 마지막 부분에서 '증산의 다시 삶(甑山再生)에 관한 소식(消息) 왔소.'라고 한 것도 놓칠 수 없다. 어쩌면 새 깨달음의 길로 나서는 데 크게 도움을 줄 증산(선생님)은 다름 아닌 증산이고, 그를 통해 진정으로 얻어야 할 바는 '증산의 다시 삶(甑山再生)에 관한 소식(消息)' 일 터이다. 문제는 도대체 '증산의 다시 삶(甑山再生)에 관한 소식(消息)'이 무엇인지를 밝히는 것인데, 거론되고 있는 '온갖 병에서 젊음을 되찾음(萬病回春)'이 눈길을 끈다. 새로운 길을 모색하는데 일단 몸이 건강하고 기분이 유쾌해야 천지자연의 도를 접할 때도 기쁠 터이니 말이다.

다음 "갔다 오는 화민인심이 마중을 나가자고 한다(갔다 오는 和民人心 寄別가자분다.)"라는 소제목의 기록도 눈길을 끈다. 언뜻 이 제목은 무슨 말인지 도무지 이해가 쉽지 않다. 그러나 뒤이어진 내용을 견주어 다시 헤아려 보면, 포교행사에 다녀온 사람들의 인심이 다시 그 포교행사에 마중을 나가자고 하더라는 뜻이 있음을 알게 된다. 뭔가 이미 진행된 포교행사가 당시의 사람들에게 일정하게 감동을 주었거나 호감을 느끼게 했음을 짐작하게 해준다.

다음으로 '근본에 되돌아온 정신으로 옳은 사람 마중을 가자고 부른다(還本精神 오른 사람 寄別가자 부른다)'라는 소제목의 기록도 주목된다. 이 소제목도 역시 언뜻 무슨 말인지 도통 쉽게 이해가 되질 않는다. 그러나 뒤이어진 내용을 견주어 본다면, '근본으로 되돌아온 옳은 사람이 마중을 나가자고 부르고 있습니다.' 라는 내용이 된다.

그런데 이 "근본에 되돌아온 정신으로 옳은 사람 마중을 가자고 부른다.(還本精神옳은 사람 寄別가자 부른다.)"의 부분에서는 가장 한국적인 단군신앙에 주목하여 전통적 신앙관에 그 뿌리를 닿게 하려는 노력도 보여주고 있다.

한편 『삼인부(三印符)』의 부분에서는 기존에《삼국유사》의 '왕검조선' 조 기록을 통해 잘 알려진 천부인의 내용과는 전혀 다른 또 다른 상고시기의 표상에 관한 내용이 소개되고 있어 매우 흥미롭기도 하다. 또한 "삼인부(三印符)"의 부분에서는 기존에《삼국유사》의 '왕검조선' 조 기록을 통해 잘 알려진 천부인의 내용과는 전혀 다른 또 다른 상고시기의 표상에 관한 내용이 소개되고 있어 매우 흥미롭기도 하다. 그 구체적인 내용을 살피면 천부인(天符印)의 경우는 한 번 인(印)을 들어 생명이 있기를 부른다.[1]고 했고, 지부인(地符印)의 경우를 보면, 한 번 인(印)을 들어 멸망됨이 없기를 부른다.[2]고 했으며, 마지막으로 인부인(人符印)의 경우에는 한 번 인(印)을 들어 대길하고 창성됨을 부른다.[3]고 하였다. 다시 말해 상고시기에 세 개의 상징적 표상으로서의 인(印)이 있었고, 제 각각의 인들은 그 성격이 "有生", "無

---

1 一擧印而有生
2 一擧印而無滅
3 一擧印而吉昌

滅" 그리고 "吉昌"이라는 저 마다 다른 목적으로 소망을 빌던 상징이었다는 내용으로 요약된다.

또한 『삼인부(三印符)』를 설명하는 글을 이어 마치 간절한 기도문처럼 느껴지는 글이 덧붙인 점도 홍미롭다. 이러한 글을 통해 아무래도 『삼인부(三印符)』와 같은 제의(祭儀) 목적으로 사용될 부(符)와 인(印)을 역시 19세기후반의 시기에 여러 가지 혼란한 상황 속에 처했던 당시 민중들의 의례 속에서 사용했을 개연성을 느끼게 된다. 근대기 민중사회에서 기도와 같은 글이 쓰였고, 거론된 글도 역시 그러한 용도로 사용되던 글의 일부로 추론되어진다. 특히 "하날님 전(前) 빌어보고 산을 보고 물을 보고(見山見水) 빌어봅니다."는 부분은 전근대 한국인들이 정화수를 떠놓고 아무 곳에서든지 빌고 기원을 올리던 여느 모습을 쉽게 연상시키는 모습이다. 기도하던 이들은 하날님을 찾았고, 눈앞에 보이는 산이나 물가에서 간절한 기원을 올렸음을 알 수 있다.

간략하게 살펴본 것처럼 『참 정신으로 배울 일』이라는 문건 속에는 신앙적 언설들이 비교적 다양하게 실려 있다. 그러한 부분들은 사실 여부를 떠나 한국 상고시기의 문화상과 사회상을 좀 더 풍부하게 고찰하는데 문학적 상상력을 자극한다는 점에서 가볍지 않은 가치를 드러낸다고 평가가 가능하다.

2. 음양에 관한 시비(陰陽是非) 끝났음을 말하는 노래(歌)

『참 정신으로 배울 일』에서 처음 보이는 단위 문장이 '음양시비 끝난 노래(陰陽是非 끝난 歌)' 이다. 이는 음양을 둘러싼 시비가 끝났음을 알리는 노래'라는 뜻으로 풀이되는 글이다. 그런데 이 문장은 그리 쉽게 풀이되는 글이 아니다. 끝에 노래(歌)라는 표현이 있지만 그리 녹록하게 여겨지지 않는다. 우선 그 의미를 풀어서 옮겨 보면 다음과 같다.

> 무자기축 윤 7월22일 정미무신 음양시비 끝났네. 음양시비가 끝났소.[1]
>
> 큰 도는 즐겁소. 큰 도는 즐겁소. 천지와 음양에 관한 큰 도는 즐겁소. 천하가 하나로 되돌아가는 큰 도는 즐겁소. 만사가 뜻대로 되는 큰 도는 즐겁소. 우리 도는 봄바람이니 큰 도는 즐겁소. 바람이 불고 불어 일어나고 일어나 큰 도는 즐겁소. 좌로나 우로나 옳고 그름 끝났네.[2]
>
> 동서시비 끝났네.[3]

---

1 戊子己丑 閏7月22日 丁未戊申 陰陽是非 끝났네. 陰陽是非 끝났소.
2 大道樂 大道樂 天地陰陽大道樂 天下歸一大道樂萬事如意 大道樂 吾道春風大道樂 風風起起大道樂左右是非끝났네.
3 東西是非 끝났네.

내외간에 저 시비시비 오늘 끝나고 사둔간의 저 시비시비 오늘 끝 났다.[4]

일곱 번 생각하는 2일 뒤 알겠는가. 정미무신 묘린다.[5]

차차로 이후에 두고 보아 큰 도(道)의 봄바람이 봄바람 길게 멀리 무궁하구나. 머리카락이 없는 저 사람이여. 누가 머리카락 있는가 를 시비하지 마세요.[6]

그런데 이 부분의 뒤에 7월23일(七月二十三日)이라는 일자가 뒤따 라 표기되어 있는데, 그에 관한 역사성 여부는 차후의 과제로 유보 코자 한다.

이 글에서는 온갖 시비가 가려져 그 종식됨을 말하고 있는 듯이 여 겨진다. 여기서 말하고 있는 종식은 사상적 판갈음의 의미로 규정되 는 성격을 띠고 있다. 그런데 "큰 도는 즐겁소"로 풀이 되는 그 도(道) 는 과연 어떤 도를 말하는지 구체적으로 파악하기 어려운게 아쉽다. 그러나 적어도 큰도는 즐거워야 하고 거꾸로 즐겁지 않다면 큰 도가 아닐 수 있다는 논리가 가능하기에 여기서 말하는 도는 그저 엄숙하 고 비인간적인 권위에 기대지 않는 것임을 슬며시 느낄 수 있어 다행 이라는 엉뚱한 심상에 젖기도 하게 한다.

이어서 눈에 띄는 부분으로 "좌로나 우로나 옳고 그름 끝났네. 동

---

4 內外間에 저 是非是非 오날 끝나고 査둔間의 저 是非是非 오날 끝났다.
5 七念2日 뒤알라 丁未戊申묘린다.
6 次次以后 두고보아 大道春風이 春風長遠無窮하구나 頭髮없는 저 누구 有髮是非마소.

서시비 끝났네."라는 내용이 있다. 이 내용을 통해 역시 즐거운 도가 좌로나 우로나 지역의 편파성을 극복하는 공정함을 갖추는 것임을 알게 하고, 또한 동과 서의 지역성을 역시 뛰어넘는 보편성을 확보하는 가치를 지니고 있었음을 알게 한다. 그런데 생각할수록 무엇이 좌나 우 그리고 동과 서를 모두 아우르는 균형있고 공정한 도가 어떤 도였는지 더욱 궁금해질 뿐이다.

그런데 이 기록의 맺음 부분에 보이는 "머리카락이 없는 저 사람이여. 누가 머리카락 있는가를 시비하지 마세요."라는 내용은 여기서 언급된 도가 머리카락이 없는, 곧 승려와 같은 동아시아 전통의 신앙수행자의 관점에서는 다소 이질적이거나 비판적인 대상의 도일 것이라는 추론을 부르고 있다.

어떻든 이 기록은 신앙적으로 대립되거나 양립하기 어려운 시비의 근거가 사라졌음을 말하고 있음이 분명하다. 그리고 각종 시비의 종식은 '내외간' 그리고 '사둔간'에 있어서도 마침내 그친다는 의미를 드러내고 있어 19세기 후반에 조선백성들 사이에 존재했던 숱한 이견과 반목의 장이 신앙적 화합으로 마침내 끝장이 났다는 다소 희망적인 감흥을 지니고 역설하고 있다.

3. 해(害)가 많은 천언(天言)을 보고 듣고서 알지 못하고 도가 없으면서 허둥지둥 말을 삼는 자에게[7]

이 기록의 내용은 언뜻 도가적 정서를 지닌 이가 작성하였다는 추론을 느끼게 하는 신앙적 기록이다. 곧 "무릇 도는 도가 아니면 도라고 말할 수 없다."[8]라고 표현한 부분이 그러한 점을 뒷받침하고 있다. 그리고 "우리가 어찌 도가 아니고서 감히 말하겠는고? 무릇 본 사람이 어찌 사교리오?"[9]라고 하는 부분에서는 자신들이 믿고 있는 신앙에 관하여 굳은 확신에 찬 의미를 읽게 된다.

뒤이어 "야언(耶言)이라고 꾸미지 말라 하라. 보는 자가 야교라 말로 칭함이 도를 모르는 까닭이라 우리는 농부라 농부는 말을 못한다."[10]라고 한 부분은 무슨 뜻인지 이해가 쉽지 않다. 자신들이 농부출신임을 드러내고 있음이 자신들이 믿는 종교와 연관성이 있다는 주장인지 그 의도를 확인하기 어렵다.

또 "하늘이 가르치고 행동함은 말로 됨이니 하늘이 그 말을 가르치

---

7 多害한 天言을 見聞而不知하고 無道而草草爲言者에게(害가 많은 天言을 보고 듣고서도 알지 못하고, 道가 없으면서도 잘 알지 못하면서 대충 대충 말을 하는 者에게)

8 夫道는 非道면 不可言道也니라(무릇 道는 道가 아니면 道라고 말해선 안 된다)

9 吾何非道而敢言고 夫見者是何邪教耶(우리가 어찌 道가 아닌 것을 가지고 敢히 말을 하는가? 무릇 보는 사람들은 이, 무슨 邪教란 말인가? 라고 한다.)

10 勿爲耶言教하라 見者耶教稱言이 道不知故也라 吾는 農夫라 農夫不言이요(邪○한 말(예수의 말?)로 가르치게 하지 말라. 그걸 보는 사람들이 耶教(耶教, 或은 耶○教:예수교?)라 稱하면서 하는 말이 道를 알지 못하기 때문이라 한다. 우리는 農夫라 農夫는 말로 하지 않는다.)

니 농부의 말이라.[11] 불상하니 나로다. 농부 무식 이 사람 무슨 일로[12] 이 해 저 해 죽음과 삶 집푼이[13] 고생을 피눈물 붉은 흐름 지내난고[14]" 라는 부분을 보면, 확실히 이 종교를 믿는 신도의 상당수가 농부와 같은 향촌 농경사회의 촌락민들이었음을 추정하게 하고 있다.

뒤에 이어지는 내용을 보면 다음과 같다.

오호嗚呼라 저 창생蒼生아 내가 죽어 네 살아야 내의 죽엄을 들러바라[15] 네 죽엄 내 죽엄이 천 번 죽고 만 번 죽어千死萬死 죽었나니 내 슬픔이 네 슬픔이라 천황지황변화天皇地皇變化로세 인황씨人皇氏 생겨날 제 용사시비龍巳是非 생사 판단判斷 삼황오제생사유무三皇五帝生死有無 요순화심堯舜和心 누구란야. 천하일기재생신天下一氣再生身을 천지대도天地大道 내린 대강大降 예수 와서 어디 있고 제불선諸佛仙이 어디있야 각도주인各道主人 각인심주各人心主 날찼기은 생각生覺잔고 예수왔다 기별奇別한 즉 모략시기謀略猜忌 무삼일고 철不知 너기들아 예수 모해謀害 너무 말라 불상한 서양西洋예수 불상한 서양東洋예수 하강천해원下降天解寃이다. 동서학東西學이 생겨날 때 서학西學와서 날을 찼고 동학東學와서 나을 찾아 요순춘심堯舜春心 본 연후然后에 만언시비萬言是非 끌러내여 일도화기귀일一道和氣歸一이디 시비창창무도자是非蒼蒼無道者야

11 天敎行之爲言也니 天敎其言이 農夫言也니라
12 불상타나여 農夫無識이사람 무삼일노
13 '집푼이' 란 무슨 의미의 말인지 그 뜻을 전혀 확인할 길이 없어 아쉽기만 하다.
14 此年被年 死生집푼이 苦生을 血淚紅流지내난고
15 '들러바라' 역시 그 뜻을 전혀 확인할 길이 없다.

옳은 내말 신문新聞은 못 내보고 천언작해신문天言作害新聞이야 학왜
염질學倭染疾 짓지 마라.

네 무도無道를 살리자고 축원축수祝願祝手 빌어 보았다 기본수토其本水
土 어느 땅의 생겼든고. 머리카락이 있음有髮이 야교耶教던야 자유自
有의게 두발頭髮을 나를 태어나게 했으니 그게 근본임生我其本 몰라
보고 작해면수무수作害冤讐無數로다. 대도음양초정신大道陰陽初精神이 생
아견덕춘정표生我見德春情表가 두발頭髮이라 서불무발유발西佛無髮有髮하
자 경영經營라 이 말 만일萬一 네와 나와 재판裁判 할진대는 재판소裁
判所 저 양반도 이 말 재판裁判 네 죄罪 알아 나를 홀각선능지이해능
지忽覺善能知而解能知요 대통령大統領 저 성도聖道도 이 말 화심동도상성
춘선의和心同道相成春善矣리라 선견지지善見知之하라.

소개된 이 기록은 대체적으로 문맥이 자연스럽지를 못해 전체의 내
용을 매끄럽게 연결하기는 쉽지 않다. 그러나 "내 슬픔이 네 슬픔이라
천황지황변화(天皇地皇變化)로세."고 한 표현은 우리의 인생 살이에
있어 사실 너와 나가 따로 구별되어 누구는 행복하고 누구는 불행하
다는 이분법적 사고를 초월하고 있다는 인상을 느끼게 하고 있다. 그
것은 바로 양지가 음지가 되고 음지가 양지가 된다는 속담처럼, 하늘
이 땅이 되고 땅이 하늘이 될 수 있다는 논리를 제시하고 있는 듯이 느
끼게 한다.

그런데 "철不知 너기들아 예수 모해(謀害) 너무 말라 불상한 서양
(西洋)예수 불상한 동양(東洋)예수 하강천해원(下降天解冤)이다."는

179

부분에서는 이 기록의 집필자가 서학(西學)이나 야소교의 논리에 상당히 익숙해져 있는 사람이 아닐까 하는 의문을 느끼게 하고 있다. 서양의 예수가 다름 아닌 원망을 풀어주러 하늘에서 내려온 존재(下降天解寃)라고 밝히고 있기 때문이다. 그리고 이 기록의 집필자는 "시비창창무도자(是非蒼蒼無道者)야 옳은 내말 신문(新聞)은 못 내보고 천언작해신문(天言作害新聞)이야 학왜염질(學倭染疾) 짓지 마라."고 하고 있다. 곧 옳다 그르다 하며 숱하게 시비가 많은 도를 모르는 사람이여. 옳은 내 말은 신문에 내질 않고 하늘 말이라고 하여 해를 지어서 신문을 내니 그것은 왜인들이 배워 오염시키는 병질(病疾)이라고 성토하고 있는 것이다. 아마도 당시에 서학과 야소교를 비방하는 이들이 정치적으로 친일적인 관계를 이루고, 하늘의 말이라며 비판적 입장에 서있던 것임을 추론하게 되는데, 그에 관한 구체적인 증거와 사례를 당장 찾기란 쉽지 않아 보인다. 어떻든 이 기록은 19세기후반부터 싹트던 여러 민중 종교운동의 한 양상을 미루어 짐작해보게 하는 자료적 가치가 있다는 평가는 가능할 것이다. 특히 앞서 거론했듯이 "무릇 도는 도가 아닐 경우라면 도라고 말할 수 없다(夫道는 非道면 不可言道也니라)"는 내용을 보게 되는데, 다분히 노자『도덕경』의 맥락상 의미와 거의 통하고 있음을 보게 된다. 그러나 이 기록의 다른 부분에서 서학이나 야소교적 입장에서나 가능할 수 있는 예수 중시의 태도는 19세기 후반부터 싹트고 있던 민중 속의 신종교운동의 사상적 바탕이 도가적 정서는 물론, 서양의 신앙적 요소와 내용까지 부분적으로 융합하려는 의도가 뒤섞여 있던 것임을 주목한다.

4. 한 마음의 살리는 말씀(一心生言)

이 "한 마음의 살리는 말씀(一心生言)"의 부분을 보면, 앞서 말했듯이 신앙지도자인 증산(선생님)을 극찬하는 내용을 역설하고 있다. 곧 "우리 증산(선생님)(先生任)은 천지와 더불어 그 덕을 갖추었소. 하늘과 땅으로 그 덕을 갖추실 때에 하늘과 땅이 누구와 더불어서 그 덕을 갖추었겠소. 이 사람은 천하에 지극한 선을 크게 했고 지극한 정성을 크게 한 양반입니다. 천하의 지극한 선을 크게 하고 지극한 정성을 크게 하지 않고는 때를 맞춰 천지가 사람에게 그대에게 다가오지 않을 것입니다. 그런 까닭으로 우리 증산(선생님)께서는 음양을 알고 있습니다. 천지께서 우리 증산(선생님)의 몸과 마음에 강림하셔서 천지와 만물이 생육하신 움직임과 고요함을 알고 있습니다."라는 부분이 그러하다.[16]

요약하자면 이 기록 속의 증산(선생님)의 존재는 다음과 같은 훌륭한 점을 갖춘 존재로 요약된다.

---

16 원문을 그대로 옮기면 다음과 같다.
우리 先生任은 與天地로 合其德하시었소 하날과 땅으로 其德을 合하실 때에 하날과 땅이 누구로 더불어 其德을 合하시었소 아마도 사람인 것 아니겠소. 이 사람은 天下에 大至善 大至誠 한 양반이요 天下의 大至善大至誠아니고는 때를 맞춰 天地가 사람에게 臨汝치 못하리다. 그런 故로 우리 先生任께서는 能히 陰陽을 알으십니다. 天地께서 우리 先生任 身心에 降臨하사 天地萬物生育하신 動靜을 압니다. 與日月로 合其明하시었소 날과 달로 더불어 其明을 合하실 때에 누구시오 아마도 사람이 날과 달로 더불어진 것 아니오 그렇다면 사람이 日月精神에 合하여 본 故로 能히 밝은 말을 합니다. 明者圖畵日月이요 그런 故로 圖를 能言 하십니다 이러므로 우리는 압니다. 與四時로 合其序하시었소. 四時로 더불어 其序를 合하는 이 四神이 사람으로 더불어 其次畵를 合한 것 아니겠소. 四神가 四帝요 四帝가 곧 五帝요 五帝가 사람인 것 아닙니까. 五帝는 天下江山萬國이요 이 양반이 누구시오 곧 天地父母시여 이 양반이 四時를 말하시니 곧 元亨利貞이요. 仁義禮智를 能히 알라 말하시오 그런 故로 압니다. 與鬼神으로 合其吉凶하시었

181

- 천지와 더불어(與天地) 그 덕에 합치된(合其德) 분/천지합덕(天地合德) 하신 양반

- 천하(天下)에 대지선(大至善) 대지성(大至誠) 한 양반

- 음양(陰陽)을 알고 계신 분

- 몸과 마음에 천지(天地)가 내려 임하여(降臨) 천지만물을 살게

소. 鬼神으로 더불어 其吉凶을 合하실 때에 鬼神이 사람으로 더불어 吉凶을 合하신 것 아니요 그렇다면 사람이 鬼神이요 鬼神이 사람인 것 아니요 鬼神과 함께 죽어보고 살아보심이시여 이 生死吉凶은 입으로 다 말할 수 없소 기막히오. 億兆蒼生의 罪惡이며 止害止病 지내 날 때 참 一筆로 難記지요 萬忠臣의 죽음을 다 죽어보고 살려내심이시여 萬蒼生의 罪惡 죽음을 任意로 죽어 없애보심이시여 道德善心의 저 죽음도 이 양반을 찾아와 죽어보고 살아나니 恩德은 다 世上兵 쓸 것 없애보시고 다 세상쓸 것은 살려 있게 하신 누구시오 불상하고 슬퍼하고 亡之又亡은 다하시고 興다하시 이 天地父母시여 누가 있고 누가 안 잊으오리까. 이 世上에 살아난 우리 만한 사람은 다 잊을 수 없소. 참 불상하기도 짝이 없소 우리는 어서 찾아 救援합시다. 恩高德厚하신 恩德이시여 우리는 어서 찾아 報恩합시다. 이 불상하고 무서우신 이 사람을 어서 찾아 救援키는 생각잖고 알지 못한 世上사람 是非하고 口舌하기 作害하고 미워하고 陰害하고 寃讐짓기 무삼일고. 德者는 生我萬物之德也요 明者는 敎化萬億之明也요, 序者는 小生死無ㅇ之序也요 吉凶者는 蒼生棄死生之吉凶也니라. 道德은 누구를 陰害하고 죽일 心術은 없소이다 사람을 살리고자싶은 마음뿐이요 우리는 하날임 前 告天一心不變하쟌 言約이요 그런 故로 우리는 서로 勸善하야 서로 옳 타글차마자 서로 付託한 말뿐이요 우리는 참 하날임 前 祝手하기를 官廳善心和하심이시여 어서 成功하야 萬百姓의 太平世 보기로 致誠하자구요. 牛性은 龍性이요 在野는 農夫在野牛性이요 天地父母는 萬物生育하신 父母요 弓乙合德은 陰陽合德이요 天地合德이요 德者는 다 一體로 한나도 안 빼고 살린단 말이요. 時感惠는 牛馬鳴龍化人生天下萬物生我之恩 一心同力는 不忘我生之恩一心同力이요 世界所立은 家家人人各人心主所立 다 自各心主를 세워야 한다는 말이요 吾主所立은 各人心主吾主요 各人心主 다 제 금 心主세워 吾主所立이란 말이요. 右便에서 人心돌면 安民報國하게 되고 左便에서 人心돌면 合和朝鮮大運이라. 左右人心合和하니 大得萬年朝鮮이네 蒼生일을 生覺하야 懷抱있어 이리저리 움구러서 하는 말 畏哉라 海印經이어 誰不至誠罪得天고 天降海印하니 廣濟蒼生이로다 何者가 罪犯於海印經고 天必誅之無所禱矣라. 始劃八卦伏羲氏가 彌勒인 줄 뉘가 알며 天下惡毒已身變化滅亡인줄 뉘가 알며 投鞭草木神農氏가 牛佛인 줄 뉘가 알며 天下惡毒저 疾病을 牛首變化 다 滅하고 살려낸 줄 春心生을 뉘가 알고 불쌍하다 이 道德이시여 天이 말씀하시니 말씀이시오 廣濟蒼生하시자고 生殺하신 줄을 生者야 無心할가 忽然히 알고보면 精神돌아오려니와 儒佛仙을 分明 알고 東西洋仔細히 알아 古今事가 完然인 줄 宇宙江山 알아내요. 하날임이 하신 말씀 나도 알고 자네 알고 왼 世上이 다 알아라 하시었소. 우리 先生任께서는 天地合德 하신 양반이시오 天地合德은 사람이 符合天地合德하셨단 말이요. 合德愚夫愚女居室之間陰陽合德이란 말씀이요. 合字는 萬物之氣能合羽能放日合이요 德者는 萬物之生育日德也요 우리 先生任께서는 日月合其明하신 양반이시오 日月合其明은 사람이 符合日月合明하셨단 말씀이요 合明은 愚夫女居室之間內外合明이란 말씀이요 合字는 萬物之明照光一照合也요 明字는 內明之神明日外明之人明日天下大文明也요 우리 先生任께서는 四時合序를 하시었소.

기르는(天地萬 物生育) 움직임과 고요함(動靜)을 알고 있는 분
- 해와 달과 더불어(與日月) 그 밝음에 합치된(合其明) 분/해와 달의 밝음에 합치된(日月合其明) 양반
- 사시와 더불어(與四時) 그 질서에 합치된(合其序) 분
- 귀신과 더불어(與鬼神) 그 길흉에 합치된(合其吉凶) 분
- 누구를 음해(陰害)하고 죽일 심술(心術)은 없고, 사람을 살리고 자싶은 마음뿐인 분

한편으로 이 기록의 집필자는 자신 등이 믿고 따르는 신앙의 절대적 지도자 증산(선생님)께서 세상에 가득한 문제를 해결할 것으로 여겼고, 해결이 필요한 사안은 대체로 "시비(是非)하고 구설(口舌)하기"를 없앰이며, "해를 짓고(作害) 미워하고 음양(陰陽)하고 원수(冤讐)를 짓기" 따위였던 것으로 살펴진다.

그런데 이 기록의 집필자는 자신이 그토록 믿고 따른 증산(선생님)을 '임금'으로까지 치켜 올리고 있음을 문맥을 통하여 헤아리게 된다. 곧, "우리 임금이 세우는 바는 각 사람의 마음의 주인이고 우리의 임금이다. 모두 지금 마음의 임금을 세움이란 우리 임금을 세운 바란 말입니다.[20]"란 부분이 그러함을 뒷받침한다. 그렇게 각 사람이 마음의 임금을 세우게 되면 오른쪽에서 인심이 돌아서 백성은 편안하고 나라에 보답하며 왼쪽으로 인심이 돌게 되면 조선의 대운이 모여지고

---

20 吾主所立은 各人心主吾主요 各人心主 다 제금 心主세워 吾主所立이란 말이요.

화합할 것(合和朝鮮大運)이고 결국 좌우의 인심이 모여 화합하면 만년세월의 조선을 크게 얻을 것(大得萬年朝鮮)을 말하고 있다.[21]

이 부분에서 살펴지는 '조선의 대운이 모여지고 화합할 것(合和朝鮮大運)' 과 '만년세월의 조선을 크게 얻을 것(大得萬年朝鮮)'이라는 내용은 신앙으로 충실한 사람들이 모여 결국은 만인이 행복하고 화평한 조선의 구현으로 그 이상적인 정치상황까지 가능할 것을 말하고 싶었음을 알게 한다.

그런데 이 기록의 집필자는 믿는 자들이 또 중시할 신앙의 바탕으로서 주목할 경전으로 '해인경(海印[22] 經)'이 있음을 갑작스럽게 제시하고 있기도 하다. 곧, "두렵도다. 『해인경(海印經)』이여! 누가 지극한 정성이 없어 하늘에 죄를 얻는가? 하늘이 해인(海印)을 내렸으니, 널리 창생을 구제할 것이다."[23]고 말하는 부분이 그러하다. 그리고 강한 주장이 이어지는데, "무엇이 해인경에 죄를 범하는가? 하늘은 반드시 기도가 없는 곳에 벌을 주리라!"[24]고 말하고 있어 꾸짖듯이 하고 있다.

뿐더러 기록자는 거듭 주장하는데, "처음에 여덟 괘를 그은 복희씨(伏羲氏)가 미륵(彌勒)인 줄 뉘가 알며 천하에 악독한 뱀의 몸이 바뀌어 멸망한 줄 뉘가 알며, 초목에 채찍을 내리친 신농씨(神農氏)가 소

---

21 右便에서 人心돌면 安民報國하게 되고 左便에서 人心돌면 合和朝鮮大運이라. 左右人心合和하니 大得萬年朝鮮이네
22 해인(海印)이라는 어휘는 불교(佛敎)계의 말로, 바다의 풍랑이 잔잔해져서 만상(萬象)이 그대로 나타난다는 뜻으로 부처의 슬기를 이르는 말이다.
23 畏哉라 海印經이여 誰不至誠罪得天고 天降海印하니 廣濟蒼生이로다
24 何者가 罪犯於海印經고 天必誅之無所禱矣라.

롤 된 부처인 줄을 뉘가 알며 천하 악독한 저 질병을 소머리의 변화로 모두 멸하고 살려낸 게 봄철이 살려냄을 지닌 마음임을 뉘가 알고"[25] 있겠느냐고 하고 있다. 이 부분의 내용은 언뜻 서로 정합되지 않는 성격이 있어 이해가 쉽지 않다. 그러나 이 기록의 문맥으로 보아 이 집필자는 유불선(儒佛仙)의 융합을 도모하고 있었음을 알 수 있다. 그러한 집필자의 성향을 미루어 본다면, 팔괘를 그은 복희씨가 사실상 미래에 나타나서 중생을 구제하려했다는 불교 교리상의 미륵과 다를 바 없다고 자리매김한 것이고, 역시 독초와 약초를 구별코자 초목을 맛보아 고생하던 신농씨가 결국 대자대비를 말한 부처와 다를 바가 없다고 이해 한 것을 추론할 수 있다.

이어서 기록자는 마침내 쏟아내듯이 듣는 이들에게 힘차게 말하기 시작한다. 곧 "불쌍하다. 이 도덕(道德)이여. 하늘이 말씀하시니, (하늘의) 말씀입니다. 널리 창생을 구제하자고 많이 살리고 많이 죽인 줄을 살아난 이여! 마음이 없는 것인가. 홀연하게 알고 보면 정신을 차리게 될 것이니 유불선(儒佛仙)을 분명히 알고 동서양을 자세히 알아서 옛일과 지금의 일이 완연한 것을 우주강산을 알아내시오."[26]

라고 하고 있다. 이 기록의 집필자가 최종적으로 유도하고 있는 신앙의 종착점이 단순하게 『해인경(海印經)』 정도에만 머물지 않고 유

---

25 始劃八卦伏義氏가 彌勒인 줄 뉘가 알며 天下惡毒已身變化滅亡인줄 뉘가 알며 投鞭草木神農氏가 牛
佛인 줄 뉘가 알며 天下惡毒저 疾病을 牛首變化 다 滅하고 살려낸 春心生을 뉘가 알고
26 불쌍하다 이 道德이시여 天이 말씀하시니 말씀이시오 廣濟蒼生하시자고 生殺하신 줄을 生者야 無心
할까 忽然히 알고 보면 精神돌아오려니와 儒佛仙을 分明 알고 東西洋仔細히 알아 古今事가 完然인
줄 宇宙江山 알아내요.

불선 삼교의 융합적 수용과 활용이란 점을 알게 된다.

그런데 "한 마음의 살리는 말씀(一心生言)"의 부분은 다시 신앙인의 참된 태도를 역설하고 있어 주목된다. 곧 "도덕(道德)은 누구를 음해(陰害)하고 죽일 심술(心術)은 없소이다. 사람을 살리고자 싶은 마음뿐이요. 우리는 하날임 전(前) 하늘에 알리고 한마음으로 바뀌지 말자는(告天一心不變하잔) 언약(言約)이요. 그런 까닭(故, 으)로 우리는 서로 권선(勸善)하야 서로 옳다. 그르다. 맞아!(옳타글차마자) 서로 부탁(付託)한 말뿐이요 우리는 참 하날임 전(前) 손 모아 빌고 하기를(祝手하기을) 관청은 선한 마음으로 화합하도록(官廳善心和) 하심이시여 어서 성공(成功)하야 만백성(萬百姓)의 태평세상(太平世) 보기로 정성을 들이기(致誠) 하자구요."라는 내용이 그러하다. 신앙의 중심에 '하날임'이 등장함도 주목되는 사항이기도 한데, 결국 '만백성의 태평세상(萬百姓의 太平世)'를 소망하는 것을 통해 모든 신도들이 함께 태평한 세상을 맞이하자는 매우 보편적인 세계관과 맞닿아 있음을 느끼게 된다.

5. 예수 제자 기별(弟子 寄別)간다

이 '예수 弟子 寄別간다' 는 기록도 그 풀이가 좀처럼 쉽지 않다. 우
선 그 본래 문장을 다시 쉽게 옮겨 보면 다음과 같다.

> 예수. 하늘을 믿는 우리 제자 증산(선생님)의 소식을 들어 보았나.
> 증산(선생님) 소식을 들어 보았소?[27]
>
> 하늘 위에서 사람 사이로 아래로 내려 올(上天下降人間) 때 거짓
> 예수가 없었으니 참 예수가 인간의 삶을 신민(新民)으로 되어 날
> 때 옷을 걸치고 갓을 쓰고 문물을 지니고 머리에는 머리카락(衣冠
> 文物頭髮)이었네[28]
>
> 신기(神奇)하고 마음은 묘(心妙)하다. 만민 가운데에 다른 백성 뇌
> 성벽력(雷聲霹靂)이른 곳에 천지에는 한 사람도 사람이 없었으니
> (無人天地一人) 하나의 나팔을 불어 일어나니 대대로 독이 핀 강산
> (毒代江山)이 천지의 하늘을 믿는 사람은 예수를 아시기 바랍니
> 다.[29] 부모소식(父母消息) 아일진대 이 소식이 뉘 소식인가. 하늘
> 로 오르던 우리 형제 내려 와서 마중을 하네.

---

27 예수 信天 우리 弟子先生任 消息을 들어보았나. 先生任消息을 들어 보았소.
28 上天下降人間을 때 거짓 예수가 없었으니 참 예수가 인간 삶 新民으로 되어 날 때 衣冠文物頭髮이네
29 神奇하고 心妙하다 萬民中의 다른 百姓 雷聲霹靂이른 곳에 無人天地一人한나 나팔불어 일어나니 毒
   代江山이 天地의 信天者는 예수 알으세요.

옮겨진 문장을 통해 몇 몇 의미를 검토해보고자 한다. 먼저 첫 구절에서 예수를 "하늘을 믿는 우리 제자 증산(선생님)"으로 이해하고 있음이 인상적이다. 어째서 예수를 제자 선생님으로 파악하고 있는지 그 이유는 알 수가 없다.

그런데 돌연하게 '거짓 예수'라는 어휘를 사용하고 있음이 흥미롭다. 또한 거짓 예수가 아닌 '참 예수'의 등장은 마치 《삼국유사》 속의 환웅설화를 연상시키는 듯하여 어리둥절해진다. 곧, 하늘 위에서 사람의 사이로 내려 올 때 참 예수는 인간의 삶을 신민이 되도록 했다는 문맥상의 내용이 그러하다. 그리고 당시 참 예수가 새로운 시대를 열 때에 "옷을 걸치고 갓을 쓰고 문물을 지니고 머리에는 머리카락(衣冠文物頭髮)이었" 음을 강조한 것은 어째서일까? 혹시 천여 년 이상으로 한반도의 곳곳에 자리를 잡았던 불교도들의 교리에 바탕을 두지 않으려는 강한 반발심의 반영인지 알 수 없는 대목이다.

이 기록의 집필자는 마치 우리의 옛 상고시기 첫 나라를 열었다는 환웅의 설화적 상황을 서양의 구약과 신약의 요소들을 적절히 차용함은 물론 예수라는 서양의 신앙 지도자를 적절히 삽입시키는 방식을 펼치고 있다는 추론을 불러 일으킨다. 음을 헤아리게 된다. 곧 "천지에는 한 사람도 사람이 없었으니 하나의 나팔을 불어 일어나니 대대로 독이 핀 강산(毒代江山)이 천지의 하늘을 믿는 사람은 예수를 아시기 바랍니다."라고 한 대목이 그러한 의심을 가능하게 한다. 한 사람도 없는 곳에 하나의 나팔이 울리면서 '독이 핀 강산'에 천지의 하늘을 믿는 사람이라고는 '예수'만이 있었다는 분위기로 꾸미고 있는 속내에는 예수만이 독으로 가득찬 강산을 말끔하게 할 수 있는 능력을 갖추고 있음을 말하고자 한 것으로 이끌고 있다.

하지만 이 '예수 弟子 嵜別간다'는 기록의 내용은 그야말로 허황된 내용에 지나지 않는다. 분명치는 않으나 마치 환웅시기의 개벽과 같은 건국의 설화 상황을 나팔이 울리며 새롭게 펼쳐진 듯이 묘사하려는 그 마음은 불교의 논리로 장식되어 오던 세계관과 신화의 이미지를 서학과 야소교의 논리와 이미지로 대체시키려 한 의도 이상으로는 다른 가치가 느껴지지 않는다.

다만 이 기록의 내용은 19세기 근대기라는 힘겨운 고난의 시기를 살던 조선의 기층적 서민들과 일부 식자층이 다른 신앙적 활로를 찾고자 할 때 지녔던 사유의 세계를 고스란히 보여주고 있다는 점에서는 나름 시대상을 반영한 기록이라는 평가는 가능할 터이다.

6. 수운 제자 소식(水雲弟子 消息)간다

이 "수운제자(水雲弟子) 소식(消息)간다"라는 기록도 역시 신앙과 관련된 내용이다. 그러나 역시 그 전체 내용을 매끄럽게 이해하는 것은 쉽지 않게 여겨진다. 일단 좀 더 쉽게 옮겨 보면 다음과 같다.

> 소식이 왔네. 소식이 왔소. 수운선생님의 소식이 왔네.[30] 때가 되면 오마 하던 말, 예수 슬픔. 수운 설움. 오늘 이때가 되어서 오셨지.[31]
>
> 뇌성벽력이 울고 하늘의 궁궐 속 하늘 여러 신선들이 모양을 지어 내려올 때, 크게 항복시키려하는 염원과 뜻이 있어 온갖 마귀를 항복시키자고 죽거나 삶이 위중한 곳에 큰 도 운수와 생기를 따라서 모두 살려서 수운제자가 마중하러 왔습니다.[32]
>
> 궁을합덕(弓乙合德) 거기에 계서 소가 울 때 은혜를 느껴(牛時感惠) 알았거든 한 마음으로 힘을 함께 하여(一心同力) 찾아들어오소. 하늘 문 궁궐(天門宮)에 내린 대항운수점령(大降運數占領) 못하겠는가. 운수(運數)따라 합(合)해보면 천도행사(天道行事) 상제 교화분명무의(上帝敎化分明無疑) 어디 일런고.

---

30 消息왔네 消息왔소 水雲先生任 消息왔네
31 때있으면 오만말 예수슬픔 水雲 설움 오늘 이때가 되야 오셨지.
32 雷聲霹靂 天宮天諸仙作伴 내려올 때 願爲大降 뜻이 있어 降盡魔鬼 없애자고 死生處에 大道運數生氣 따라 다 살려서 水雲弟子寄別왔소.

한 발 자칫 지체(遲滯)되면 욕도무처처사(慾到無處虛事)라네. 중산(선생님)(先生任) 소식을 물어서(여쭤서) 오세요. 때가 있으면 오면 수운선생님 소식(水雲先生任消息)이 왔소.

이 기록에서 "크게 항복시키려하는 염원과 뜻이 있어 온갖 마귀를 항복시키자고 죽거나 삶이 위중한 곳에 큰 도 운수와 생기를 따라서 모두 살려서 수운제자가 마중하러 왔다"는 부분이 인상적이다. 그러한 결연한 의지와 실천이 바로 수운 최제우의 신앙적 발자취였고 그를 따르는 제자들 역시 같은 길을 가고 있는 것임을 기록자는 말하고 싶었던 것으로 이해된다. 그래서 기록자는 말한다. 궁을합덕(弓乙合德)이 있어 소가 울 때 은혜를 느껴(牛時感惠) 알았거든 한 마음으로 힘을 함께 하여(一心同力) 찾아서 어서 들어오라고.

그런데 궁을합덕이란 도대체 무엇일까? 사실이 이 궁을합덕은 그 의미가 너무 깊고도 많아서 설명하기가 매우 어렵다. 이를 가장 간명하게 설명하고 이해하는 데는 동아시아의 보편적인 불(黻)무늬를 살펴보면 비교적 간단하다.

동북아시아의 전통 복식가운데 황제나 군왕 그리고 그에 준하는 왕자 등이 입는 옷은 어느 사대부와는 달랐다 그 가운데 면복이 있고, 그 면복에는 여러 문양이 베풀어진다. 황제나 군왕의 경우 12문장이 옷에 베풀어지고 그 가운데 불 문양은 두 개의 활을 서로 마주 보게 하는 모습인데, 이를 두고 "신민이 악(惡)을 등지고 선(善)을 향하는 뜻을 채택했음을 상징한다."[33]는 견해가 있어 흥미롭다. 이 불(黻) 무늬는 현재 중국학자들에 따르면 자신들의 오래된 복식제도의 결과로 주장하고 있다. 그들의 주장은 별 무리가 없게 여겨진다. 왜냐하면 우리의 고대시기에 불모양 등 12개 무늬가 새겨진 면복을 사실 중국에서 만들어 우리 땅에 보내주었다는 기록이 확인되기 때문이다. 물론 조선조 어느 시기부터는 우리 자체적인 본을 만들어 스스로 면목을 제작하여 사용하기 시작했으므로, 면복이 반드시 중국인의 솜씨에만 기댄 것이 아님을 말할 수도 있다.

여기서 거론코자 하는 요지는 불(黻) 무늬의 기원이 반드시 중국이랬는가 하는 점이다. 왜냐하면 우리의 상고시기에 어아(於阿) 노래가 있었고, 그 노래의 핵심은 악함을 징벌한다는 강렬한 징악(懲惡)의지였다. 중요한 점은 징악 의지가 상징처럼 거론된 '활'에 있었고, 그 활이 불(黻) 무늬의 핵심으로 쓰였는데 "악(惡)을 등지고 선(善)을 향하는 뜻"인 점은 아무래도 불(黻) 무늬의 기원이 중국만의 것이라고 단정하는데 이의를 느끼게 한다.

더욱이 이암이 전한 《태백진훈》을 보면, 치우가 대궁(大弓)을 신(神)의 기물(奇物)처럼 여겼다는 부분이 포착되고, 한국의 일부 샤먼들이 악귀를 몰아내는 형상을 구현할 때 복숭아나무로 만든 활을 쥐고 악귀를 내쫓는 시늉을 하는 점은 불 무늬의 '활'이 지니는 의미와 너무 강하게 맞아 떨어지고 있다. 이쯤에서 한중일 삼국 사이에 유독 활을 잘 다루고 국기처럼 여긴 족속이 중국과 일본이 아닌 우리 한민

33 와타나베 소슈 지음, 유덕조 옮김, 《중국고대문양사》, 법인문화사, 2000, P. 426.

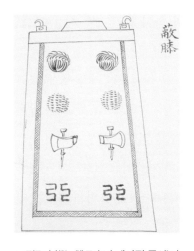
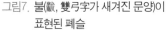

그림7. 불(黻, 雙弓字가 새겨진 문양)이 표현된 폐슬

그림8. 동학도들이 내거는 궁을(弓乙) 깃발

족이었던 점도 깊이 고려할 부분이다. 뿐더러 근대기의 동학도들이 사용하기 시작한 궁을기(弓乙旗)의 문양을 견주어 보면 불(黻) 무늬의 또 다른 형상으로 느껴져 놀랍기만 하다.

여러 가지 문화적 자료와 전승 기록들을 견주어볼 때, 수운 최제우를 비롯하여 숱한 동학도들이 휘날렸던 궁을기(弓乙旗)와 궁을합덕(弓乙合德)이란 의미는 악인을 징벌하는 강한 징악의지를 바탕으로 하는 신앙의식의 상징으로 이해된다.

결국 이 "수운제자(水雲弟子) 소식(消息)간다"라는 기록에는, 사람들의 삶을 위협하는 모든 악을 징벌하고 광제창생의 대도를 열기 위해 '크게 항복시킬 운수의 점령(大降運數占領)'을 꾀하려는 수운의 제자들이 소망하던 의로운 개혁의 힘과 꿈이 담긴 것이라고 이해된다.

그래서 이 기록자는 또 말하고 있다. "운수(運數)따라 합(合)해보면 천도행사(天道行事) 상제교화분명무의(上帝敎化分明無疑) 어디 일런고."라고. 그 말은 주어진 대도를 열 운수를 피하지 않고 하늘의 도를 이룰 일인데, 그렇게 한다면 상제(上帝)가 가르치고 교화함이 분명하여 의심할 바는 없을 터이니 그 곳은 어디 일 것인가! 하며 그러한 이상세계를 찾아 나서자고 하는 듯하다.

7. 증산제자 기별(甑山第子寄別)간다

이 '증산제자 기별(甑山第子寄別)간다.' 는 기록의 내용도 그 의미 찾기가 만만치 않게 어려운 편이다. 우선 다시 옮기면 다음과 같다.

> 기별가세. 기별가. 기별오네. 기별와. 수운기별 증산소식 소의 울음에 섰으니 사생처가 어드메요. 증산재생 그곳이라.[34]
> 천하에 한 기운이 몸을 다시 살렸네. 뉘 소식을 못들어 소가 울 때 은혜를 느껴 다 거기 천하인생귀일화음부우성성진명용화회상하강세복희(天下人生歸一和陰符牛聲性震鳴龍華會上下降世伏羲) 물러 미륵소식우불(彌勒消息牛佛) 찾아 천하명의만병회춘해인약지체(天下名醫萬病回春海印藥遲滯) 못할 이 시간 선생님 소식(時間先生任 消息)을 들으러 오세요. 증산의 다시 삶(甑山再生)에 관한 소식(消息) 왔소.

이 기록에서는 제목이 '증산제자 기별(甑山第子寄別)간다.' 임에도 '수운기별' 이란 말이 앞서 나오고, 다시 '증산 소식' 이 뒤따르고 있다. 수운의 신앙적 전통을 보다 앞세우고, 그 기반위에서 형성된 증산의 신앙 지향성을 표현한 것으로 보인다. 그런데 뒤이어 보이는 23자

---

34 寄別가세. 寄別가. 寄別오네. 寄別와. 水雲寄別甑山소식 소울음에게 섰으니 사생처가 어드메요. 甑産再生 그곳이라.

의 한자는 절구도 아닌 상태로 그 의미 파악이 용이하지 않아 고민스럽다. 대체로 천하에 사람의 삶은 하나로 되돌아가는 데, 『음부경(陰符經)』에 조화되어야 함을 강조한 듯하고, 소우는 소리는 우레의 성질을 띠고 용화회(龍華會)를 울린다는 뜻을 지니고 있는 듯하며, 그것은 위로나 아래로 세상을 항복시키고 복희에게 물어 미륵의 소식인 소같은 부처를 찾아 천하의 명의로 온갖 병에서 젊음을 되찾고, 해인(海印)의 지혜와 약을 더디게 못할 이 시간이니 증산(선생님)의 소식을 들으러 오라는 의미로 풀이된다.

결국 이 '증산제자 기별(甑山第子寄別)간다.'는 기록에는 『음부경(陰符經)』이라는 도가적(道家的) 수단이 방편으로 제시되고 있고, 용화회(龍華會)라는 불교의 이상적 상태를 함께 희망하고 있고, 복희에게 물어서 소 같은 부처인 신농씨의 있는 곳을 찾아서, 그 신농씨의 신이한 약초의 힘을 얻어 만병을 치유하고 젊음을 유지하는 길로 나서는 데 크게 도움을 줄 '선생님'의 말씀을 들으러 오라는 게 요지인 셈이다.

그런데 이 기록의 마지막 부분에서 '증산의 다시 삶(甑山再生)에 관한 소식(消息) 왔소.'라고 한 것은 이 기록의 의미를 곱씹게 한다. 어쩌면 새 깨달음의 길로 나서는 데 크게 도움을 줄 강일순(선생님)은 다름 아닌 증산이고, 그를 통해 진정으로 얻어야 할 바는 '증산의 다시 삶(甑山再生)에 관한 소식(消息)'일 터이다. 문제는 도대체 '증산의 다시 삶(甑山再生)에 관한 소식(消息)'이 무엇인지를 밝히는 것이다. 하지만 이 글에서는 더 이상 그에 관한 단서를 찾기는 쉽지 않아 보인다. 그러나 적어도 '온갖 병에서 젊음을 되찾음(萬病回春)'은 그러한 새로운 길과 무관하게 느껴지진 않는다. 일단 몸이 건강하고 기분이 유쾌해야 천지자연의 도를 접할 때도 기쁠 터이니 말이다.

8. 갔다 오는 화민인심(和民人心) 기별(寄別)가자분다

　이 소제목을 다시 풀어보자면 "갔다 오는 화민인심(化民人心)이 마중을 나가자고 한다."라는 의미로 이해된다. 뒤이어진 내용을 견주어 다시 헤아려 보면, 포교행사에 다녀온 사람들의 인심이 다시 그 포교행사에 마중을 나가자고 하더라는 뜻이 있음을 알게 된다. 뭔가 이미 진행된 포교행사가 당시의 사람들에게 일정하게 감동을 주었거나 호감을 느끼게 했음을 짐작하게 해준다. 우선 관련 글을 옮기면 다음과 같다.

> 가그라 가그라 어서 어서 가그라 오니라 오니라 어서어서 오니라 순심화생(舜心和生) 우리 잔민(殘民)[35] 신민소식(新民消息)들러나 신민소식(新民消息) 들렀소. 신민소식(新民消息) 이 소식(消息) 전(傳)해기도 밥부고 보내기도 밥부네. 송송망망(送送忙忙) 전전급급(傳傳急急) 이리오소 어서가 소식(消息) 전(傳)커 어서가 저리오소 어서와 기별(寄別)가게 어서와 다청다습(多聽多習)이 공부(工夫) 활인적덕(活人積德)이 공부(工夫) 포덕(布德)가게 어서와 활인(活人)하게 어서와 화기(和氣)둘어서 다 풀어 옳은 사람 다 되면 선한 사람 아닌가

---

35 잔민(殘民)은 가난에 지쳐 힘든 백성을 뜻하는데, 잔맹(殘氓)으로도 쓰인다.

어을시구(於乙矢口)나 태평세생아자우부모(太平聖世生我者又父母)말 소식전(消息傳)차왔소. 순화인심(舜化人心) 우리 인심개신천하(人心皆新天下) 알으세요 잊지 못할 이 소식(消息)잊지 말고 다 오세요. 요순신민소식(堯舜新民消息)왔소.

이 기록은 얼핏 비천한 신분의 한 서민이 나름대로 새로운 신앙의 길을 전해 듣고서 그에 동화되어 무슨 노랫소리처럼 주장하는 글이다. 먼저 원문의 내용을 다시 쉽게 풀어 보고 그에 대한 검토를 덧붙이는 방식으로 분석을 추진하겠다. 첫 문장을 보면 "가거라. 가거라. 어서 어서 가거라. 오너라. 오너라. 어서 어서 오너라."고 되어 있다. 이 문장에서 가라고 한 것은 묵은 적폐와 같은 것이고, 오라고 거듭 요구하는 것은 새로운 희망 세상으로 추론된다.

이어서 "순심화생(舜心和生) 우리 잔민(殘民) 신민소식(新民消息) 들러나 신민소식(新民消息) 들렀소. 신민소식(新民消息) 이 소식(消息) 전(傳)해기도 밥부고 보내기도 밥부네."라고 했는데, 이는 "순임금 마음처럼 생령을 조화시킴을 바라는 우리 헐벗은 백성들, 백성을 새롭게 혹은 백성을 가까이 한다는 소식이 들리게 되었고, 그러한 소식이 들리고 있소." 그 같은 고마운 소식을 전하기도 바쁘지만, 또 그에 따라 다른 곳으로 연락을 보내기도 바쁘다는 뜻으로 이해되는 대목이다.

다음으로 "송송망망(送送忙忙) 전전급급(傳傳急急) 이리오소 어서 가 소식(消息) 전(傳)커 어서가 저리오소 어서와 기별(寄別)가게 어서와."라고 했는데, 이는 보내고, 보내며 바쁘고, 바쁘며 전하고, 전하며 급하고, 급하니 이리 오십시오. 또한 어서 소식을 전하고자 어서 가보십시오. 또 저리로 오시고 어서 오서 마중을 갈 터이니 어서 오십시오."라고 풀이된다.

다음으로 "다청다습(多聽多習)이 공부(工夫) 활인적덕(活人積德)이 공부(工夫) 포덕(布德)가게 어서와 활인(活人)하게 어서와 화기(和氣)둘어서 다 풀어 옳은 사람 다 되면 선한 사람 아닌가?"라고 하고 있다. 그런데 이 부분은 이 "갔다 오는 和民人心 寄別가자분다"라는 일종의 벽서 같은 글 속에서 가장 핵심적 요점이 남겨 있다는 느낌을 주고 있다. 먼저 풀어보면 "많이 듣고 만히 익히는 것이 공부이고, 남을 살리고 덕을

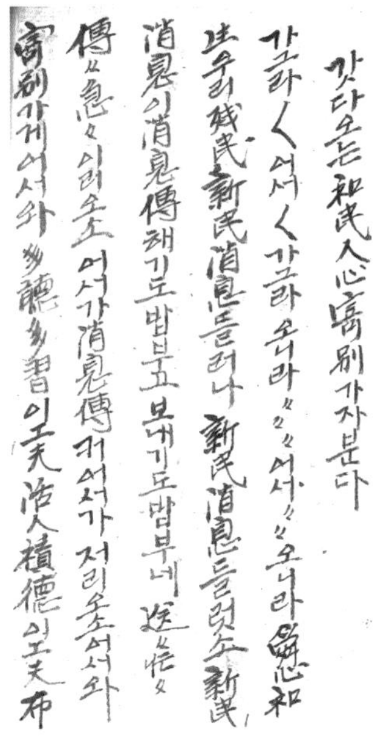

그림11 '갔다 오는 和民人心 寄別가자분다.' 부분.
《참 精神으로 배울 일》, 古佛禪院 本(19세기말)

쌓음이 공부입니다. 덕을 베풀고자 할 것이니 어서 오십시오. 남을 살릴 터이니 어서 오세요. 화목한 기운이 둘러져서 다 풀어지고 옳은 사람이 모두 된다면 착한 사람이 아니겠습니까?"라는 내용이 될 터이다,

이 부분의 기록에서 소식을 전하는 이는 "남을 살리고 덕을 쌓음이 공부"임을 밝히고 있다. 비록 신분이 비천한지 어떤지는 알 수가 없으나 해당 내용은 공부를 하는 참된 목적과 가치가 어디에 있는 것인지를 일깨워주고 있다. 또한 "화목한 기운이 둘러져서 다 풀어지고"라는 부분은 화목한 기운이 주위에 둘러퍼지고 각 사람마다 맺혀 있던

원망과 한이 모두 해소된 이른바 상황을 말하는 것은 아닌지 조심스러운 추론을 해보게 된다.

한편 "옳은 사람으로 바뀌면 선한 사람" 이라는 논리도 귀담아 들어야 할 대목이다. 그냥 선해서는 안 되고 반드시 옳은 사람이어야만 선한 사람이라는 논리이기 때문이다. 그렇다면 그냥 선한 사람이란 누구이겠는가. 쉽게 말해 물색 모르고 무조건 착한 경우의 사람이 아닐까 싶은데, 마치 누군가를 죽이려고 하는 사람에게 사정도 파악치 않고 웃는 표정으로 살인을 서두르려는 이에게 선뜻 칼을 빌려주는 사람 정도가 아닐까 싶다. 누군가에게 도움을 주는 일은 기본적으로 착한 행위이겠으나 당사자가 엄청난 악행을 저지르려하는지 여부도 살피지 않는 멍청함으로 도리어 큰 변고가 생겨나는데 일조를 한 셈이라면 그렇게 악행을 방조한 격인 사람을 두고 과연 착한사람이라 해도 괜찮겠는가? 지금 소식을 전하는 이는 그래서 역설하고 있는 것 같다. 옳은 사람으로 바뀌어야만 선한 사람이라고 말이다.

또한 "어을시구(於乙矢口)나 태평세생아자(太平聖世生我者) 우부모(又父母)말 소식전(消息傳)차왔소. 순화인심(舜化人心) 우리 인심 개신천하(人心皆新天下) 알으세요. 잊지 못할 이 소식(消息)잊지 말고 다 오세요. 요순신민소식(堯舜新民消息)왔소."라는 맺음 부분도 그 의미가 가볍지 않다. 이 부분을 다시 쉽게 풀면, "얼시구나. 태평하고 성스러운 세상은 나를 살리는 것이고 또 부모님 말씀을 소식 전하고자 왔소. 순임금이 사람의 인심을 교화하였듯이 우리 인심이 모두 천하를 새롭게 하는 것을 아십시오. 잊지 못할 이 소식을 잊지마시고 모두

오십시오. 요임금 순임금의 백성 새롭게 대하는 소식이 왔습니다."로 이해된다.

이 "갔다 오는 화민이심(和民人心) 기별(寄別)가자분다"라는 기록을 처음으로 지은 이가 누구인지는 모르나, 이 기록의 집필자는 적어도 요임금과 순임금이 베풀었다는 화민성속의 아름다운 전통을 그리워하고 있었음을 느끼게 된다. 그래서 기록자가 분명하게 알리고자 하는 요점 가운데 "태평하고 성스러운 세상은 나를 살리는 것이고 또 부모님 말씀을 소식 전하고자 왔소."라는 부분도 큰 무게로 자리하고 있음을 깨닫게 된다. 곧, 이 기록의 집필자는 참답게 모든 이를 살리고 즐겁게 하는 세상은 그것이 "나를 살리는 것(生我者)"임을 적시했고, 그것은 나를 이 세상에 태어나도록 은혜를 베푼 부모님이 하시는 말씀과도 같음을 밝히고 있다고 여겨진다.

결국 무슨 노랫말과도 같이 착각이 드는 이 기록은 조선후기에 온갖 설움과 제도적 압제 속에서 신음하던 민중의 마음 밑바닥에 어떤 염원이 어떻게 꿈틀대고 자리했는가를 추론케 하고 있다. 그것은 요순으로 지칭되던 옛 태평성세의 재현이었고, 그러한 이상세계를 향한 순진무구한 새 세상 그리기였던 셈이다. 그래서 이 기록의 바탕에는 중국의 전통적인 유학사상을 신앙적으로 수용하는 측면이 적지 않게 스며있다는 특징을 느끼게 된다.

9. 환본정신(還本精神) 옳은 사람 기별(寄別)가자 부른다

이 '환본정신(還本精神) 옳은 사람 기별(寄別)가자 부른다'는 기록은 다른 부분과 달리 단군과 기자 등을 언급하는 등 다소 특이점이 돋보여 눈길을 끈다. 먼저 이 기록을 좀 더 쉽게 옮기면 다음과 같다.

마중할 일 마중할 일. 바삐 서둘러 마중할 일. 단군이며 천신이신 님이 오시니 하늘의 뜻 마중하는 사람의 마음이 돌고 있는 마중이라네. 바삐 갑시다. 바삐 가요. 단군님 기자님 어디 오시나. 온갖 신선 길에 내리시니 복숭아 꽃 거듭 피어난 땅이라네. 용화세계의 뭇 신선은 금강산이 절승이나 죽고 사는 운명의 집이 어디인가.(하네) 천하에 착하여 마음의 모범됨이 금강암자의 심천(沈天, 심청?)의 효성이라네. 저 효녀가 아버지 눈을 밝게 하고자 임당수에 몸이 팔려서 황제가 낭군되어 자신은 황후이며 부인이 되었으니 여와씨와 복희씨의 내력을 알아봅시다. 참된 나무 소나무 아래에서 화

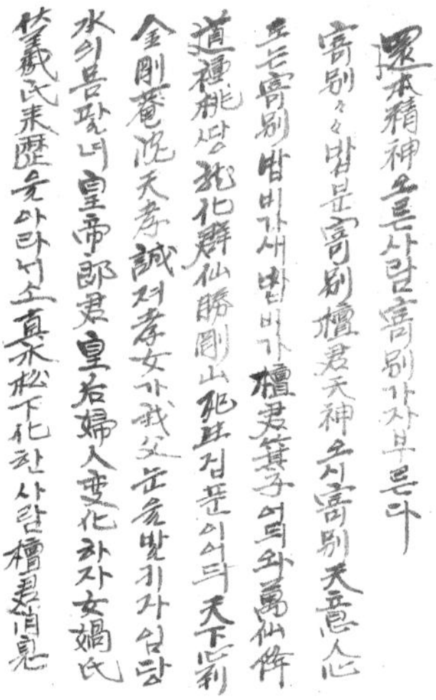

그림13 '還本精神 오른 사람 寄別가자 부른다' 부분. 『참 精神으로 배울 일』, 古佛禪院 本(19세기말)

신한 단군임 소식도 그에 견줄만한 소식이 아니겠습니까? 백성들 백성들 우리 백성들. 앞선 임금의 조선이여. 우리 백성. 조선의 물과 땅이 생겨나 있는 백성들. 근본을 잊으면 어찌할 것이고, 조정을 잊으면 어찌하겠습니까? 살아가고 있는 우리 백성들. 마음 하나가 되어 기운 화목하게 하여 마중을 나가세. 바쁜 마중이고 마중일세. 어서 가보세. 바삐 갑시다. 하늘 말씀 가운데 하늘이 내린 말씀을 시간을 더디 지체할 수가 없습니다. 남을 살리고 덕을 베풀고 있으니 어서 갑시다. 바삐 갑시다. 부모 소식이며 나를 살리는 소식을 봄 바람에 물어서 찾아 들어오십시오. 단군님이 머리를 묶으셨고 머리털이 있으셨네. 단군님은 천신님인 듯하니, 마중할 때입니다."[36]

이 "還本精神옳은 사람 寄別가자 부른다"의 부분에서는 가장 한국적인 단군신앙에 주목하여 전통적 신앙관에 그 뿌리를 닿게 하려는 노력도 보여주고 있다. 곧, "단군이며 천신이신 님이 오시니 하늘의 뜻 마중하는 사람의 마음이 돌고 있는 마중이라네. 바삐 갑시다. 바삐 가요. 단군님 기자님 어디 오시나."라고 하는 부분이 단적으로 그 같

---

36 寄別寄別 바쁜 寄別 檀君天神 오시(니) 寄別天意人心도는 寄別 바삐가세 바삐가. 檀君箕子 어디오시나 萬仙降道重桃땅 龍華群仙勝剛山 死生집 뿐이 어디 天下心判金剛庵沈天孝誠 저 孝女가 我父 눈을 밝히고자 임당 水에 몸 팔려 皇帝郎君 皇后婦人變化하자 女媧氏伏義氏來歷을 알아내소. 眞木松下化한 사람 檀君消息아닐런가 百姓 百姓 우리 百姓 先王朝鮮 우리 百姓 朝鮮水土생긴 百姓 忘本 어이 忘朝런고 사라나는 우리 百姓 同心和氣寄別가세 바쁜 寄別이 寄別 어서가세 바삐 가 天語中天 내린 말 遲滯漸時 못하네 活人布德어서가 바삐가. 父母消息生我消息春風불어 찾아들어오세요. 檀君束髮有髮이네 檀君天神 寄別왔소.
朴善植(한국인문과학예술교육원) 註解,《참 精神으로 배울 일》, 古佛禪院 本(19세기말 유통)

은 특이점을 알게 하고 있다.

이 『참 정신으로 배울 일』이란 문건이 유불선(儒佛仙) 삼교의 신앙적 요소를 융합하려고 하는 의도를 지녔음을 헤아려 볼 때, 단군이나 기자를 언급함은 도리어 당연한 거론사항이 될 터이다. 그러나 그냥 단순히 장식적 효과를 꾀하고자 삽입한 사항이 아니라면 분명히 신앙적으로 유의미한 부분이 있었기 때문에 단군이나 기자가 언급되었을 개연성이 있다. 그런 점에서 눈길이 가는 대목이 "앞선 임금의 조선이여. 우리 백성. 조선의 물과 땅이 생겨나 있는 백성들. 근본을 잊으면 어찌할 것이고, 조정을 잊으면 어찌하겠습니까?"라는 부분이다.

'앞선 임금의 조선'을 기록하는 해당 부분의 원문을 보면, 그 표기가 '先王朝鮮'이라고 되어 있다. 여기서 말하는 선왕(先王)을 어떻게 받아들일지도 쉽지 않은 문제이다. 왜냐하면 선왕(先王)은 흔히 말하는 서낭성의 서낭을 한자로 표기할 경우에 해당되기도 한 까닭이다.

어떻든 이 기록의 집필자는 "근본을 잊으면 어찌할 것이고, 조정을 잊으면 어찌하겠"느냐고 하고 있다. 따라서 이 기록의 소제목이 '환본정신(還本精神) 옳은 사람 기별(寄別)가자 부른다.'라고 한 까닭을 이해할 수 있게 된다. 이 기록에서는 근본됨을 되돌이키는 의미로 글이 씌어졌음을 쉽게 추론할 수 있기 때문이다.

기록자는 그래서 또 재촉하듯이 말하고 있다. "우리 백성들. 마음 하나가 되어 기운 화목하게 하여 마중을 나가세. 바쁜 마중이고 마중일세. 어서 가보세. 바삐 갑시다. 하늘 말씀 가운데 하늘이 내린 말씀을 시간을 더디 지체할 수가 없습니다. 남을 살리고 덕을 베풀고 있으

니 어서 갑시다. 바삐 갑시다. 부모 소식이며 나를 살리는 소식을 봄
바람에 물어서 찾아 들어오십시오."라고.

그런데 '남을 살리고 덕을 베풀어야 함'은 이미 앞서 살핀 바 있는
"갔다 오는 화민인심(化民人心)이 마중을 나가자고 한다."라는 기록
에서 보인 내용이다. 곧 "다청다습(多聽多習)이 공부(工夫) 활인적덕
(活人積德)이 공부(工夫)"라는 부분에서 보인 표현이엇던 것이다.

결국 이『참 정신으로 배울 일』이란 문건 속에는 여기 저기서 비슷
하거나 같은 말이 반복되어 사용되고 있음을 확인하게 된다. 그만큼
이 문건 속의 신앙적 기조는 서로 긴밀하게 상통되거나 같은 맥락에
서 의미구조들이 구성되어 있음을 알 수 있다.

10. 삼인부(三印符)

이 『참 정신으로 배울 일』이란 신앙적 문건에는 크게 보아 유불선 삼교의 신앙적 요소들이 종횡으로 뒤얽혀 있음을 잘 알게 된다. 특히 이 '삼인부(三印符)' 의 부분에서는 가장 한국의 전통적 문화기반 위에 선도(仙道)적인 요소가 명징하게 기록되어 있음에 크게 주목하게 된다.

이 삼인부(三印符)의 부분에서는 기존에 《삼국유사》의 '왕검조선' 조 기록을 통해 잘 알려진 천부인(天符印)의 내용과는 전혀 다른 또 다른 상고시기의 표상에 관한 내용이 소개되고 있어 매우 흥미롭기도 하다. 그 구체적인 내용을 살피면 천부인(天符印)의 경우는 한 번 인(印)을 들어 생명이 있기를 부른다.[37]고 했고, 지부인(地符印)의 경우를 보면, 한 번 인(印)을 들어 멸망됨이 없기를 부른다.[38]고 했으며, 마지막으로 인부인(人符印)의 경우에는 한 번 인(印)을 들어 대길하고 창성됨을 부른다.[39]고 하였다. 다시 말해 상고시기에 세 개의 상징적 표상으로서의 인(印)이 있었고, 제 각각의 인들은 그 성격이 "有生", "無滅" 그리고 "吉昌"이라는 저 마다 다른 목적으로 소망을 빌던 상징이었다는 내용으로 요약된다. 이를 다시 정리하면 다음의 표-1과 같다.

---

37 一擧印而吴有生
38 一擧印而吴無滅
39 一擧印而吴吉昌

|표-1|

인(印)의 구분	주문의 내용	핵심 소망사항
천부인(天符印)	한 번 인(印)을 들어 생명이 있음을 부른다(주문한다)	有生
지부인(地符印)	한 번 인(印)을 들어 멸망이 없게 됨을 부른다(주문한다)	無滅
인부인(人符印)	한 번 인(印)을 들어 대길(大吉)과 창성(昌盛)함을 부른다(주문한다)	吉昌

여기서《영보육정비법(靈寶六丁秘法)》의 '무언법(無言法)' 항목의 일부 내용을 비교해보고자 한다. 왜냐하면 거론된 삼인부(三印符)의 인(印)부분의 내용과 약간의 유사성이 느껴지기 때문이다. 《영보육정비법(靈寶六丁秘法)》의 '무언법(無言法)' 항목을 보면, "초제를 제사 지냄은 정(丁)일을 맞아 한다. 상 위에 좌정한 밤에 눈을 감고 생각을 편안히 하는데, 상(床)은 인안(印案)으로 하고서, 한 면은 서쪽으로 머리를 두고 몸에 육정옥녀인(六丁玉女印)을 두르는데, 이는 구천현녀와 관련한 옥녀의 인(九天玄女管係玉女之印)이다."40는 내용을 보게 된다. 여기서 거론된 구천현녀는 헌원이 치우와 군사적 대립과 격전을 벌이는 과정에서 헌원에게 도움을 준 일종의 여성지도자이다. 문제는 그녀가 단순하게 정치지도를 하는 데 그치지 않고《현녀병법(玄女兵法)》이라는 기록과 인검(印劍)이라는 구체적 도구(또는 무기)를 전달한 점이다. 또한《영보육정비법(靈寶六丁秘法)》의 '무언법(無言法)' 항목을 견주어본다면, 현녀가 헌원에게 준 인검(印劍)은 사실 인(印)과 검(劍)으로 구분이 가능한 신성지물(神聖持物)이었을 가능성

[표-2] 옥녀(玉女)에 따른 정위치(定位置)와 휴대 인(印)과 도검(刀劍) 및 해당 부적

해당 玉女	서는 위치	휴대 인	휴대 도검	해당 옥녀의 해당 부적	비고
丁卯玉女	印角	東北印	靑蛇之劍	그림15. 丁卯玉女符	유일하게 한 종류의 劍을 휴대함.
丁巳玉女	東南角	불명	黃蛇之劍 혹은 白蛇之劍	그림16. 丁巳玉女符	
丁未玉女	印角	西南印	白之劍 혹은 黃之劍	그림17. 丁未玉女符	黃蛇之劍이 아닌 黃之劍이고, 白蛇之劍이 아닌 白之劍인 점이 주목됨.
丁丑玉女	印角	西北印	黑之劍 혹은 黃之劍	그림18. 丁丑玉女符	黑之劍만 거론되고, 黑蛇之劍은 아예 거론조차 되지않은 점이 주목됨.
丁酉丁亥玉女	左右	불명	靑蛇之劍 혹은 黃蛇之劍	그림19. 丁酉玉女符 그림20. 丁亥玉女符	

209

이 추론된다. 마치 한국상고시기를 거론함에 환웅(桓雄)과 연관되는 천부인(天符印)을 연상하면 현녀의 인(印)이 어떤 것이었는지를 쉽게 추정해볼 수 있다.

어떻든《영보육정비법(靈寶六丁秘法)》의 '무언법(無言法)' 항목에 서는 현녀의 그 인(印)을 보존하는 방법(存印法)을 설명하는데, 동북 인(東北印), 동남인(東南印), 동북인(東北印)서북인(西北印) 등이 거 론된다. 그리고 각각의 도장(印)은 옥녀들이 칼을 들고서 치루는 행사 에서 중요한 지물로 사용되었음을 알 수 있다. 그에 관련한 내용을 도 표로 요약하면 표-2와 같다.

한편 세 가지 인(印)의 설명과는 별도로 천지인(天地印)에 관한 내 용이 덧붙어 있어 그 해석에 신중함을 느끼게 한다. 원문은 "人能用於 天地印 三印明於天下善"이다. 그리고 그 풀이는 "사람은 천지인(天地 印)으로써 임용하고, 세 인(印)은 천하의 착함에서 밝았다."는 의미임 을 누구나 어렵지 않게 이해하게 되는데, 문제는 앞 서 언급한 세 인 (印, 곧 天符印, 地符印, 人符印)과는 달리 천지인(天地印)이라는 인 (印)이 별도로 사용되었다는 것인지 의문이다. 만약 천지인이 따로 있 었었다면 문장의 내용처럼 사람의 임용에만 쓰였던 것인지 문맥상 의 미를 확정하기가 쉽지 않다. 만일 천지인이 별도의 인(印)이었다면 한 국상고시기에 쓰였던 표징적(標徵的) 인(印)은 네 개가 되는 셈이다.

이 기록에서 네 개의 표징적(標徵的) 인(印)에 관한 내용을 이어 다 음의 내용이 덧붙어 전해진다. 쉽게 풀어 옮기면 다음과 같다.

우리는 서로 애를 쓰며 죽지 않고 화합하기 어서 성공하여 주옵소서. 하날님 전(前) 빌어보고 산을 보고 물을 보고(見山見水) 빌어봅니다. 죽고 사는 집푼[40] 피눈물 속 성의 없는 저 농민 도적, 못난 거지는 대통령 전(前) 황공하게 한 잔 길게 좋은 말을 하고자 상소하고 엎드려 빕니다. 빌고 또한 절하여 기도하니 아래에서 성인을 기다립니다.[41]

간절한 기도문처럼 느껴지는 글임을 알 수 있다. 그런데 이러한 간절한 글이 무슨 까닭으로 삼인부(三印符)를 설명하는 글을 이어 배치된 것일까? 이는 아무래도 삼인부(三印符)와 같은 제의(祭儀) 목적으로 사용될 부(符)와 인(印)을 역시 19세기후반의 시기에 여러 가지 혼란한 상황 속에 처했던 당시 민중들의 의례 속에서 사용했을 개연성으로부터 찾아볼 일이다. 근대기 민중사회에서 기도와 같은 글이 쓰였고, 거론된 글도 역시 그러한 용도로 사용되던 글의 일부로 추론되어진다.

이를테면 "하날님 전(前) 빌어보고 산을 보고 물을 보고(見山見水) 빌어봅니다."는 부분은 전근대 한국인들이 정화수를 떠놓고 아무 곳에서라도 빌고 기원을 올리던 여느 모습을 쉽게 연상시키는 모습이다. 기도하던 이들은 하날님을 찾았고, 눈앞에 보이는 산이나 물가에서 간절한 기원을 올렸음을 알 수 있다. 그런데 이 기도문에서 가장

---

40 앞서 언급한 것처럼 무슨 위미인지 파악이 쉽지 않은 표현이다.
41 祝又且拜禱下令待聖하나이다.

증오하는 대상이 엉뚱하게 "피눈물 속 성의 없는 저 농민 도적"이 되고 있는 듯이 여겨진다. 관청의 탐관오리 정도가 아니고, 농민도적이라고 한 점은 어찌 해석해야 마땅할까? 기도문에서 딱히 다른 세력을 성토한 것이 없는 것으로 보아, 기도문을 작성한 사람들이 가장 증오한 사람들은 당시 똑같이 농민출신으로 도둑이 된 사람들일 것이라는 추론을 할 수 밖에 없다.

한편 이 기도문의 말미에서 "빌고 또한 절하여 기도하니 아래에서 성인을 기다립니다."는 내용은 기도하던 이들이 학수고대하는 대상은 '성인'으로 지칭되는 존재였음을 알게 한다. 그것은 이 『참 정신으로 배울 일』이라는 신앙의 문건 곳곳에서 보였던 증산(선생님)은, '미륵', 또는 '예수'나 '수운'보다 더 귀한분으로 『참정신으로 배울일』의 대상을 증산(선생님)으로 설정한 것이다.

비추어보건데 그 당시 19세기 후반의 힘겨운 고난의 시절에 기층적 서민들외 일부 식자층의 신앙적 활로의 정신적 지주 이였음을 위 기록들로부터 확인해 본다.

戊子己丑
丁未戊申

참精神으로배울일

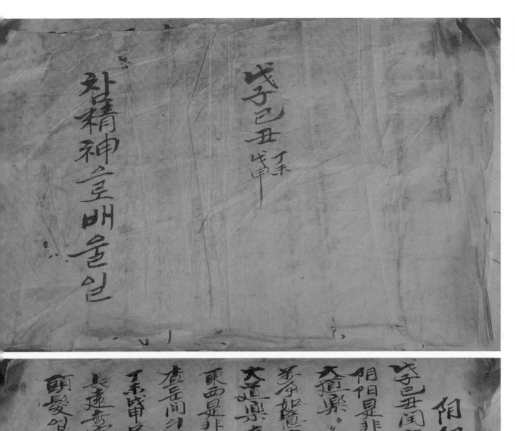

阳阳是非 우섯나 歌

戊子己丑閏有千音丁未戊甲 阳阳是非 우섯나네

大道樂 々々 矢地阳阳大道樂天下故一大道樂

阳阳是非 우섯나소

茅亭起道大道樂五道春風大道樂風々起々

大道樂 五右是非 우섯나네

東西是非 우섯나네 內外間에저是非々々 우섯나고

直岳間이저是非々々 우섯나다 〆念音 뉘알니라

丁未戊甲 品인다次々以右두五卜 大道春風이春風

長遠無窮 하十나

頭髮업スス구구有髮是非 우섯소

〆月二十二日

213

多言한 天言을 見聞而不知하고 無道而章야

言者二서 (三)　　　天道二非道면 不可言道

가니라　吾何非道而敢言고 天見者是何耶教耶

勿爲耶教言하라 見者耶教補言이 道不知故야라

吾言農夫라 農夫不言이요 天教行之爲言이니

天教其言이 農夫言이며 農夫無

識이사람 무삼일고 以年被年死生집푼이 苦生을

血痕紅流가바난고 鳴呼라 저意且아니가죽어니설이

아네밋국섭들러바라 네죽섭내죽섭이 又寃통

死국어어니 서싯품이니셋품이라　天皇地皇復

化클州 人皇氏서州낫재　龍巳是非死利歸三重

五帝겂有야 尭舜 祖心부랏야 天王風

再生身을 天地大道내리大條 여수와서어되잇고 諸佛

仙이어듸잇야 仝道主人心으로 날차기을 둘覽찬고서

수와다等別잔즉 謀略猜忌무삼일고 젼不知니들

아여수謀를 니하말라　불상찬西祥세수 불상찬東

詩에수下降天 解寃이라　東西辨이사거날써 西學

와서날을찬고 東學와서나을차자　尭舜春心분然

늬도言은是非니겨서 一道知氣改이의 是非憂니

이學倭染疾 짓지마라 네無道을살이잔코 祝願

祝手비러밧가 其本水土인상의생겻두五 有髮

이耶教던가 身有의니頭髮을 我其本불나五作

壹竟豊無髮고 大道侶佃初精神이 其我見

德春情表가 顔髮에가 西神無髮有髮하자 延室

라 이달色을 네와나와 裁判 할진딘 裁判所 저양반도

이달 裁判네罪아라 나를 明覺善能知而解能知오

大統領이 聖道도 이달 祀間道戒春善矣리라

明覺知之하

一心生長

우리先生任은 眞天地로 合其德 하시엿소 하날과 상으로

其德을 合한길세 하날과 상이 누구로더부러 其德을

合하겟소 사람도 사람인것안이요 이사람은 天씨大至善

大至誠찬 양반이요 天下의大至善大至誠아이고 는 새을

맛추와 天地가 사람의게 臨하치못하리라 그런故로 우리

先生任에서는 能히 陰陽을 아르시요

天地께서 우리先生任 身心에 降臨하사 天地萬物其育

하신 動靜홈소

日月로 合其明 하시엿소 날과달노더부러 其明을 合하

일때의 누구시요 아마도사람이 날과달노더부러 其明을 合하

그런만은 사람이 月月精神에 습하여 문故로 能히 발근

달을하고 明者圖書月月임소 그런故로 圖書를能

흠하시요 이럼으로 우리은아요

興四時로 合其序 하시엿소 四時로더부러 其序을 合

한이 四神이 사람으로더부러 其次舊을 合한것산뇨

四神이四帝요 四帝가坱 五帝요

五帝은天下江山萬國이요 사람반이누시요 곳天地父母

서서 이양반이 四時을 단치서니 곳 元亨利貞이요

仁義禮智을能라알라말하시요 그런故로아요

退鬼神의로合其吉凶 차잇소 鬼神으로더부러 其

吉凶을合하실써스 鬼神이사람으로더부러吉凶을

合한것이요 그럿타면사람이鬼神이요鬼神이사람

인것아니요 鬼神과함꼐죽여보고사라보심이시여

이모든물들을입으로다말할수업소 기록키요

億兆蒼生의罪惡임이고 또正病지닐제 천一筆로 (6)

記錄키고 萬民의죽엄을다죽어보고살여심

신시여 養生을 任意로죽어업세

보심이시여 道德를心의전죽엄도사양반을차자소

죽어보고 사라나니 恩德은다반英쓸것업세보시고

다반쓸업슨수살여잇게 하신누구시요 불상하고

살펴치고 도오又두 차하시요 恩又威 다하시니 天地父母

시여 누가잇쇼 누가안이즈오잇가

이분 치도 쯔써이섭소 수리은어서쳐져救援첫소 참 (7)

鬼高德厚 하신 鬼德이시여 수리은어서쳐져報

鬼친시다 이불상하고 무서수신이사람은 어서쳐져

救援키은 其覺찬써 아지못찬 또사람 是非찬

불과 俗情하고 미워하고 寃讎들치기

부상잇고 德者는 其我萬物之德也요 明者을

敎化第億之明也요 序者은 그小其死無私之

序也요 書畵者는 그小養其兼死撓生之吉

武也니라

龍巳起陸이란뜻은 龍판가其巴에不安한때

이앗슬듯은欲後其道 한난사람이入於山中澳廣에

天下是非이러나天下是非生起利端잔단맛리라

이싸은天下平國氣神이차로산쌔지고다시사람

起爲皇돼와天天公事라는칠것은다오은하고

뭇咸하껏슨다뭇咸한데라 이것은 天皇地皇

人皇三皇五帝天地開易陰符仙佛徃東西南北

나進化내兵쓸껴슨가呼柔가업시고 自十七로마니

쓸껴슨다呼柔다살인天地人도更天地人시오

萬物도更新萬物進化無窮 推測타가竜巳起陸

是非利端生起果官惡利端을 天地人兔利端

四라利端天下利端 天下軍利시各氏을伏義씨

民巳뭇人員다려 竜巳起陸물려보일

道德은구구을閏달차고 죽엇난心拂은 닙소다사람

웃이고껴십푼마음쓴이시오 우리는차엇난님前

莫惡不變하잔言術이오 그런故로우리는서로勸

善하자서로웃자孔子라서로村記잔맛쌤시오

웃이은할하잣난님前 祝手하기요 官廳善心和하심

시서 여성成功하야百姓이太平世보기로致誠하쇼

道德이잇스면 道德숭이과서사햇껏산내요

차러잇소쏘 善한을넉다내게 끈두것시산니촛소

사럼에 寬痛한일이잇스면 구新寬을합의안나촛

소 이첫布德은天下萬國이가아라아면하쇼시익

처란잇다이서나니요 寃恕하자쏘潛々히싶見하보시요

압끼와도승部서 通風차시와 何細히이게하신다

면天有切시이오 뭇룬데 업시앗드시면 萬闊이다

喜悅春心마음情이오 同心합시가 海印조화바

告天心하시세

心性은 龍性이오 在野는 農夫 在野 心性이오 天地

父母萬物肯친 父母기요 合德은 陰陽合德이오

天地合德이요 德者는 一体로 찬나도 안배고 살신단

와리요 叫昭感惠忘牛馬鳴 龍化人生天下萬物生我

之兒一心同力亡不忘我生之兒一心同力이요 世界

所立은 家人人各人心主所立과 吾心主를씨워아

하는맘리이요 吾主所五은 女心主음五요 各人心主

하는맘리이요 吾主所五은 女心主음五요 各人心主

아제吾心主씨워 吾主所立이만 달리요

海印바다 昔天心至誠하면 發禍消滅福이오

吉凶바다 更新하고 그른마음 슬나지고 善心日来

退惡되고 自然合心 父母마음 父母恩德 갑파보고

家人人太古日月天地造化神灵感이잇내라서시잇다

海印바다 昔天心至誠하면

歐禍消滅度福이오 何人昔天天不感고 天地感應

이세롯가 海印바다 昔天心至誠하면 戰地質心成功요

兩戰도和合이가 各道各教和合이오 何灾不滅何福

不瑋의단맛가 東西罪子의天視天合魂갯시요 神助

天佑도잇소에 万人受福致新이오 悔心運精改新

고着眼時不和矢精되는이世上게언二뉘가海印바다昔

天心吴제보五 人人마다마바다시昔天心하나보소

道道가 教가 바다서 告天心하서 보소 正大東西이

世또기 告天心海印바가 至誠하야 아라보신

이세라요 萬事知가 自正中中文世時이세무다

九宮四宮세 마주와 時中君子 차자든가 天意

섬기四海잇사 頭髮運數 壯히죠다 頭髮

두고 戰爭가면 사니죽고 勝戰이요 亡國同事倭

놈닛고 勝戰업서 悅初心大運되니 天意人心

堯舜일세 左便세서 人心믇면 安民報國하세

되고 左便세서 人心믇면 合和朝鮮大運이라

心合和하니 大昌萬年朝鮮이네 左右업슬 生覺하

心合하잇서 이더리 움구러서 차는말 思哉라海印

任세서 誰不至誠罪得天五 天醉海印차니 圖濟

蒼生의붓 何者가 罪犯於海印徒고 天心誅之無所

禍곳다 天下無窮皆病勢라 昔天心受海印을

天策神鞭掃病疾하니 春病回春海印藥을 긓風

長安同春業이 無難海印하니 天佛傳이라 是故皇英雄從海印

하能手運殺이며 男子서 文章之輩非能手라 覺知海印

真能士를

問天地父母命令答세

天地而露之澤月日烛未四뭐行序生萬物曰天地父母

하차심이잇서서 그리나 天地無言하시니 象人이엇지

天地父母命令 하신바을 들어살이요 天地갓가신

有語之聖天教化命令이신가 더부른직 或德明

序言凶四端을 맛하하시니 武天地人三皇五帝

再生한 龍巳起陸을 온은이여을 仔細히맛차여
주구나 武左의記脈을 祥細히言女子衆人
게無疑커하라 人呼天地父母로되 天地無應
無參하시고 聖呼天父母하시니 天地父母氣相
有語하시다 天具聖으로有諸하시니 天語曰
聖言이라 即聖言命令이非天地命令이含닛가
易에月具天地로合其德하시니 即天地父母요
高傑裏子民하시니 上帝在人之心身하시니 即天
母시여 天地大道가件在於人之心身하신다면 天
父母로다 러하신다면 天地차신다면 即天
地차신실리 天地차신실리 사람이
곳차신실리요 天地차신실리곳 聖人이차신실리
산녀조너가 이런故로 天地命令차심이시여

吾聖即之命令으로소이다 다시올사이다 다同心차시나
다心차시나 祝合차시나 吾師시여
共天地로合其德 차시였소 其日月로合其明 차시였소
共四時로合其序 차시였소 共鬼神으로合吉凶 차시였소
龍巳起陸 차시였소 天地人三界大化再生하신
알배이요 此人身生神農氏 彌勒
世차시며어밧소 차佛로되여밧소 釋迦如來로되어밧소
老子로되여밧소 天下之神明諸仙佛이 都來合其하신
누시요 吾師시요
天地大道聖人을 死葬에 天자안너다 埋死塚가
仙源種桃생이요 男女変化 結頂而死이사람웃
산년나도사 同住死 住其이苦生 이시여男女죽어

易道을含混沌天地開化라 天地人之更新 元

天地氣運십수있서 무서우도소 億秕春長生산州

자을믄덕적을懺悔하넌 앗고보면 뉘가아니悔心되며

뉘가아니슬픈마음改過迁善안되오릿서

今時현生在세서넌 竜巳起陸變化을한신상반니오

竜巳起陸은天地人之皇五帝變化역々찻즈거시오

天地之皇五帝넌東南出世天上天下萬国之事오

今朝鮮이비록젹구나 天下萬国之氣神이都會한

줄을쉬기武더러아섯난지오 三變成道九變九復오

아라사士会成道넌앗거시오

氏巳형人音神農氏人身生育都是彌勒彌世牛佛

之事라 찬以수의虛無맛소 妙々高々虛可不知

実其可知維記維言不可測量이오 일옥의易道

乾坤之証更明之理가이지오 無量之時이새오

無征不復으時이새오 天下皆大病之時이새오

天下皆終皆娮之時이새오 天地殺氣人殺氣欲到

無慶이대단맛이오 天下皆事變之時이새오

天地人이皆變이란맛이오 뉘가知終知始去回従新

以従道을앗오잇人者我들르시서 앗기소

竜巳起陸은天地人更新變化脫甲死此之再生

消息이라오 天下皆死是非을이수에아라비오

天下心利이神仙都会處神利 ㅣ오 슬々찻저精神

禄桃샜서그라오 丈会巳民피차갓고孝烈善

彼議論되니 道德祖気어兑여서 扰寓黄道

년도의 姬割 金針 伏羲氏가 彌勒이즁 □가잇스며

天惡毒□身변化滅亡인즁 投鞭 □가잇스며

草木神農氏가佛신글□가잇스며 天下惡毒每저

疾病을 皆變化가滅참고 삿여낸즁 春□其念

누가잇스며 봇삿하다의道德 시스여 天의맛삼하시니

맛삽이시요 廣濟蒼生하시자고 ㅋ자敎하신죵□

을書사惡心 헛가 怠怒心이잇고 보면 精神도라오

련나外儒佛仙念 分明안코 東西洋仔細아라 合

萬化元燃신즁宇宙江山아라내요 하날님이차신

맛삽나모차고 자네앗고 왼世上이가 아라라차신엿소

우리先生쎄서는天地合德 하신양반이시요 天地合德

은사람의符合天地合德 하신단맛리요 合德愚心夫

愚女居室之間 門陰合德이란맛삼이죠 合字는

萬物之氣能羽能敀合이요 德者는萬物之其育

德也요 우리先生쎄서는 日月合其明하신양반

이요 月合其明은사람의符合日月合明하섯단 맛

삼이요 合明合愚夫愚女居室之間內外合明이란맛

삼이요 合字는萬物之明照光一照 合也요 明字는

內明之神明日外明之人明日天下大文明也요

우리先生쎄서눈四時 合序를하시엿소

예수弟子高別간다

예수信夫子리弟子先生任消息을드러밧다　先生任消息

운동드려반소　上天下降人間온세　거짓예수가섭섯쓰니

참예수人間남아　新民의로도와주사잇세　衣冠文物頭髮

의神奇하고心妙하다　萬民中의다른百姓　雷霆霹靂

일곳세　無人天地다찬나　나롤붓러의러나니　毒代江이

天地의信仆者는　세수한소父母消息이잇진댄의消息이

쇠消息고　上天下降수리先弟子下降와서高別하네

上天에全불르거든　下降人共가라보소　天下氣有生의

부모자제옵上天氣다내렷네　遲滯잣칫눈파구가

積善之家룬분묘면　天地暗暗不顧慮라　만나못세

참보서　서가서밧비가세　밤묜가룰시世上로　西來

人心잘삷피고　東來人心잘삷퍼서　예수弟子降仙人心

예수弟子上天가서　예수밧다　偉人와서　예수弟子降仙人心

寄別하시메　無道言之안난달룰　넘어듯고　遲滯

타가인션분다룰시고　遲滯타가이션직분다룰이네

萬軍大成되거늘메　예수付記不穆의라　二千年사에

오진예수東洋왓저　西洋와서　東洋大明밧군高別

西洋서라高別이네　신연왓거든不違言約을

푼녁쏫게救援하소同道狎或東西大明손께狎違

解寃平世今秋萬世大道初樂㐄乙今도다　우리寃

先生任消息乞가소

예수降臨消息간다

永靈弟子消寃밧소　枓

消息왓네消息왓소　水雲先生任消息왓네새잇쏘면

오만때　뜻을모닸卩水雲을모닸인새가되야　오서시계

雷聲霹靂置天宮天諸仙作伴나려옷대　願爲大陣

뜻시잇서　作畫魔鬼섭서잡고　死生康쇠大道運殺

... 水雲帝子高別왓소　己乙合德

거기서서　때時感應아닷거든　心同力차자듯소天門宮

의써린大陣運殺로願못해봣새　先生任消息윳윳윳...

天道行事教化分明無疑어이닐고　찬발잣첫새　運殺

... 先生任消息윳왓소

扶

龍山... 高別갇다

高別가새高別가　高別소네高別와　水雲高別龍山

消息소소듯새께잇쏘？　死生康가서대요　龍山開生

... 天工...身　뉘消息윳윳들러　때時感應

... 天人任政...和陰符生舜性震鳴龍華会上下傑世

伏義몰리彌勤消息生伴거자　天下左医右病田春

海印藥運泄못할의時間　先生任消息윳들러소

龍山開生消息왓소　扶

갇다요　和民人心高別갇자분다

갓자人서서人가가　소니라ㅅㅅ어서ㅅㅅ오니라　感心和

... 新民道恩들러소　新民

消恩이消恩傳해기도밥보고　보내기도밥부네　送怨々

... 어서가消恩傳거서서가　저리소소서시와

別가새서서시와　多德多番이로天涼人積德인로天布

德게어서와 活人차게어서와 和氣들너다 품어오른

사람이되면 善한사람이 가온딩나 太平聖世 生義

直父母맛 消息傳하왓소 解化人心수리 人心皆新

天下앗소 이지못한이 消息 잇지말고라오

克解新民消息왓소 誠

課本精神으로 사람高別되 난다

高別父밤비가새밤비가

뜨는高別밤비가새밤비가

高別 父밤보 高別 檀君天神 으로 高別天意人心

檀君葉子서되와 萬仙體

道禮能님 北化鮮仙勝間山 死却지분싀싀믜 天下湖

金剛龍池夭孝 誠처孝女 我父母祀맞기자싯갓

水의쏨맛네 皇帝郞君 皇右婦人變化차자 女媧氏

伏義氏未歷 솜아따이소 眞水松下化찬사람 檀君消息

(24)

아면가百姓으우리百姓 우리百姓先王朝鮮우리百姓朝

鮮水土生긴百姓 忘朝라고 살나나난 高別

우리百姓 同心和氣高別이 高別

밤보高別 밤보高別

서리가새밤비가 天語失나린떳 逢深漸時도화

消人布德이서 밤비가 父母消息 生我消息春風

붓차지혼소 檀君東髮有髮이네

父母사랍 高別간다

檀君天神高別왓소 我

天地陰陽婦夫合德 父母아지 高別리요 合德

中의솜찬氣運 난나주니萬物祀生不親自親하왓소

야사람되고꾜를젠 禽獸이分明하네 天新地新人新되새

三方合一父母不忘消息이요 天新地新人新됫새

父母업시 사람잇나 삼으로 삼긴사람 人生於寅 서

역쳐소 天官地官臨上臨下 龍化變化되난사람

每見不忘하자 高別리요 乾이되고 變化하니 河馬

先天후 日月明鑑 잇는사람 어서 밤비 쳐자 보새 天臨

壇 되엿쓰니 어느곳에 天地臨汝 되단엿가 天善

地善 되여서 보 人善보 와 下修 天鲁民 父母消흿

요 天下溫다가 어오 이런일은 업섯쓰니 仔세두고

仔세보와 세데로 五 세데로 소 釋迦如來게신데오

사람흐로 와 보고 死舞하 孟께 법헛임도 사람흘

도와쪼니 萬古無比 뉘숭년고 삼고 면福이로새

萬物祖主 父母消흿이요

我

26

寄別傳찬下山僧

南無阿彌他佛 觀세音菩薩

於虛於何 何々々 何々々々々

叫馬叫馬 我々 我何 我於 我々何々々々

天地陰陽五行 理氣佛言니 의생기니 收藏

하름내의 佛의 殖勤세世生佛 모든佛되生長

하니 世物生長되야난가 下山僧에 낫잇거든

山僧흘불너오라

馬何我 我摧 馬覔 人馬叫

彌勒世消息왓소

言答

제오리는하쓰니前 正誠虔願 빈는사람이요

27

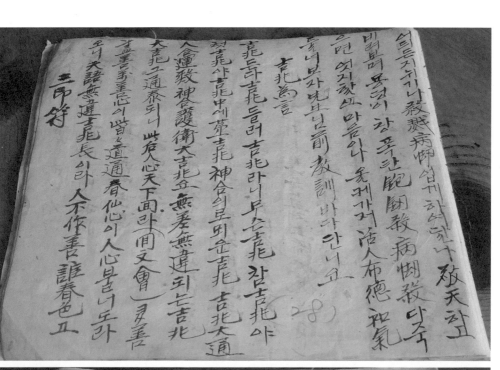

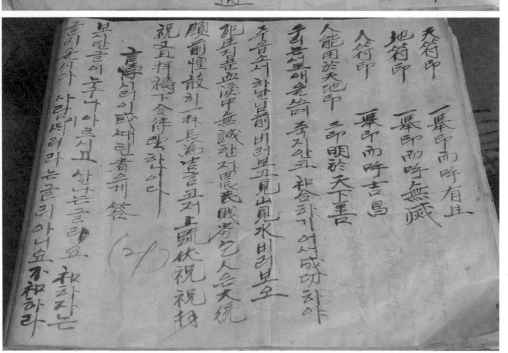

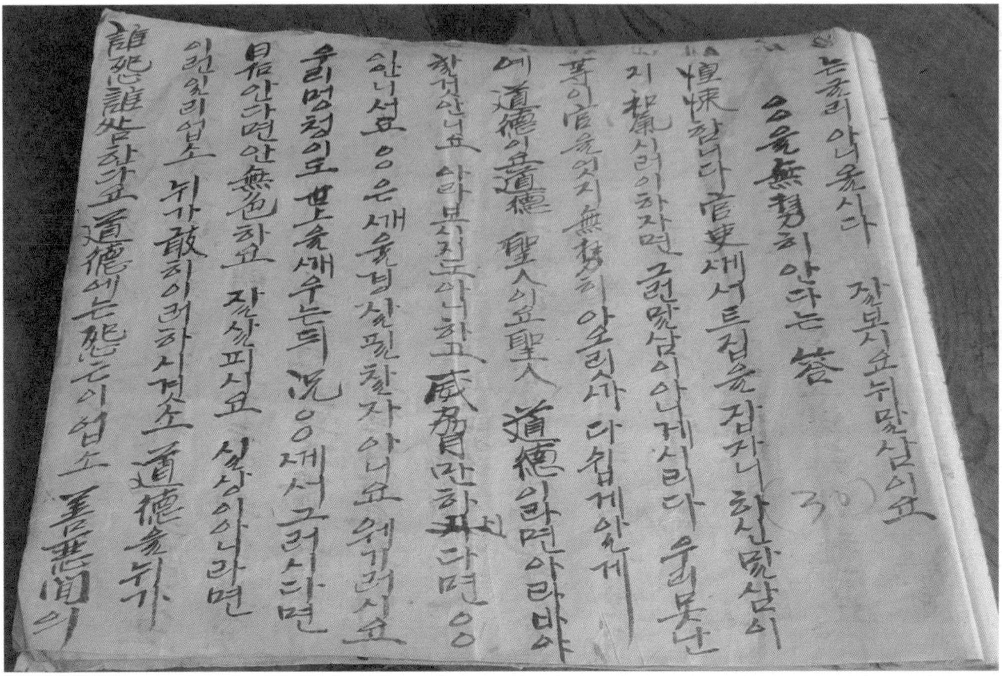

논죄의 인의 옷사다 잠ㅂ지고 누멋삼니요

응윤 無행히 안너는 答

惶悚합니다 官吏 새서트집을 집진니 하신멋삼이
지 황恐시러의하자면 그런멋삼이아너게시리다 우리못난
쪽이 官을 엇지 無행히 아오린사 다십게 아ㅎ게
에 道德이오 道德 聖人이오 聖人 道德이라면 아라바
창것산너요 사라봇지도어니하고 感응만하고 나
산니섭요 응은새윱님신펼첫자 아너요 웨그러신니요
우리명칭으로 品보윱새우눈의 況응제서 그러신니면
品안라면안無色하고 잣상피시요 실상이아너라면
이것하리업소 누가 敢ㅎ이어하시ㅅ고 道德은 누가
韻念誰샇하고요 道德에는 能스이업소 是非問의

다산이눈의 상의은 見切은 姑捨하고 너머는 道된다면
그아니 봇산하오 俗懇하고 잣상피시요 풀러지ㅅ도
예 罪업은 百姓은 司히 매쌔리지 못하는데 웨 아라보거도
안하고 매눈이리심차시요 그헛하면 오눈百姓은 봇상하야
옷소 天地에서 感應하소 오눈사람을 살이신다고 풀러지�
요 예사람은 道德욱수가 사람되는 道德을 보르면
父母을 보르면 父年을 봇르면 天地을 보르면
찬나곳산수업소 天地自然한 사람이 만한사람을 실어
내게 道德이오 忘道德이요 거짓道德이나요 天地
우리도 응윱도와 百姓윱兄弟覺하야 찬헌리요 가옷고
父母眞道德읏요 道德이면 法서도 맛지지안너찬나다
父母眞道德읏요 聖人의 道德이요 거짓道德이나요 天地

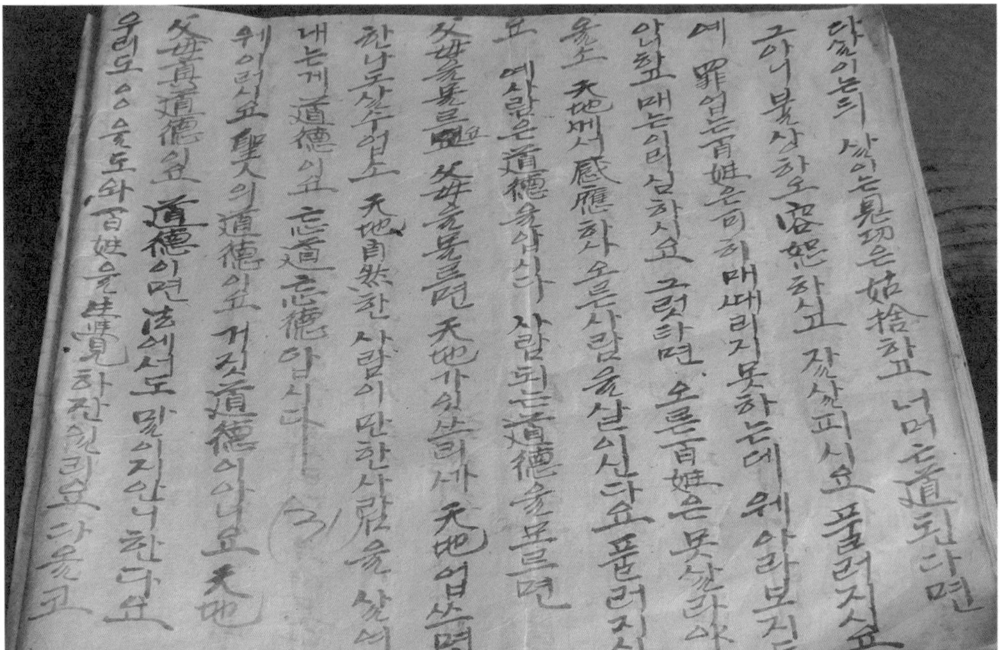

흔한 일만 하시면 안하겟소 그런데위 이야보지도아니

찻 잇지 誤解하엿셔 서로찻신펴 世上만 조토록

찻다 앗아도 잇즐찻못하면 못쇼 우리서보覺

참 新釋찻다 됴흐시 갑찻셔 道가막힌武妙

또 道가엇서 이러저리 百姓塗炭 엇지혓것시쇼 ③

道開未明世界하니 양반말삼을 보는게로 엇서

법새쳐다도요 골로서 書오詩語言而歌之蒼生

분는듸 맛츳과 奏春이말해쓰니 求해보고 엇보

왁 밥비마음새서 海印바다 致誠찻고 一同力和某

착혼다 요묘쳥묘은 으은맛라야도요 쳡묘른만맛

믄대산이섭시때못른간맛리요 신래순정신차려아도요

언제인즛아시요 밥쇠지낫진지못를면 尺尺急분別못

찬뉘굴너고 이제은 빗이가 해써웟나오쇼 庚方廉

而者無逝하니 春末有情太陽光시라 太陽光頭에

雷群心하니 誰敎焉逆電火前고 陽氣新發

霹靂轉하니 莫不寵然仰天見요

에道德 안닌것시 道德신레찻고 착한님맛삼안닌

것시 天語라하고 感世誣民하니 참때歎이어니와

聖人이라하고 聖人도아닌것시 妖스한맛노

참道德이라하면 엇지참닌셔 참聖人의맛삼

이요 참하났넌 맛삼이롯소이가 真正찬天語시쇼 ③

真正찬聖語심쇼 真正찬道德이시니 잔새서신펴

붓게 마음을참가지로念善心으로 同力하게하

옵소 道德도簽해입고 聖人도所用업고 天地言

도를깨엽고 퉁퉁롤쏠때심째랑이면 멋으로 百姓
을 勸善安民 하오릿서 왼번마음真正하시오
道理를 覽하시면 百姓을遺 힝報
国순다뒤의게 잇슴니까 또와서遺覽하시와道理를
行합시다 法도道德에나오너리가 다홀른하시고 正
同力하옵시다 君子倭人의 學識갑꼬은 亡国同事
산친다고 청天舌無比之聖人나오신다고
世사람凌蔑히 알깃산뇨 雖農夫兒人의라
도天地道化道德만케신다면
참무서옵소 思오文思챠옵소서

(36)

최떠은가 최씨은가 史의 듬신 최은가
陽要阴道가신 良班阴要阳道오시다요坤道
成女太阴月리요 乾道成男太阳日을 마저못시
桂樹草木精神이日中宮의되와등고太阴月도줓
처만은太阳日윷자시보와 東西伴ネ分別하시
在月明의잔의근디 曙光天의나리스다 曙光天의
잠을깨너니日麓 못붓바기外 星月天늬러오니
日合宮의精神人오 東風부러南風부니四月天의
今時몸 左坆行事로만두오 男坆行事로러보죠
가당오는서는곳씨 成天地가되단맛가 天따合德저良班
任천더운리 마기가ㅅ

(36)

230

血淚恨心語當生共安傳

찬숨의로 벗을 잡아 血淚로며 윳가 懷抱만찬이

람이 무삼 懷抱러러차 죽엄 " 人生죽엄 멋첨

이억게 무삼파게 업겄만는 天意하새 이러차가 苦年

진풀이하랴이 닷부시토수고보니 恨心이요 恨心뎌저

不他歡意 뼈젼이 간뎉니나 짓지맏소

佚宽讒 짓지맏소 天地父母生覺하때 同父母之

子孫일로 兄沖作言 짓지맏소 天地恨心 바랑而淚

지니 天地不安 作言宽讒 짓지마소 左右門言무으러

진면 於乞츰나굿라보네 日月갓치밧근 氣運늬

祝氣룻튼투깃나 虎辭者츠替成하니 하뇨 佐이늑기

느기요 後間者흣 두채替成하니 하뇨 佐이늑기

싱둘라보네 時合天地때 맛추니 엇자니 ㅡ조

죽음가 이땐집피붓당얼소 이땐만일 헛땟차면

사람이 天地大罪못띤차나 無疑되는이맛프니

맘음부다 還積차소 웃라오고웃라오면 그아니春情

和氣生이인가 無憂和閑寿世定하니 天意自然

起東風욧東風起雲ㅇ薰하니 解溫

天地無凍色이라 來ㅅ春色是狌親하니

誰不好生誰死오 不

不句陳來佃心无 見此語松能知득이면

大道天下降令이시오

太極이肇判하사

天開於子 地闢於丑 人生於寅

거북이 인장 청동(조선시대)

가로:2.5cm 세로 2.5cm

天心經

無極이 有極에 惟精惟一호니 天動以後에 地靜호고 地

靜호고 地靜以後에 人生호고 人生以後에 心正호니 天爲日

月星辰之君이요 地爲利慾十二之君이요 君者는 鬼요

心者는 元也니 半卸方塘에 天君이 座定호시니 地

君이 座定호시사 方塘丹田之間에 日月星辰이 四會라 四會

之間에 惟人이 最貴호고 萬物之中에 惟人이 最靈호니 邪不

犯正호고 妖不勝德이라 天奪邪氣호니 邪氣自滅호니라 誦

伏羲之先元호며 誦文王之後天호며 法周公之正心호며 法

孔子之仁心호야 天皇氏 始傳之地皇氏 地皇이 次傳之

人皇氏호고 人皇又傳之文武周公孔子七十二賢호시니 諸惡

鬼는 遠去千里호라 唵~ 吸~ 如律令 娑婆婆呵

天心經

無極이有極에惟精惟一하사天動以後에地靜하고地
靜하고地靜以後에人生하고人生以後에心正하니天爲日
月星辰之君이요地爲利慾十二之君이니君은即皇皇
心者는元也니半卧方塘에天君이座定하시고丹田에地
君이座定하시며方塘丹田之間에日月星辰이四會라四會
之間에惟人이最貴하고五萬物之中에惟人이最靈하니邪不
紀正하고妖不勝德이라天尊邪氣하니邪氣自滅하나니라誦
伏羲之先先天하여誦文王之後天하여法周公之正心하여法
孔子之仁心하니人皇又傳之文武周公
人皇하시고人皇又傳之文武周公孔子始傳之地皇하시고地皇이次傳之
恩怨速去千里唵唵吸吸如律令娑婆訶

천심경 증산 강일순 경 35*25

천심경

책저자 본인은 2014년 12월에 인터넷 지상에 천심경을 공개한바 있다. 그 당시 인터넷상에 올린 자료들을 공개한다.

1) 참사람을 찾습니다. 2015.7.18 - 증산 상제님의 천심경

천심경(天心經) - 증산 상제님

無極有極에 惟精惟一하사 天動以後에 地靜하고 地靜하고
地靜以後에 人生하고 人生以後에 心正하니 天爲日月星辰之君이요
地爲利慾十二之君이라.

君者는 皇也요 心者는 天也니 半畝方塘에 天君이 座定하시고 一寸
丹田에 地君이 座定하니
方塘丹田之間에 日月星辰이 四會라.

四會之間에 惟人이 最貴하고 萬物之中에 惟人이 最靈하니 邪不犯
正하고 天不勝德이라.
天奪邪氣하니 邪氣自滅하니라.

誦伏羲之先天하며 誦文王之後天하며 法周公之正心하며 法孔子之
仁心하나

天皇이 始傳之地皇하고 地皇이 次傳之人皇하고 人皇又傳之文武周
公孔子七十二賢하니

諸惡鬼는 速去千里唵唵吸吸 如律令娑婆阿

■해설 : 무극유극(無極有極)하니 오직 정신을 하나로 모아 천(天)
이 동(動)한 후에 지(地)가 정(靜)하고

地가 靜한 이후에 人이 생하고 人이 생한 이후에 心이 正하니

天은 일월성신의 군(君)이 되고 地는 이욕십이의 君이 되니라.

君이란 것은 황(皇)이요 心이란 것은 天이니 반무방당(상단전 : 上
丹田)에 천군이 좌정하시고

일촌단전(하단전 : 下丹田)에 지군이 좌정하시니 방당단전(上丹
田) 사이에 일월성신 넷(인체의 뇌)이 모이니라.

일월성신이 모이는 사이에(하늘을 닮은 뇌가 있으니) 생각할 수 있
는 사람이 가장 존귀하고

만물 중에서 생각할 수 있는 사람이 가장 신령스러우니

삿됨은 바른 마음(心正)을 범하지 못하고 요사스러움은 덕을 이기
지 못하니라.

하늘이 삿된 기운을 없애니(네가 삿된 생각을 하지 않으면) 삿된 기운은 자멸하느니라(삿된 기운은 저절로 없어지느니라).

복희씨의 선천을 노래함이며 문왕의 후천을 노래함이며
주공의 정심을 본받음이며 공자의 인심(仁心)을 본받음이나
천황이 처음으로 지황에게 전하였고
지황이 이어서 인황에게 전하였고
인황이 다시 문무주공과 공자 칠십이현에게 전하였나니
모든 악귀는 속거천리(어서 멀리 물러가거라) 엄엄급급 여율령(즉시 명령하노라)사바하(이루어지리다)

[출처] 증산 상제님의 천심경(天心經) | 작성자 일무

2) 2014.7.27. 가을향기 천심경

천심경(天心經)

無極有極에 惟精惟一하사 天動以後에 地靜하고 地靜하고
地靜以後에 人生하고 人生以後에 心正하니 天爲日月星辰之君이요
地爲利慾十二之君이라.
君者는 皇也요 心者는 天也니 半畝方塘에 天君이 座定하시고 一寸
丹田에 地君이 座定하시니

方塘丹田之間에 日月星辰이 四會라

四會之間에 惟人이 最貴하고 萬物之中에 惟人이 最靈하니 邪不犯正하고 天不勝德이라.

天奪邪氣하니 邪氣自滅하니라.

誦伏羲之先天하며 誦文王之後天하며 法周公之正心하며 法孔子之仁心하나

天皇이 始傳之地皇하시고 地皇이 次傳之人皇하시고 人皇又傳之文武周公孔子七十二賢하시니

諸惡鬼는 速去千里唵唵吸吸 如律令娑婆阿

> 무극유극(無極有極)하니 오직 정신을 하나로 모아 天이 動한 후에 地가 靜하고
>
> 地가 靜한 이후에 人이 생하고 人이 생한 이후에 心이 正하니
>
> 天은 일월로 성신의 君이 되고 地는 이욕으로 십이지지의 君이 되니라.
>
> 君이란 것은 皇이오 心이란 것은 天이니 반무방당에 천군이 정좌하시고
>
> 일촌단전에 지군이 정좌하시니 방당단전지간에 일월성신 넷이 모이니라.
>
> 일월성신이 모이는 사이에 오직 사람이 가장 존귀하고
>
> 만물 중에서 오직 사람이 가장 신령스러우니
>
> 삿됨은 바른 마음(心正)을 범하지 못하고 요사스러움은 덕을 이기

지 못하니라.

하늘이 삿된 기운을 달겁하니 삿된 기운은 자멸하느니라.

복희씨의 선천을 노래함이며 문왕의 후천을 노래함이며

주공의 정심을 본받음이며 공자의 인심(仁心)을 본받음이여

천황이 그것을 지황에게 전하기 시작하시고

지황이 이어서 그것을 인황에게 전하시고

인황이 또 문무주공과 공자 칠십이현에게 전하시니

모든 악귀는 천리에서 속히 제거되니라.

엄엄급급 여율령사파아

3) 2016.5.20
천심경(天心經) / 대순전경 육필본에 기록된 천심경

天心經

無極有極에 惟精惟一하사 天動以後에 地靜하고 地靜以後에 人生하고 人生以後에 心正하니 天爲日月星辰之君이요, 地爲利慾十二之君이라. 君者는 皇也요

心者는 天也니 半畝方塘에 天君이 座定하시고 一寸丹田에 地君이 座定하시니 方塘丹田之間에 日月星辰이 四會라. 四會之間에 惟人이 最貴하고 萬物之中에 惟人이 最靈하니 邪不犯正하고 妖不勝德이라.

天奪邪氣하니 邪氣自滅하니라.誦伏羲之先天하며 誦文王之後天하며 法周公之正心하며 法孔子之仁心하사 天皇이 始傳之地皇하시고 地皇이 次傳之人皇하시고 人皇又傳之文武周公孔子七十二賢하시니 諸惡鬼는 速去千里晻晻吸吸如律令娑婆阿.(끝)

4) 2014.6.14. 증산도〉자유게시판〉천심경

글쓴이 : 향수

천심경(天心經)

無極有極에 惟精惟一하사 天動以後에 地靜하고 地靜하고

地靜以後에 人生하고 人生以後에 心止하니 天爲日月星辰之君이요 地爲利慾十二之君이라.

君者는 皇也요 心者는 天也니 半畝方塘에 天君이 座定하시고 一寸丹田에 地君이 座定하시니

方塘丹田之間에 日月星辰이 四會라

四會之間에 惟人이 最貴하고 萬物之中에 惟人이 最靈하니 邪不犯正하고 天不勝德이라.

天奪邪氣하니 邪氣自滅하니라.

誦伏羲之先天하며 誦文王之後天하며 法周公之正心하며 法孔子之仁心하나

天皇이 始傳之地皇하시고 地皇이 次傳之人皇하시고 人皇又傳之文

武周公孔子七十二賢하시니

諸惡鬼는 速去千里唵唵吸吸 如律令娑婆阿

무극유극(無極有極)하니 오직 정신을 하나로 모아 天이 動한 후에 地가 靜하고

地가 靜한 이후에 人이 생하고 人이 생한 이후에 心이 正하니

天은 일월로 성신의 君이 되고 地는 이욕으로 십이지지의 君이 되니라.

君이란 것은 皇이오 心이란 것은 天이니 반무방당에 천군이 정좌하시고

일촌단전에 지군이 정좌하시니 방당단전지간에 일월성신 넷이 모이니라.

일월성신이 모이는 사이에 오직 사람이 가장 존귀하고

만물 중에서 오직 사람이 가장 신령스러우니

삿됨은 바른 마음(心正)을 범하지 못하고 요사스러움은 덕을 이기지 못하니라.

하늘이 삿된 기운을 탈겁하니 삿된 기운은 자멸하느니라.

복희씨의 선천을 노래함이며 문왕의 후천을 노래함이며

주공의 정심을 본받음이며 공자의 인심(仁心)을 본받음이여

천황이 그것을 지황에게 전하기 시작하시고

지황이 이어서 그것을 인황에게 전하시고

인황이 또 문무주공과 공자 칠십이현에게 전하시니

모든 악귀는 천리에서 속히 제거되니라.

엄엄급급 여율령사파아

한국 근대기 신종교 정신문화에 관하여

- 『天心經』과 『참 精神으로 배울 일』

1.유불선 삼교와 대순전경

한국역사상 사상과 철학의 문제를 擔持하는 고고유물과 유적 그리고 기록유산은 제법 상당한 편이다. 우선 한국에 있어서는 근대기의 육당 최 남선을 비롯한 허다한 국학자들이 백두산이나 묘향산 등을 거론하며 산악숭배신앙을 언급한 점을 두고 볼 때, 자연물 그 자체를 신성시한 측면은 아주 상식에 속하는 문제이기도 했다. 그런데 고고유물과 유적을 두고 그러한 점을 고찰하자면, 신석기 시대의 의장용 석검이나 청동기 시대의 비파형 동검이나 지석묘군 그 자체가 신성한 권위와 제의권의 상징이며, 조상신묘역으로 이해되어 왔던 점을 주목하게 된다. 또한 인천 영종도의 回字形 方形溝 등이 역시 제의행위와 연관된 공간으로 이해되었고, 김포 등지에 일부 잔존하는 環狀列石 등도 역시 신성공간의 조형물로 이해되는 상황이다.

이후 청동기시대에서 철기시대를 전후하여 八呪鈴이나 七頭鈴 등의 금속제 방울이 神政的 초기 국가사회의 제사장과 연관된 지물일 개연성은 익히 거론된 바이기도 하다.

본격적인 역사시대가 펼쳐지면서 문화적 상징이 철학적 사상적 기호나 코드로 작동한 점은 너무 많다. 고구려의 四神벽화가 지닌 의미가 천하 사방을 뜻함은 너무 잘 알려진 내용이며, 신라의 금관에서 보게 되는 出字 모양의 장식물이나 사슴 뿔의 형상이 역시 신이한 제의 권능을 형상화한 측면은 흔한 상식이 된지 오래다. 또한 백제의 금동

대향로에 형상화된 온갖 문양요소에 불교는 물론 도교적 민간토속적 신앙요소가 서로 뒤엉키듯이 융합되어있음은 많은 호사가들이 매력에 빠져들게 하는 요소이기도 하다.

한편 기록유산을 통해 확인되는 신앙적 내용도 가히 적지 않은 상황이다. 무엇보다 고려후기에 승려 일연이 주도하여 편찬한 것으로 전하는 《삼국유사》를 보면, 그 '왕검조선' 조 항목에 이미 '弘益人間'과 '主善惡' 등이 적시되고 있다. 여기서 '弘益人間'을 풀자면, "널리 사람 사이를 크게 더하도록(이익되도록) 함"이 되는데, 이는 만민에게 유익한 삶을 베풀려고 하려던 상고시기의 지도자가 제시한 일종의 세계관이자 政令的 가치였으며, 종교적 생활관이 달리 표현된 것이라는 이해가 가능한 슬로건이었음을 알 수 있다. 또한 '主善惡'이라는 개념은 환웅이 풍백과 우사 그리고 운사 등과 함께 3천의 무리를 데리고 태백산에 내려 올 무렵에 내 세운 다섯 가지 담당 임무의 하나였는데, 선악을 주관한다고 한 내용이다. 환웅의 시절에 이미 선악을 주관한다는 말은 그 당시에 옳고 그른 것에 대한 분명한 정의와 부정의 그리고 그에 따른 선악의 문제를 엄정하게 처결하겠다는 단호한 정의관을 읽게 하기에 충분하다.

『삼국사기』를 보면, 신라의 화랑과 낭도들이 지녔던 삶을 '相磨以道義' 하고 '相悅以歌樂' 하며, '遊娛山水' 하길 '無遠不至' 하였다고 전하고 있다. 또한 '임신서기석'에서 보게 되는 두 명의 신라 청년이 드러낸 맹세의 내용을 통해 당시 젊은이들이 지향하던 위민우국적 생활관을 짐작해볼 수도 있는데, 고대 국가의 시기에 보편화되던 유학적 신념이 자리잡고 있었던 점을 엿보게 된다. 이후 여러 기록유산의 지면에서 숱하게 발견되는 사상과 신앙의 내면상태는 너무 다양하고 방대한데, 한국 사상과 신앙의 흐름을 두고 유불선 삼교의 조화와 융합이란 표현으로 그 대강의 가치를 갈음코자 하는 경향이 짙다.

어떻든 한국의 사상과 신앙의 흐름을 결코 종횡으로 얽힌 듯이 펼쳐진 유불선 삼교의 흐름이라는 점을 부정할 수는 없는데, 근대기에 이르러 이러한 삼교의 융합적 현상은 또 다른 양태로 민중에게 제시된 점이 있어 주의를 끌게 된다. 그러한 점에 해당하는 기록으로 세 가지를 들자면, 『天心經』과 『참 精神으로 배울 일』 및 『大巡典經』 등이다.

먼저 『天心經』이라는 문건은 증산선생이 지은 것이라는 강력한 傳言이 오늘까지 이어지고 있어 종교적 관심을 불러일으키는 문건인데, '복희의 先天을 여쭙고, 문왕의 後天을 여쭙고, 주공의 마음을 올바로 지님(正心)을 법으로 하며, 공자의 어진 마음(仁心)을 법으로 하는 것' 을 드러내고 있는 점 등으로 보아 전통적 유학의 질서관에서 그 신앙의 원칙들이 정립된 것임을 쉽게 이해하게 하고 있다. 그러나 이 『天心經』은 말미에 '모든 악귀는 빨리 천리로 없어져 唵唵吸吸 율령과 같이 娑婆訶! 하며 강렬한 呪力으로 기원하고 있어, 매우 위태로운 시국에서 갈 길을 몰라 헤매이던

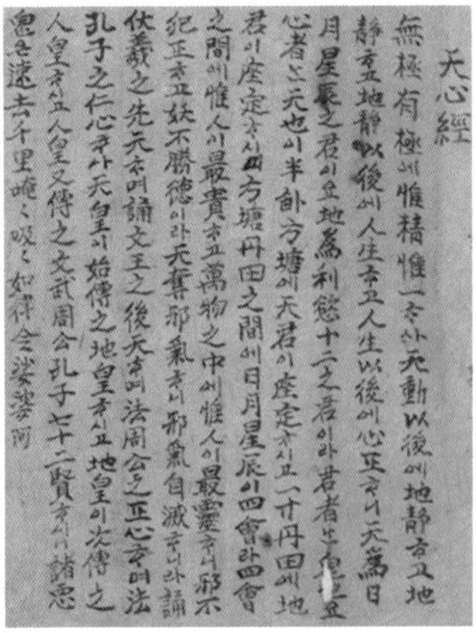
天心經
無極有極에惟精惟一하사天動以後에地靜하고地
靜하고地靜以後에人生하고人生以後에心正하니天爲日
月星辰之君이오地爲利慾十二之君이라君者는心이요
心者는天也이半畝方塘에天君이座定하시고一寸丹田에地
君이座定하시니四方塘丹田之間에日月星辰이四會라四會
之間에惟人이最貴하고萬物之中에惟人이最靈하니邪不
犯正하고妖不勝德이라天奪邪氣하니邪氣自滅하니라誦
伏羲之先天하며誦文王之後天하며法周公之正心하며法
孔子之仁心하사天皇이始傳之地皇하시고地皇이次傳之
人皇하시고人皇이又傳之文武周公孔子七十二賢하시니諸惡
鬼는速去千里唵唵吸吸如律令娑婆訶

그림1 『天心經』

당시 조선민중에게 신앙의 이정표와 같은 역할을 하고자 스스로 자처했던 점을 알게 하고 있다.

다음 『참 精神으로 배울 일』을 보면, 이 기록은 19세기 후반에 작성된 것으로 추측되는데, 이 소 책자의 곳곳에 유교와 불교 그리고 단군신앙 등이 제 각기 어우러져 있음이 흥미롭다. 그러한 글들은 이른바 '기별'이란 표현으로 마치 신도들에게 전해주어야 할 '소식'의 가치로 중시되고 있기 때문이다. 더불어 이 책의 신앙적 요체를 체득한 신앙지도자인 '선생님(先生任)'의 소개를 긍지에 가득 찬 자세로 밝히고 있어 주목된다.

그런데 이 『참 精神으로 배울 일』의 "삼인부(三印符)'의 부분에서는 기존에《삼국유사》의' 왕검조선 '조 기록을 통해 잘 알려진 천부인의 내용과는 전혀 다른 또 다른 상고시기의 표상에 관한 내용이 소개되고 있어 매우 흥미롭기도 하다. 또한 삼인부(三印符)를 설명하는 글을 이어 마치 간절한 기도문처럼 느껴지는 글이 덧붙인 점도 흥미롭다. 이러한 글을 통해 아무래도 삼인부(三印符)와 같은 제의(祭儀) 목적으로 사용될 부(符)와 인(印)을 역시 19세기후반의 시기에 여러 가지 혼란한 상황 속에 처했던 당시 민중들의 의례 속에서 사용했을 개연성을 느끼게 된다. 근대기 민중사회에서 기도와 같은 글이 쓰였고, 거론된 글도 역시 그러한 용도로 사용되던 글의 일부로 추론되어진다. 특히 "하날님 전(前) 빌어보고 산을 보고 물을 보고(見山見水) 빌어봅니다."는 부분은 전근대 한국인들이 정화수를 떠놓고 아무 곳에서든지 빌고 기원을 올리던 여느 모습을 쉽게 연상시키는 모습이다.

기도하던 이들은 하날님을 찾았고, 눈앞에 보이는 산이나 물가에서 간절한 기원을 올렸음을 알 수 있다.

간략하게 살펴본 것처럼 『참 정신으로 배울 일』이라는 문건 속에는 신앙적 언설들이 비교적 다양하게 실려 있다. 그러한 부분들은 사실 여부를 떠나 한국 상고시기의 문화상과 사회상을 좀 더 풍부하게 고찰하는데 문학적 상상력을 자극한다는 점에서 가볍지 않은 가치를 드러낸다고 평가가 가능하다.

한편 증산선생(姜一淳)[1]의 영향이 적지 않은 저작으로 여겨지는 『대순전경(大巡典經)』을 보면, 그 서문에서 큰 밝음은 빛이 없고, 큰 소리는 소리가 없으니, 오직 빛이 없어야 삼원을 통하여 헤아리고 소리가 없어야 하늘과 땅을 흔들고 씻어낼수 있다고 밝힌 점이 눈길을 끈다. 이 부분은 쉽게 이해할 수 있는 내용은 아니지만, 지극한 빛은 너무 커서 눈으로 그 빛을 느낄 수 없고, 큰 소리는 너무 크기 때문에 귀로 차마 들을 수가 없다는 논리로 느껴진다.

이 『대순전경(大巡典經)』에는 증산선생의 피흉추길(避凶趨吉)성향이 강하게 드러나고 있다. 곧 흉함은 피하고, 길함은 추구한다는 뜻인데, 증산선생의 행적이 숱한 도술적 기담으로 거듭되는 이유가 그러

---

[1] 甑山 姜一淳(1871~1909): 兒名은 鶴鳳, 자는 士玉, 본관은 진주. 고종 8년 신미년 음력 9월 9일(서기 1871년 11월 1일), 전라도 고부군 우덕면 객망리(현, 정읍군 덕천면 신월리)에서 탄생. 1901년 전주 모악산 대원사에서 천지대도와 대신문을 열었다 한다. 그리고 천지를 개벽한다는 천지공사를 집행하였으며, 己酉, 신시개천 5807년, 단군기원 4242년 음력 6월 24일(서기 1909년 8월 9일), 자진하였다. 그의 先知的인 면은 종전 한국 전역에 퍼져 있던 잡다한 민간신앙의 神觀을 고차원으로 이끌었음과 동시에 기성종교의 영역까지 융화시키려는 종교운동을 전개시킨 점이고, 특히 金恒의 正易사상과 동학사상 나아가 무속사상까지 종합 조화시켰다(道敎思想辭典, 부산대출판부, 1996, 참조).

한 증산선생의 성향과 잘 맞는 점은 도리어 당연한 것이기도 하다. 또한 이 『대순전경(大巡典經)』은 증산선생의 피흉추길(避凶趨吉)성향과 짝이 되어, 그에 따른 '광구천하(匡救天下)를 위한 증산선생의 길 떠나기'가 연이어 나열되면서 그 내용이 일화별로 소개되고 있다. 한 예로 제2장을 보면 "선생이 개연(慨然)히 광구(匡救)의 뜻을 품으사 유불선음양참위(儒佛仙陰陽讖緯)의 서적(書籍)을 통독(通讀)하시고 다시 세태인정(世態人情)을 체험(體驗)하시기 위하야 정유(丁酉)로부터 유력(遊歷)의 길을" 떠났음을 소개하고 있다. 그리고 "충청도 연산(連山)에 이르사 역학자(易學者) 김일부(金一夫)에게 들렀고 그 때에 일부(一夫)의 꿈에 하늘로부터 천사(天使)가 내려와서 강사옥(姜士玉)과 함께 옥경(玉京)에 올라오라는 상제(上帝)의 명(命)을 전하거늘 일부(一夫)선생과 함께 천사(天使)를 따라서 옥경(玉京)에 올라가 요운전(曜雲殿)이라 제액(題額)한 장려(壯麗)한 금궐(金闕)에 들어가 상제(上帝)께 알현(謁見)하니 상제(上帝)가 선생(先生)에게 대(對)하여 광구천하(匡救天下)하려는 뜻을 상찬(賞讚)하며 극(極)히 우우(優遇)" 하였다고 소개하고 있다. 소개된 문장에서 보이는 강사옥(姜士玉)은 증산선생 자신을 말하며, 그가 충청도 연산에 거주하며 역학을 연구하고 있던 김일부를 만났고, 김일부는 미리 꿈속에서 증산선생을 만나 하늘의 상제에게 함께 다녀왔다는 얘기를 전하고 있어 자칫 허탄하게 느껴지는 대목이라 할 수 있다. 또한 "일부(一夫)가 크게 이상(異常)하게 여겨 꿈을 말한 후에 요운(曜雲)이라는 도호(道號)를 선생(先生)께 드리고 심히 경대(敬待)" 했다는 일화가 소개되고 있다. 이 같은 부분은 증산선생이 '천하를 바르게 하고 구하고자 함'(匡救天下)을 목표로 하여 지역 전문 인사들을 찾아 나섰다는 사례를 적시했다는 의미를 지닌다. 오로지 증산선생 자신만의 아이디어와 천재성에 한정하여 독단적으로 새로운 신앙적 토대를 구성하는 편협성을 애초부터 스스로 벗어나고자 했다는 측면이 각별하게 다가온다 하겠다.

이제 『天心經』과 『참 精神으로 배울 일』 및 『大巡典經』 등에 관한 공통적 보편성과 제 각기 성격을 달리하는 특수성을 살펴보고자 한다.

1) '마음'을 대상화한 한국인의 思想史的 來歷
- 『天心經』과 『참 精神으로 배울 일』 및 『大巡典經』을 비교하여 -

한국의 역사와 문화를 通觀해 볼 때, 숱한 역사적 내력과 물질문화가 있어 그 흐름을 단선적으로 요약하기란 사실 쉽지 않다. 그러므로 다시 한국의 역사와 문화 속에서 한국역사경험체가 '마음'을 대상화하여 구현한 결과들을 간추리는 것도 간단치가 않다. 하지만 지금 다루고자 하는 근대기의 신앙문건과 연관하여 이전부터 존재했던 사상사적 내력을 나름대로 일별해봄도 의미가 있을 것으로 여겨 소략한 고찰을 시도해보고자 한다.

한국의 역사와 문화 속에서 한국인의 선대인들이 '마음'을 대상화하여 구현한 사례를 살핌에 우선 근대기의 육당 최남선을 비롯한 허다한 국학자들이 백두산이나 묘향산 등을 거론하며 산악숭배신앙을 언급한 점을 무시할 수 없을 터이다. 그것은 시베리아 원주민들의 신화와 일본 신화에서 나타나는 이른바 '우주산' 또는 '세계산'이라는 개념과 견주어 볼 수 있는 신앙이다. 물론 우리의 조상들이 이정한 산을 두고 '우주산' 또는 '세계산'이라고 부른 적은 거의 없다. 다만 신성한 산으로 숭배한 것은 부정될 수 없다. 그것은 《삼국유사》에서 보이는 '왕검조선'의 이야기를 보아도, 환웅이 내려온 공간을 '神壇'과 결부지었고, 그 곳과 연고한 나무를 두고 '神壇樹'라 한 점이 산악을 신성시한 측면을 뒷받침하고 있다. 그렇다면 산 위의 일정한 장소를 '神壇'으로 여긴 그 마음의 정체는 어떻게 이해해야 마땅할까?

단정하기는 어렵지만 산의 정상 가까운 곳을 '神壇'으로 여긴 데는 그 곳이 적어도 당시 사람들이 살아가는 데 유리한 공간이었기 때문으로 짐작된다. 하지만 산악이 인간생활에 유리한 시기는 아무래도 농경이전의 수렵채집사회에서나 가능한 논리인 것으로 추론된다. 따라서 산악의 정상 가까이를 두고 '神壇'으로 여긴 시절의 사람들이 지녔던 마음은 좀 더 하늘과 가까운 곳에 처하며 산 아래의 짐승들을 살피는 지혜를 지니고 안전한 삶을 도모하던 소박한 마음과 크게 다르지 않았을 터이다.

그러나 산악을 숭배하던 마음이 반드시 농경이전의 사회에만 국한했다고 단정하기는 곤란하다. 경기도 파주의 심학산 산중턱에서 발견된 竝置巨石物을 보면 그곳에서 청동기시기에 쓰였던 無紋土器가 수습되었기 때문이다. 해당 연구자료를 보면, "거석물을 단독으로 조성되는 것으로 그치지 않고 둘인 雙으로 조성하여 그 축조위치가 線狀으로 구획되었다면, 그 조형행위의 속내에는 근처의 생활공동체 내지 세력집단이 일정한 공공회합이나 집단적 제의를 거행함에 마치 어머니와 아버지 혹은 할머니와 할아버지의 충만한 일체적 결합과 그에 따른 加護로 후손들이 더욱 번성하거나 풍요롭게 해달라는 신앙적 발로가 반영되었다는 추론이 가능할 터"[2]이다. 왜냐하면 여성성과 남상성의 결합은 결국 인구의 증가로 나타나 노동력의 확충이라는 사회적 양상으로 바뀌고, 그에 따른 해당 생활공동체 또는 정치체의 군사력

2 박선식, 〈한국 선사인의 병치거석물 조형행위와 생식숭배 및 풍요기원의식의 상관성 검토〉, 《명과학연구》, JH지식공간채, 2015, pp 274~275.

도 증가되는 메커니즘이 가능해지기 때문이다. 그러므로 생식력 숭배와 그 소산은 해당 공동체의 각 구성원에게 풍요를 불러오는 일종의 주술적 신앙문화이자 일체의 행위였다는 인식이 가능해진다. 그런 까닭으로 지금까지 일부의 지역에서 거석을 두고 할머니 고인돌이니 할아버지 고인돌이니 하는 어휘를 사용하는 이유는 물론, 조선조의 목장승이던 天下大將軍이 男性이고, 地下女將軍이 女性인 까닭을 또한 전혀 이해 못할 사안이 아닌 것임을 알 수 있다.

2. 민족종교와 증산 선생의 사유

한편 신석기 시대의 의장용 석검이나 청동기 시대의 비파형 동검이나 지석묘군 그 자체도 일종의 신성한 권위와 제의권의 상징이며, 조상신묘역으로 이해되어 왔던 점을 주목하게 된다. 또한 인천 영종도의 回字形 方形溝 등이 역시 제의행위와 연관된 공간으로 이해되었고, 김포 등지에 일부 잔존하는 環狀列石 등도 역시 신성공간의 조형물로 이해되는 상황이다. 그와 같은 선사시기 관련 유구와 관련 물질문화의 출토양상을 통해 산악숭배와 같은 맥락의 제의적 공간개념이 한국인의 선대부터 존재했을 개연성을 강하게 느끼게 된다.

어떻든 상고시기부터 존재했던 산악숭배의식은 이후 역사시대에 이르러서도 지속되었고, 근대기에는 증산선생이 새로운 신앙을 창도하는 과정에서도 역시 작용된 관념이었던 것으로 확인된다. 증산선생이 창도 초기에 자신을 따르는 문도이던 박공우에게 "이곳이 용화도장이라" 했던 적이 있는데[3] 이후에 때가 되면 천하만국의 제왕신과 이십사장은 금산사를 옹위하고 이십팔장은 용화기지를 옹위할 것이라 했던 자리였다고 일러지고 있다.[4] 순창 회문산(回文山)과 전주 모악산(母岳山)이 서로 마주 보고 부모산(父母山)이 되었는데 모악산은 청짐관운형으로 그 살기(殺氣)가 강하여 세계가 물 끓듯 할 수 있어 천하

---

3 이상호, 《대순전경》.
4 정영규, 《천지개벽경》, (전북: 원광사, 1987), p.28.

시비신(天下是非神)을 순창으로 운회(運回)시켜 풀었다 한다. 모악산의 기운이 계룡봉(鷄龍峰)으로 내려와 '임금 제(帝)'의 모양으로 용화동(龍華洞)으로 이어지는데 용화동 전체가 고승이 팔폭장삼을 입고 춤을 추는 형상이라 한다. 증산교의 통천궁 건물이 세워지면서 용의 뿔이 돋는 모습이 되었으므로 비로소 용의 기운이 발음될 것이라 한다.5 그러한 증언들은 근대기의 증산선생에 이르기까지 한국인들은 산악을 신성시하던 강한 관념을 이어왔던 것을 알게 해주고 있다.

한편 한국인의 상고 이래 정신세계를 고찰함에 무엇보다 한국인만이 갖고 있었던 있었던 고유사상과 가치사유의 틀은 어떤 것인가를 살필 필요가 있다. 이에 관해 그동안 이루어진 연구 성과를 통해 알아보는 방법은 여러 가지가 있겠지만 이른바 국조 단군에 관한 신화를 통해 알아보는 것이 통상적인 접근 방법이다. 그러나 단군의 실존여부와 상고사에 대한 학계의 편차가 너무 각이하여 연구의 성과가 집대성되지 않는 한계가 있다.

뿌리가 함축된 대표적 연구물로는 최남선의 不咸文化論6 6을 꼽을 수 있다. 불함문화를 통해 그가 궁극적으로 구현하고자 한 것은, 우리 민족 문화의 독창성과 아울러 거기에 면면히 흐르는 민족정신이었다.

---

5 현(2016년) 증산교 교무부장 이용규 씨의 설명으로 전한다.
6 최남선은 동방의 문화권을 중국 계통의 문화권, 인도 계통의 문화권, 그리고 불함문화권의 셋으로 나누고, 우리나라의 고대 문화는 불함문화권의 중심부에 위치하고 있는 것으로 보았다. 여기서 그가 언급한 '不咸'이란 말은 《山海經》 大荒北經에 나오는 "大荒之中有山, 名曰不咸"의 '불함'에서 따온 말로 '不咸山'은 곧 '' 山으로 太伯山이요 神山이다. 불함문화론과 관련하여, 그가 중요시한 것은 태백산의 '白'이라는 글자에 있다. '白'자는 광명의 뜻을 가진 것으로 우리나라 원시 문화의 핵심적인 요체를 나타내 주는 귀중한 증빙 자료로 보았다. 한국정신문화연구원 편, 《한국민족문화대백과사전》 10권, 1989, pp. 599~600.

그의 연구에 의하면 민족의 시조인 단군은 하늘을 의미하는 고어인 Taigar[7]에서 그 칭호가 유래된 것으로 밝혀지고 있다. 실제로 한국고유사상에 나타난 사유의 틀과 내용은 天·人·地의 일체가 바탕이 되고 있다. 이른바 한국의 건국사화는 고대의 그 민족의 이상이나 사상이 어떠한 것이었나를 알려주며, 외세의 침략을 당했을 때 민족주체성을 갖게 하는 종교적 성격을 갖기도 한다. 이러한 의미에서 보면 건국신화는 한민족의 가치의식은 물론 정신적인 지주와 세계관을 대변하며 그 나라의 민족 역사와도 뗄 수 없는 관계에 있다고 하겠다. 건국이념인 弘益의 내용에 대해서 숱한 문헌이 전해지고 있지만 고려시대에 승려 일연의 주도로 찬술된 《三國遺事》가 표본이며 대강의 줄거리는 神人일치의 價値觀 등으로 살펴지는 특징이 있다.

요약하자면 단군왕검의 선대인 환인과 환웅에 의한 건국이념인 홍익사상의 윤리적 가치는 천상과 지상, 절대성과 상대성간의 관계윤리에서 출발했다고 볼 수 있다. 실제 단군신화를 비롯한 신라와 고구려의 건국신화를 현상학적 측면에서 구성요소를 보면, ① 하느님과 그의 강림신앙, ② 地母神에 대한 신앙, ③천지의 융합과 건국신앙이라는 공통요소를 갖고 있어 홍익사상의 가치는 윤리성과 함께 종교성을 배제할 수 없음을 보여준다. 그리고 풍백, 우사, 운사 및 천부인 3개는

---

7 Taigar은 몽고어에서 하늘·무당을 뜻하는 tengri와 동의어로 그 인격화한 이름이 Taigam(민간 신앙에서 쓰는 최상 신격인 대감) → 당굴(Tengur)·당골네(Tangur-ar)이며, 우리의 국조인 단군도 Tengri 또는 그 類語의 寫音으로서 원래 天을 의미하는 말에서 전하여 天을 대표한다는 君師의 호칭. 김승찬, 〈최남선론〉, 민속학회편, 《한국민속학》 28집(1996.12), pp. 275~276.

도교적 의미와 가깝기는 하지만 생존방식을 포함한 자연법칙의 상징적 표현일 것이다. 이에 관해 일찍이 안호상은 환인을 한얼님, 환웅과 단군을 한배검이라 하고 천부인에 대해 한얼말씀(Logos)으로서, 한얼글로 천부경을 펴 뭇백성을 교화시켰다고 주장한 의견이 있어 주목된다.

한편《삼국유사》의 '왕검조선' 조 항목에서 환웅은 홍익인간세상을 만들기 위해 천부인외에도 主穀, 主命, 主病, 主刑, 主善惡 등 360여종의 인간사를 이 세간에서 理로써 다스리고 교화했다고 한 점을 주목할 필요가 있다. 이것을 보면 홍익이념이 구상하는 세계는 평화복지사회, 법치사회 및 도덕사회임을 암시하고 있다. 여기서 적시되고 있는 '弘益人間'과 '主善惡' 등은 사상적 가치를 극대화시키고 있다. 거론된 '弘益人間'을 풀자면, "널리 사람 사이를 크게 더하도록 (이익되도록) 함"이 되는데, 이는 만민에게 유익한 삶을 베풀려고 하려던 상고시기의 지도자가 제시한 일종의 세계관이자 政令的 가치였으며, 종교적 생활관이 달리 표현된 것이라는 이해가 가능한 슬로건이었음을 알 수 있다. 또한 '主善惡'이라는 개념은 환웅이 풍백과 우사 그리고 운사 등과 함께 3천의 무리를 데리고 태백산에 내려 올 무렵에 내 세운 다섯 가지 담당 임무의 하나였는데, 선악을 주관한다고 한 내용이다. 환웅의 시절에 이미 선악을 주관한다는 말은 그 당시에 옳고 그른 것에 대한 분명한 정의와 부정의 그리고 그에 따른 선악의

---

8 M. Eliade, 이동화 역,《聖과 俗: 종교의 본질》, 학민사, 1991, p.150.

문제를 엄정하게 처결하겠다는 단호한 정의관을 읽게 하기에 충분하다.

　다음으로 인본주의 가치의 보편성을 발견하는 점을 들 수 있다. 고유사상 가치의 윤리성규명에 있어 桓因을 통한 熊女탄생과정은 인간중심의 규범의식을 담고 있다. 관련 단군왕검 사화에 따르면 곰과 호랑이가 인간이 되기 위해서 환웅에게 정성을 다하여 소망했고, 환웅은 감동하여 쑥 한줌과 마늘 20개를 주면서 동굴에서 100일동안 햇빛을 보지 말고 기도를 하면 소원대로 인간이 되게 한다는 가르침을 내렸다. 여기서 마늘은 인고의 상징이겠지만 신체의 질병과 악귀를 쫓는데 있어서도 활용된다. 이로써 웅녀의 탄생은 자기 중심적이고 이기적인 인간이 탈 자기중심적이며, 이타적, 애타적인 인격으로 확립된 과정적 원리를 입증한 셈이기도 하다. 윤리적 인격확립의 과정은 엘리아데가 밝혀놓은 聖俗辨證法적인 과정으로써 降神巫가 되는 과

정과 일치한다.[8]

셋째, 인간사이의 관계성을 넘어선 자연친화적 가치의 발견이다. 홍익인간의 이념에는 생태학적세계관과 신인간주의 철학이 내재해 있기 때문에 시대에 따라 다의적 해석이 가능한 폭넓은 외연이 내포되어 있다고 본다. 다시 弘益을 고찰해본 다면 이를 술어로 볼 경우는 "널리 더하게(이롭게) 한다"이고 수식어일 경우는 "널리 더하도록(이롭게 하는)"이라는 풀이가 가능하다. 전자는 인간이 주된 대상이어서 인본주의문화를 일컫고 후자는 자연을 포함한 공생주의이다. 즉 홍익하는 인간으로 볼 때는 이타정신을 지닌 인간이요, 인류공영의 이상을 지닌 인간이라 할 수 있고 불교적인 관점에서 홍익인간을 弘益人間世로 볼 때에는 인류복지사회를 실현하자는 이상으로 볼 수도 있다.

이상에서 한국고유사상에 대한 가치와 윤리성을 밝혀보았는데, 본래 한국 고대사상의 기원은 원시무교의 풍토였지만 이후로 단군시조가 펼친 인간과 세상을 널리 이롭게 하여 밝게 한다는 의미를 지닌 홍익인간 윤리가 건국이념, 교화이념, 인간주의적인 윤리이념의 근간이 되어왔다. 그러한 특성은 신석기시기를 지나 청동기시대에서 철기시대를 전후하여 八呪鈴이나 七頭鈴 등의 금속제 방울이 神政的 초기 국가사회의 제사장과 연관된 지물에 담긴 주술적 속성에서도 추론될 수 있기도 하다.

이후 고대국가시기에 접어들어 문화적 상징이 철학적 사상적 기호나 코드로 작동한 사례를 통해서도 한국인의 내면세계가 변이되어가던 전이과정을 살필수가 있어 흥미롭다. 고구려의 四神벽화가 지닌 의미가 천하 사방을 뜻함은 너무 잘 알려진 내용이며, 신라의 금관에서 보게 되는 出字 모양의 장식물이나 사슴 뿔의 형상이 역시 신이한 제의권능을 형상화한 측면은 흔한 상식이 된지 오래다. 또한 백제의 금동대향로에 형상화된 온갖 문양요소에 불교는 물론 도교적 민간토속적 신앙요소가 서로 뒤엉키듯이 융합되어있음은 많은 호사가들이 매력에 빠져들게 하는 요소이기도 하다.

그런데 『삼국사기』를 보면, 신라의 화랑과 낭도들이 지녔던 삶을 '相磨以道義' 하고 '相悅以歌樂' 하며, '遊娛山水' 하길 '無遠不至' 하였다고 전하고 있다. 또한 '임신서기석'에서 보게 되는 두 명의 신라 청년이 드러낸 맹세의 내용을 통해 당시 젊은이들이 지향하던 위민우국적 생활관을 짐작해볼 수도 있는데, 고대 국가의 시기에 보편화되던 유학적 신념이 자리 잡고 있었던 점을 엿보게 된다. 이후 여러 기록유산의 지면에서 숱하게 발견되는 사상과 신앙의 내면상태는 너무 다양하고 방대한데, 한국 사상과 신앙의 흐름을 두고 유불선 삼교의 조화와 융합이란 표현으로 그 대강의 가치를 갈음코자 하는 경향이 짙다.

한편 유·불·선(도) 등 3교는 삼국시대에 집중적으로 전래되고 수용되었던 것으로 살펴진다 그런데 통일신라기에 그 3교가 유기적으로 응용되면서 각기 토착의 뿌리를 내렸지만, 3교의 응용이나 토착화 역시 건국이념의 사유의 터전에서 이루어졌음은 주목할 점이다. 애초에 존재했던 사상의 주류는 일종의 샤머니즘이었다고 할 수 있는데 샤머니즘의 세계에 있어 가치의식은 주로 신화와 제천행사에서 반영되었던 측면이 강했다. 각종 제천 및 시조신 행사들이 단순한 가치와 윤리적 의식일 뿐만 아니라 풍류문화가 같이 깃들어 있음을 부인할 수 없다. 홍익이념의 가치의식을 지닌 고유사상은 서로 성격이 다른 외래종교와 사상이 들어왔을 때 다소의 갈등을 거쳤지만, 결국에는 한국적인 별다른 하나의 체계를 창출해 내는 절충과 융합, 수용과 환원이라는 상호조화의 틀 속에서 한국인들의 공동체 가치의식을 형성하는데 중심이 되어 왔다. 그 같은 정서의 바탕이 있었기 때문에 이후 불교의 수용이래 元曉의 和諍的 圓融會通思想, 知訥의 定慧雙修思想, 休靜의 禪敎融攝思想 과 같은 보편적가치의 성격을 띤 한국적 불교사상을 낳게 되었고, 비록 조선조때 수많은 理氣說이나 四七論爭으로 공리공론이라는 비판을 받기는 했지만 朱子의 理氣 二元論을 극복한 退溪나 栗谷의 理氣 二元論 즉 一元論이라는 理氣之妙적인 성리학의 성과는 보편적 가치 지향은 물론 유학의 큰 발전임을 부정할 수 없다.

조선후기에 펼쳐진 崔水雲의 東學思想도 유·불·도를 우리의 고유한 天·人·地 일체의 사유틀 속에서 새로 만들어낸 것이다. 그의 사상은 3교를 융합했다고 일컬어지면서도 유·불· 도가 합쳐서 天道가 된 것이 아니고 천도의 일부가 나누어진 것이 유·불·도라고 해석했다. 이는 당시 천주교의 자극을 받아 그를 섭취하고 도리어 그의 도를 西學에 대립하는 동학으로 설정한 것도 한국적이라는 환원성이 제대로 들어난 경우이다.

한편 외래사상과 문화가 전래되기 시작한 이후부터는 우리의 고유한 전통사상은 단절되기 시작했고, 오히려 일상생활 속에는 유교사상과 불교신앙의 가치관이 녹아 남아 있는 것이 많아 민족고유사상과 종교는 소외되고 있는 편이다. 그것은 1392년 이조가 건국과 더불어 1910년에 이르러 종말을 볼 때까지 일관해서 국가권력으로서 유지해 온 숭유배불의 이념이 그 동안 생활화되고 문화가 되고 그 잔기가 지금까지 남아 있기 때문이다. 그래서 유교사상은 불교와 더불어 한국의 사상적 본류담당을 하고 있는 면이 있다.

불교가 한국사상의 가치면에 있어 중요한 것은 고려시대까지 불교가 주가 되고 오히려 유교는 종의 위치에 있었던 때도 있었기 때문이다. 그러나 불교나 유교가 공히 국가권력의 성쇠와 그 운명을 같이 했다는 데는 공통점이 있으며 현재까지도 한국사상에 있어서 중추를 담당하고 있는 것도 사실이다. 그러니만큼 이 두 개의 국가이념적 종교는 시대를 달리하면서 상층지도층의 가치의식내용이 되어 있었다고 할 수 있다.

하지만 우리의 토속신앙은 어느 때 시작되어 시대에 따라서 어떻게 변화했는가는 정확하게 말할 수 없다. 그렇지만 아득한 상고시대부터 있어 왔고 정권이나 정체의 교체와는 관계없이 지속되어 왔음을 곱씹어 볼 필요가 있다. 따라서 토속신앙은 서민·백성의 생활과 의식에 영향을 끼쳐온 중요한 요인이라고 할 수 있다. 그래서 19세기말 상층부에서가 아니고 농민대중 속에서 자기발견의 계기를 마련했던 동학운동의 의식형태로서 유·불·선이 그 내용으로 되어 있었다는 사실에서 한국사상의 역사적 축적의 결과가 이 세가지의 종교적 심성의 복합체로 나타난 것이라고 해도 과언이 아니다.

여기서 우리에게 중요한 문제는 유·불·선이 우리 문화와 사상의 구성요소가 된다고 하여도 이 세 가지를 다 종교라고 할 수 없다는 점이다. 다시 말해서 불교와 토속신앙은 넓은 의미에서 종교적 요소라고 할 수는 있어도 유교는 그렇지가 않다는 점이다. 원래 중국에서 발생하는 과정을 보면 周公 때까지만 해도 만물의 지배자이며 창조적인 天을 귀신이라고 그 천과 인간사이에서 매개의 역할을 하는 것이 巫·覡·祝이라고 생각되어 왔던 것인데, 공자는 오히려 天의 연장선상에서 인간을 정립하고 인간에게 일정한 독자성을 부여함으로써 周公및 왕도계승자들의 인간관을 종합 정리하여 유교사상이라는 동양사상의 기틀을 만들었다는 뜻에서 하나의 큰 전환을 이룩했다고 할수 있다. 그러한 탓으로 유교에서는 오히려 怪力亂神을 말하는 것은군자가 할 일이 아니라도 철저한 현세주의·합리주의를 고수하게 된것이다. 그러나 백성·민중이라는 것은 예나 지금이나 그 생활과 의식에 있어서 반드시 합리적으로 설명될 수 있는 내용만을 가지고 있는 것이 아니다, 현세에서의 불안·좌절이 내세에서 해결된다고 믿으려고 하는 성향이 있는 것도 사실이고 죽음의 문제 또한 인간의 힘으로는 어찌할 수 없는 문제인 것이다. 그래서 사회의 기저에는 샤머니즘이 정착해왔고 민중의 가치기저에도 깔려 있게 된 것이다.

이후 조선왕조는 건국과 더불어 숭유배불을 내세웠으나 그것을 곧程·朱 의 道統을 이어 받는 데서부터 시작했다. 그것이 얼마나 교조주의적이었는가 하는 것은 正學이라는 이름 밑에서 정·주학의 도통

만을 학문이라고 하고 불교는 말할 것도 없고 老莊, 楊墨도 이단이고 유교내부에서 발생했던 양명학도 이단이고 18세기 후반부터는 들어오기 시작했던 천주교도 이단이라고 했던 것이다. 이러한 타학과 또는 종교를 배척하는 機制가 국가권력으로 확립된 것은 宋 時烈(1608~1689) 때였다. 그 발단은 尹   (1617~1680)가 중용 의 해석을 朱子的으로 하지 않았다는 宋 時烈의 비판에서부터 시작되었으나, 결국 그 비판은 윤휴를 斯文亂賊이라고 하는 데까지 발전했던 것이다. 이 조시대의 당쟁의 씨가 여기서 뿌려지게 되었으나 우리의 특유한 사정은 이 학문상의 해석의 차가 곧 정치적 당파싸움으로 연결된다는 데 있었다.

그러한 현상은 유학의 경서주석에 있어서 해석의 일률성을 정치적 차원에서 강요한다는 의미를 가지는 것이기 때문에 학문상에 있어서의 상호비판이나 심지어는 상호협동이라는 것을 불가능하게 만들었다는 데 한국사상의 발전뿐만 아니라 학문의 자율성 · 학문의 자유를 제도면에서 봉쇄하는 결과를 자아냈다는 비판을 피하기 어렵다. 학문사상의 발전을 위해서 사상이나 학문이 권력에 의해서 일원화한다는 것은 당연히 자기 내부에서의 발전의 계기를 상실하는 결과를 가져온다. 그 후 두 번의 전란을 당하고 서세동점시기인 1801년 실학의 전통은 천주교 탄압으로 그 현실적 발전이 봉쇄되었기 때문에, 계속 주자학적 전통은 衛正斥邪사상 이라는 형태로 또 다시 국가정책의 원리로서 재활성화 했던 것이다. 중요한 사실은 대외적으로 대결밖에 남지 않았다. 대결의 결과가 운양호사건이요 강화도조약 이었던 것은 말할 필요도 없다. 한 마디로 말해서 위정척사사상이 국가정책을 쇄국주의로 몰아넣었고 국내적으로는 근대화에로의 발전의 길을 차단했던 것이다. '西勢'의 힘을 막기 위한 西學연구는 성립할 수도 없었다. 중요한 사실은 이로서 17세기부터 발전해오던 실학이 탄압되고 19세기 중엽에 와서 실학은 비로소 北學이라는 형태로 일부 관료 지식인들 사이에서 뿌리를 내리기 시작했으나 국제정세의 급변으로 1882년 미국과의 수교가 이루어진 2년 후인 1884년에 甲申政變이라는 형태로 개화사상이 돌연 정치무대에 모습을 나타냈던 것이다. 그러나 그것도 공식적으로는 3일간 계속되었을 뿐 그로부터 10년 후 甲午更張까지는 또다시 음지에서 몸을 피하고 있을 수 밖에 없었다. 결국 위정척사사상이 조선정권의 공식 이데올로기로서 건재해 왔다는 의미가 된다.

당시의 위정척사사상은 한국 현대사에서 의병활동의 사상적 배경으로서 침략세력과의 투쟁에서 빛나는 전통을 남겼다. 그러나 침략세력을 반대했다는 그 자주 사상은 높이 평가해야 하지만 이 사상은 철저한 반근대화성격으로 작용했다는 사실은 가치판단에 따라 많은 교훈을 남기고 있다. 우리의 전통사상에 있어서 주자학을 '春秋' 전의 '正德'의 논리라고 한다면 실학과 북학, 그리고 개화사상은 '利用厚生'의 논리였던 것이다. 그렇게 보면 주자학적 논리가 국가통치에 일원적으로 적용되어 왔기 때문에 정치·경제·사회 그리고 문화면에 있어서 이용후생은 억제될 수밖에 없었던 것이다. 實事求是의 학문이 잡학으로 규정되었던 것으로도 알 수 있다. 선비문화가 正德의 문화라고는 하지만 사회·경제발달을 억제한 면에 있어서는 역사적으로 크게 비판되어야 할 이유도 여기에 있다.

그러나 유학적 정서와 그 문화가 불러온 부정적 폐해는 무엇보다 사회의 생산성과 합리성의 진작을 저해했다는 측면에서 비판될 수 있을 것이다. 따라서 근대기로 치닫던 조선후기에 삼정의 문란으로 야기된 조선민중의 도탄은 결코 유학적 시스템의 부정적 성격과 뗄 수 없는 현상이었다.

조선후기에 드러난 각종 폐해의 현상은 새로운 사상의 모색으로 그 극복이 논의되기도 했는데, 최 제우나 증산선생 등에 의한 신종교의 창도현상을 불렀다. 그런데 수운 최 제우나 증산 증산선생의 신종교 창도에는 전통적인 정서와 문화사상인 선도가 자리하고 있었음이 적지 않은 연구자들의 고찰로 잘 알려진 바다.

한국문화의 근본적인 생명 이해와 그 사상을 논의할 때, 우리는 불가피하게 한국 「仙」의 세계와 만나지 않을 수 없다. 그것은 자연성과 근원성 그리고 토착성에 있어, 고유한 사상으로서의 「선사상」이 등장하기 때문이다. 이는 또 고유성이란 의미에서 동양학의 본질적 문제를 고민하게 이끌고 있다. 결국 우리는 「仙」을 두고 不死와 완전을 향한 인간의 원형적인 의지와 노력을 동시적으로 포함하는 것임을 알게 된다. 그런데 현재 「仙」과 그 문화에 대해 대부분의 사람들은 이것이 중국에서 건너온 것으로 알고 있다. 그러나 이것은 사실과 다르다. 실로 仙이란 한민족에게서 처음 시작하여, 중국으로 전파되었다가, 후대에 이르러 도교의 신선술과 연결되면서 다시금 역수입된 것이라는 견해가 한국학계의 한 의견으로 자리 잡힌지가 이미 오래된다. 그러므로 「仙」이란 근원적으로 한국 기층문화의 주된 생명의식이라 할 그 무엇이다. 이는 한민족의 始原에서 발생하고 이 땅의 문화에 관계하였으며, 이로써 새롭게 재발견을 기다리는 한국 문화원형의 세계이다. 또한 「仙」은 기본적으로 한국문화사 속에서 면면히 그 脈을 이어온 바 있기도 하다. 이 경우 甑山 증산선생의 사유는 새롭게 등장한 19세기의 문화사상이면서 동시에 '한국 仙脈'의 부활 가운데 하나로 기억할 수도 있다. 사실 증산은 스스로 그 가르침과 사상의 성격을 「仙」과 같은 것이라 하였으며, 또한 '原始返本의 사상'이 그 기본적인 틀이라고 누차 말한 바 있다. 동시에 그 사유가 한국의 시원적인 철학 · 문화 · 사상이자, '참 동학'임을 여러 기사를 통해 알리고 있는 것이다. 그런데 이러한 자기규정은 나름대로 그 사상적 성격이 도교와 유사함을 짐작케 한다. 이럼에도 불구하고 한국의 선과 중국의 도교 사이에는 기본적으로 풀어야 할 선결과제가 있다. 도가철학과 도교사상 그리고 「仙」의 사상적 갈래가 서로 다르기 때문이다. 그리고 어쩌면 「仙」은 도교라는 개념보다도 그 외연이 훨씬 더 클 수도 있다.

그런데 사실 증산선생의 사상의 근본 패러다임은 전통적인 민간사상과 무속의 여러 관념들을 포함하면서 한국사상의 특질을 충분히 반영하고 있다는 점일 터이다. 그리고 이를 넘어 증산선생은 새로운 신천지에 대한 비전을 제시하고 있다는 점, 또한 빼놓을 수 없다. 곧 「仙」과 생명사상 그리고 '참 동학' 및 증산사상의 성격 등을 제대로 알기 위해서는 증산에 대한 올바르고 보다 심도 있는 이해가 필수적인 것이다.

3. 『天心經』과 『참 精神으로 배울 일』 및 『大巡典經』이 지니는 공통적 특성

1) 신앙적 지도자에 관한 신성성의 부여

『天心經』과 『참 精神으로 배울 일』 및 『大巡典經』이 지니는 공통적 특성 으로 먼저 제기할 수 있는 점은 신앙적 지도자에 관한 신성성이 부여되고 있다는 점이다. 그런데 사실 신앙적 지도자에 관한 신성성이 부여되는 현상은 결코 특이할 사항도 낯선 상황도 아닌 흔한 현상일 뿐이다. 여기서 주목할 바는 제기된 세 신앙문건 속에서 신앙지도자에 관한 신성성의 부여가 어찌 각기 다르게 구현되고 있는지를 언급코자 한다.

먼저 결론부터 말하자면 『天心經』과 『참 精神으로 배울 일』을 보면 중심되는 신앙의 지도자가 도대체 누구인지 명확치가 않다. 다만 베일에 가려져 있는 듯한 신앙의 중심지도자의 위대함과 신성함이 나열되고 있는 성인과 위인들의 위의로 충분히 영향을 받고 있다는 점을 읽어낼 수 있다. 한자숙어로 익히 쓰는 '狐假虎威'라는 기능적 효과를 도모하려고 했다는 지적을 부르는 대목일 수 있다.

그런데 구체적으로 보면 『大巡典經』을 보면 앞의 두 신앙문건과는 달리 대놓고 증산 증산선생을 매우 성스럽고 신이한 신앙지도자로 언급하고 있다. 따라서 세 신앙문건은 모두 신앙지도자에 대한 신성성을 부여하고 있지만 그 방법에 있어서는 『天心經』과 『참 精神으로 배울 일』은 위대한 성인과 위인을 거명함으로 간접적인 효과를 도모했고, 『大巡典經』은 직접적인 신성시를 추구한 점이 다르다고 여겨진다.

먼저 『天心經』의 경우를 보면, 이 경전에서 주체가 되는 신앙의 지도자가 누구인지를 파악하기 힘들다는 점을 지적할 수 있다. 『天心經』의 기록자는 "無極有極에 惟精惟一하사 天動以後에 地靜하고 地靜하고 地靜以後에 人生하고 人生以後에 心正하니 天爲日月星辰之君이요 地爲利慾十二之君이라. 君者는 皇也요 心者는 天也니 半畝方塘에 天君이 座定하시고 一寸丹田에 地君이 座定하시니 方塘丹田之間에 日月星辰이 四會라. 四會之間에 惟人이 最貴하고 萬物之中에 惟人이 最靈하니 邪不犯正하고 夭不勝德이라. 大奪邪氣하니 邪氣自滅하나라."고 길게 밝히고는 이어 "誦伏羲之先天하며 誦文王之後天하며 法周公之正心하며 法孔子之仁心하나 天皇이 始傳之地皇하시고 地皇이 次傳之人皇하시고 人皇又傳之文武周公孔子七十二賢하시니 諸惡鬼는 速去千里唵唵吸吸 如律令娑婆阿!"라고 마감하였다. 결국 이 경전에서는 단일한 신앙지도자를 내세우고 있지 않음이 명백해지고, 단지 신앙적으로 숭앙해야할 존재로 '복희'와 '문왕' 그리고 '주공'과 '공자'를 표현했을 뿐이다.

그렇다면 도대체 이 『天心經』의 중심적 신앙지도자는 누구일까? 그것은 아무래도 거론된 '복희'와 '문왕' 그리고 '주공'과 '공자'의 신성함을 뒤이은 누군가가 될 것이다. 그렇다면 그 네 성인의 위대함을 모두 수용하고 지극한 진리를 융합한 존재는 누구란 말인가.

이 『天心經』의 내용에서 주창하는 중심적 신앙지도자를 명확하게 밝히지는 않았으나 그것은 '복희'와 '문왕' 그리고 '주공'과 '공자'의 신성함을 뒤이은 존재로 내세우고자 하는 인물이었음이 강하게 추론된다. 전후 사실을 고려하면 그 존재는 바로 증산 증산선생이었을 개연성은 너무도 짙다.

다음으로 『참 精神으로 배울 일』을 보면, 제각기 다른 표제로로 나름 장절 구조를 구분하면서 여러 신앙의 지도자들을 마치 돌아가면서 그 위대성을 부각하는 방식을 드러내고 있음을 알 수 있다. 이를테면 '음양시비 끝난 노래(陰陽是非 끝난 歌)'에서는 "바람이 불고 불어 일어나고 일어나 큰 도는 즐겁소. 좌로나 우로나 옳고 그름 끝났네.[9] 동서시비 끝났네.[10] 내외간에 저 시비시비 오늘 끝나고 사둔간의 저 시비시비 오늘 끝났다.[11]"고 밝히고서 그렇게 시비를 끝낸 지도자가 "머리카락이 있는" 존재임을 막연히 제시허고 있다. 그러나 이 문장에서 말하는 "머리카락이 있는" 존재는 그야말로 너무도 막연하다. 하지만 이 문장에서 구태여 "머리카락이 있는" 존재를 애써 표현한 데에는 그만한 사정이 게재되어 있다고 추론된다. 그것은 "머리카락이 없는 저 사람"과 대척점에 있는 존재임을 알 수 있는데, 해당 문장을 보면

---

9 大道樂 大道樂 天地陰陽大道樂 天下歸一大道樂萬事如意 大道樂 吾道春風大道樂 風風起起大道樂左右是非끝났네.

10 東西是非 끝났네.

11 內外間에 저 是非是非 오날 끝나고 查둔間의 저 是非是非 오날 끝났다.

"머리카락이 없는 저 사람이여. 누가 머리카락 있는가를 시비하지 마세요.[12] "라고 적시하고 있기 때문이다. 그렇다면 『참 精神으로 배울 일』의 기록자는 무엇 때문에 이같은 내용을 표현한 것일까?

추론에 불과하겠으나, 『참 精神으로 배울 일』의 기록자와 관련 세력은 적어도 한 때는 "머리카락이 없는" 승려와 그 승려들이 숭앙시하였던 불경을 상당부분 중시했고, 그 불경 속의 여러 교리적 원리와 체계를 수중하게 여기던 입장이었을 것으로 여겨진다. 그러지 않고서야 특하면 "머리카락이 없는" 존재와는 다른 "머리카락이 있는" 존재를 그토록 대비시켜 강조했을 필요가 있겠나 싶다. 그렇다면 도대체 이 『참 精神으로 배울 일』의 기록자가 그토록 빈번하게 표현하고 있는 "머리카락이 있는" 존재란 누구를 지칭하는 것일까?

전후 문장의 내용을 비교하여 보면 그 "머리카락이 있는" 존재는 바로 예수등의 서양 신앙지도자를 일컫는 것임을 그리 어렵지 않게 추론할 수 있다. 그것은 이 『참 精神으로 배울 일』의 기록에서 흔하게 예수가 언급되는 이유와도 함께 연관되는 관건이 될 수도 있다고 여겨진다.

또한 『참 精神으로 배울 일』의 '해(害)가 많은 천언(天言)을 보고 듣고서 알지 못하고 도가 없으면서 허둥지둥 말을 삼는 자에게'[13] 부분을 보면, "오호(嗚呼)라 저 창생(蒼生)아(생략) 천황지황변화(天皇

---

12 次次以后 두고보아 大道春風이 春風長遠無窮하구나 頭髮없는 저 누구 有髮是非마소.
  그런데 이 부분의 뒤에 7월23일(七月二十三日)이라는 일자가 뒤따라 표기되어 있는데, 그에 관한 역사성 여부는 차후의 과제로 유보코자 한다.

地皇變化)로세 인황씨(人皇氏) 생겨날 제 용사시비(龍巳是非) 생사 판단(判斷) 삼황오제생사유무(三皇五帝生死有無) 요순화심(堯舜和心) 누구란야. 천하일기재생신(天下一氣再生身)을 천지대도(天地大道) 내린 대강(大降) 예수 와서 어디 있고 제불선(諸佛仙)이 어디있야 각도주인(各道主人) 각인심주(各人心主) 날찼기은 생각(生覺)잔고 예수 왔다 기별(寄別)한 즉 모략시기(謀略猜忌) 무삼일고 철不知 너기들아 예수 모해(謀害) 너무 말라 불상한 서양(西洋)예수 불상한 서양(東洋)예수 하강천해원(下降天解寃)이다."고 밝히고 있어 매우 주목된다.

해당문장에서 먼저 기록자가 분명히 천황과 지황과 인황이라는 동아시아 전통적 신격체를 언급한 점은 이미 앞서 거론한《천심경》이라는 신앙문건에서 확인된 사항이기도 하다. 그런데 기록자가 "철不知 너기들아 예수 모해(謀害) 너무 말라 불상한 서양(西洋)예수 불상한 서양(東洋)예수 하강천해원(下降天解寃)이다."고 한 점은 어떻게 이해해야 할까? 이 문장에서 예수를 놀랍게도 하늘 밑으로 하세하여 만고원망을 풀고자 나타난 하늘님(下降天解寃)으로 표현하고 있는 점은 매우 중대한 대목에 해당한다. 『참 精神으로 배울 일』의 기록자는 당시 유통되고 있던 서학 기독교의 중심적 신앙지도자인 예수를 해위상생의 한 롤모델로 인식하고 있었다는 추론을 부르게 하는 표현이기 때문이다.

마지막으로『大巡典經』의 경우을 보면, 앞의 두 신앙문건의 경우와

---

13 多害한 天言을 見聞而不知하고 無道而草草爲言者에게

는 달리 대놓고 신앙지도자에 관한 절대적 崇仰의 정도와 신성성을 신이한 일화를 거듭 소개하면서 부각함을 알 수 있다. 그것은 신앙의 지도자인 증산선생의 탄생에 관한 일화를 거론하면서, 증산선생의 親父가 "하루는 하늘이 南北으로 갈라지며 그 불덩이가 내려와 몸을 덮음에 天下가 光明하여진 꿈을 꾸고 이로부터 몸이 있게 하였더니 그 誕降하실 때에 産室에 기이한 향기가 가득하여 맑은 빛이 집에 둘러져 하늘에 뻗쳤더라."는 신이담으로 장식되고 있음이 증산선생을 신성시하는 예찬의 서막을 펼치고 있음을 알 수 있다. 또한 유년기의 모습을 언급하기를, "어려서부터 호생(好生)의 덕(德)이 많아서 나무 심으시기를 즐기시며 자라나는 초목(草木)을 꺾지 아니하고 미세(微細)한 곤충(昆蟲)이라도 해(害)하지 아니하시며 혹 위기(危機)에 빠진 생물(生物)을 보시면 힘써 구하시니라."고 하는 따위로 인간적 덕기를 타고 난 인물로 칭송하고 있어 매우 비범한 측면을 애써 강조하고 있다. 그런데 여기서 드러나는 "나무 심으시기를 즐기시며 자라나는 초목(草木)을 꺾지 아니하"였다는 풍모는 마치 고려후기의 명신이던 행촌 이암이 남겼다는 《태백진훈》 속의 高矢의 사례와 유사하여 후일의 비교 검토를 요하는 측면이 있기도 하다.

2) 주술적 기원행위

『天心經』과 『참 精神으로 배울 일』 및 『大巡典經』이 지니는 공통적 특성으로 먼저 제기할 수 있는 점은 주술적 기원행위가 모두 확인된다는 점이다. 우선『天心經』의 경우를 보면, 우선 "天奪邪氣하니 邪氣自滅하니라."는 문구를 에를 들고자 한다. 이 문구의 뜻은 "하늘은 사악한 기운을 빼앗으니, 사악한 기운은 스스로 멸절되리라!'는 의미다. 여기서 제시한 사악한 기운이란 구체적으로 무엇인지는 분명치 않다. 그러나『天心經』의 다른 곳을 보면, "四會之間에 惟人이 最貴하고 萬物之中에 惟人이 最靈하니 邪不犯正하고 妖不勝德이라."는 내놓이 보인다. 이 내용은『天心經』에서 가장 소중하게 지켜야 할 요점을 밝힌 것인데, 결국 '사람'의 안위를 지킴이 소중하다고 여긴 결과로, 이러한 사람의 안위와 행복을 위협하는 것을 '邪氣'로 여긴 것임을 짐작하게 된다. 그래서 증산선생으로 추론되는 이『天心經』의 저자는 마지막에 강렬한 주문을 표출한다. "諸惡鬼는 速去千里唵唵吸吸 如律令娑婆阿!'라고 말이다. 이는 "모든 악귀는 빨리 천리(멀리)에로 사라지길 唵唵吸吸, 율령과도 같이 娑婆阿!'인데, 전통적인 주문의 양태를 다분히 답습하고 있기도 하다.

다음으로『참 精神으로 배울 일』을 보면, '삼인부(三印符)'의 부분을 주목하게 된다. 이 부분에서는 기존에《삼국유사》의' 왕검조선 '조 기록을 통해 잘 알려진 천부인(天符印)의 내용과는 전혀 다른 또 다른 상고시기의 표상에 관한 내용이 소개되고 있어 매우 흥미롭기도 하다. 그 구체적인 내용을 살피면 천부인(天符印)의 경우는 한 번 인(印)을 들어 생명이 있기를 부른다.[14]고 했고, 지부인(地符印)의 경우를 보면, 한 번 인(印)을 들어 멸망됨이 없기를 부른다.[15]고 했으며, 마지막으로 인부인(人符印)의 경우에는 한 번 인(印)을 들어 대길하고 창성됨을 부른다.[16]고 하였다. 다시 말해 상고시기에 세 개의 상징적 표상으로서의 인(印)이 있었고, 제 각각의 인들은 그 성격이 "有生", "無滅" 그리고 "吉昌"이라는 저 마다 다른 목적으로 소망을 빌던 상징이었다는 내용으로 요약된다. 그러한 제 각기 다른 소망은 제 각기 다른 주문사항이기도 하다. 그래서 세 가지는 곧 세 呪文이라 표현해도 무방한 것이다.

다음으로 『대순전경』의 경우를 보면, '제4장의 45' 부분에서 증산선생이 종도들에게 같은 공부의 수단을 제시하기 보다는 제 각기 다른 공부의 수단을 제시했음을 알게 한다. 그런데 그 공부의 수단이란 것이 바로 주문을 외는 것이었다. 곧 광찬(광찬)과 갑칠(甲七)에게는 '태을주(太乙呪)'를 많이 읽게 했고, 김병선(金炳善, 光贊의 조카)에게는 '도리원서(桃李園序)'를 구송(口誦)케 했는데 그 횟수를 무려 1천회까지 익으라 했고 차경석과 안내성에게는 '시천천주(侍天天呪)'를 입술과 혀를 움직이지 않고 많이 소리를 내지 않고서 묵송(默誦)케 했다.

증산선생이 자신을 따르는 종도들에게 반드시 한결같은 텍스트만으로 획일화된 학습시스템을 고집하지 않고 사람마다 제 각기 다른 텍스트에 진력할 것을 말한 속뜻이 무엇인지는 분명치 않다. 그러나 증산선생은 각 종도들의 성향과 공부의 발전 정도를 감안하여 개인별

---

14 一擧印而놋有生
15 一擧印而놋無滅
16 一擧印而놋吉昌

학습의 이해도에 따른 충차의 배려와 요구하는 진도를 달리 구분하고 설정한 것으로 이해된다. 달리 말하면 속인들의 학습의 경우처럼 그 개인적 학습층위와 도달 과정을 달리 판단한 것으로 여겨진다.

3) 三才(天地人)思想의 새로운 적용

『天心經』과 『참 精神으로 배울 일』 및 『大巡典經』의 각 부분을 보면 삼재(천지인)사상을 슬며시 활용하고 있는 곳을 심심찮게 확인하게 된다. 물론 삼재 사상은 결코 한국인들의 전통적 사유체계이기는 하지만 단독의 고유한 사상은 아니다. 도리어 그 출처는 우리가 아닌 중국일 개연성도 엿보인다. 그러나 여기서는 삼재 사상에 관한 연원의 고찰은 접어두고 세 편의 근대기 신앙문건에 보이는 모습을 적시해보고자 한다.

『天心經』을 보면, "하늘이 움직인 뒤에 땅이 안정되고, 안정되고, 땅이 안정된 이후에 사람이 생겨나고 사람이 생긴 이후에 마음이 제대로 되었으니 하늘은 日月星辰의 군장이요, 땅은 利慾十二의 군장이라. 君이란 皇이요."[17]라는 내용이 보인다. 거론된 문장을 통해 삼재 (天地人) 사상이 여실하게 적용되었음을 단적으로 확인하게 된다.

또한 『참 精神으로 배울 일』을 보면, "한 마음의 살리는 말씀(일심생언)" 부분에서, "우리 선생님(先生任)은 천지와 더불어(與天地로) 그 덕을 갖추었소(合其德하시었소) 하늘과 땅으로 그 덕을 갖추실 때에 (하날과 땅으로 其德을 合하실 때에) 하늘과 땅이 누구와 더불어서 그 덕을 갖추었겠소.(하날과 땅이 누구로 더불어 其德을 合하시겠소 아마도 사람인 것 아니겠소.) 이 사람은 천하에 지극한 선을 크게 했고 지극한 정성을 크게 한 양반입니다.(이 사람은 天下에 大至善 大至誠한 양반이요.) 천하의 지극한 선을 크게 하고 지극한 정성을 크게 하지 않고는 때를 맞춰 천지가 사람에게 그대에게 다가오지 않을 것입니다.(天下의 大至善大至誠아니고는 때를 맞춰 天地가 사람에게 臨汝치 못하리라.) 그런 까닭으로 우리 선생님께서는 음양을 알고 있습니다.(그런 故로 우리 先生任께서는 能히 陰陽을 알으십니다.) 천지께서 우리 선생님의 몸과 마음에 강림해서 천지와 만물이 생육하신 움직임과 고요함을 알고 있습니다.(天地께서 우리 先生任 身心에 降臨하사 天地萬物生育하신 動靜을 압니다.)"라는 내용을 보게 된다.

거론된 부분에서 제기된 선생님이 "천지와 너불어(與天地로) 그 덕을 갖추었"음을 밝히고 있다. 이는 단적으로 삼재(천지인)사상을 교묘히 활용하고 있음을 알게 한다. 天地와 함께 하는 선생님은 곧 사람(人)이기 때문이다.

그리고 『대순전경』의 경우를 보면, 그 '제4장 46' 부분에서, "사농공상이라 하나 선비의 일 또한 商業이고 농사 일 또한 工業이니 후천에는 선비의 일과 상업이 합쳐지고 농사와 공업이 합쳐져서 두 가지 직업으로 통합되리라. (빠진 글이 있는 듯) 세상 만물이 각각 자기 나

---

17 無極有極에 惟精惟一하사 天動以後에 地靜하고 地靜하고 地靜以後에 人生하고 人生以後에 心正하니 天爲日月星辰之君이요 地爲利慾十二之君이라.《天心經》

름대로의 바탕에서 태어나 부끄럼 없이 마구 자라서 무성해 졌다가 때가되면 자연의 섭리에 따라 통합되듯이 봄의 기운은 싹을 틔우시는 것이요, 여름 기운은 크게 무성하게 자라게 하심이요, 가을의 기운은 신(神)이 농사지은 것을 거둠이며, 겨울의 기운은 도(道)로 모든 것을 환원하여 다음 씨 뿌릴 때를 기다리심이라. 이런 기운으로 그 때 그 때 天地를 각각 주재하게 하나니 그것을 아는 마음이 대도술이니라." 하였다. 이 부분에서 증산선생은 온 우주를 조화로 움직이는 기운이 천지를 각각 주재하고 그러한 점을 아는 마음이 대도술이라고 헤아린 점을 알 수 있다. 결국 증산선생은 전통적으로 내려오던 三才(天地人) 사상을 근대기에 다시 나름대로 재구성하여 민중들에게 설명한 셈이다. 뿐인가. 같은 '제4장 46' 부분에서 "運至氣今至願爲大降 無男女老少兒童而歌之 是故永世不忘萬事知 侍天主造化定永世不忘萬事" 라는 주문을 소개한 점도 주목할 점이다. 이 주문은 "함없이 천지의 조화를 주재하시는 하느님의 덕에 마음을 합하고 정하여 영원토록 잊지 않고 그 도를 알고 뜻을 받들고자 하오니 지극한 기운이 크게 내리기를 원하옵니다."는 내용을 담고 있는데, 역시 '천지의 조화' 나, '마음을 합하고' 등으로 보아 천지와 결합하고자 하는 구도적 인간의 내면을 나란히 드러내고 있음을 알 수 있다.

4.『天心經』이 지니는 특이점과 다른 근대 신앙문건과의 차별성

증산선생의 저작이라는 전언이 오늘날까지 전승되는『天心經』은 그 내용이 매우 소략하지만, 담긴 의미는 그리 간단치가 않은 일종의 경전이다. 이 경전은 제목에서 밝힌 것처럼 하늘과 마음에 관한 경전인 셈이다.

먼저 해당 전문을 옮겨보면 다음과 같다. 고찰을 위해 편의상 단락을 숫자로 분리하였음을 사전에 밝힌다.

(1)

無極有極에 惟精惟一하사 天動以後에 地靜하고 地靜하고 地靜以後에 人生하고 人生以後에 心正하니 天爲日月星辰之君이요, 地爲利慾十二之君이라. 君者는 皇也요 心者는 天也니 半畝方塘에 天君이 座定하시고 一寸丹田에 地君이 座定하시니 方塘丹田之間에 日月星辰이 四會라.

(2)

四會之間에 惟人이 最貴하고 萬物之中에 惟人이 最靈하니 邪不犯正하고 天不勝德이라. 天奪邪氣하니 邪氣自滅하니라.

(3)

誦伏羲之先天하며 誦文王之後天하며 法周公之正心하며 法孔子之
仁心하나 天皇이 始傳之地皇하시고 地皇이 次傳之人皇하시고 人皇
又傳之文武周公孔子七十二賢하시니

(4)

諸惡鬼는 速去千里唵唵吸吸 如律令娑婆阿

소개한 원문을 좀 더 쉽게 풀어보면

1)

極이 없으나 極이 있으나 오직 精實하고 오직 合一하여, 하늘이 움
직인 뒤에 땅이 안정되고, 안정되고, 땅이 안정된 이후에 사람이 생겨
나고 사람이 생긴 이후에 마음이 제대로 되었으니 하늘은 日月星辰의
군장이요, 땅은 利慾十二의 군장이라. 君이란 皇이요, 心은 天이니 반
이랑(畝)의 네모진 연못(塘)에(라도) 천군(天君, 이는 곧 心皇이다-필
자 주)이 앉아 자리하시고, 한 치 단전(一寸丹田)에 지군(地君)이 자리
하시니, 네 모진 연못과 단전의 사이에 해와 달과 별이 사방으로 모이
는 것이라.

2)

사방으로 모이는 사이에 오직 사람이 가장 귀하고, 만물의 가운데에 오직 사람이 가장 영험하니 사악함은 바름을 범하지 못하고 요사함은 덕을 이기지 못한다.

3)

복희의 선천을 여쭙고, 문왕의 후천을 여쭙고, 주공의 마음을 올바로 지님(正心)을 법으로 하며, 공자의 어진 마음(仁心)을 법으로 하는 것이니, 천황이 비로소 지황에게 전하였고, 지황이 다음으로 인황에게 전하였고, 인황이 또 문무주공과 공자 72현에게 전한 것이니.

4)

모든 악귀는 빨리 천리(멀리)에로 사라지길 唵唵吸吸, 율령과도 같이 娑婆阿!

이 경전에서 1)부분과 3)부분은 사실상 보조적인 보충문장이자, 전하고자 하는 의지를 인문학적 지식으로 지탱해주는 역할을 느끼게 하고 있다. 그 나머지에 해당하는 2)는 이 경전에서 가장 중시할 대상이 다름 아닌 '사람'인 점을 부각시켜 주고 있고, 그에 따른 이 경전의 요구사항이 바로 4)의 주문인 점을 읽어낼 수 있다.

이 경전에서 결국 천하만물가운데 유독이 '사람'을 그토록 강조한 이유는 밝혀있지 않다. 그것은 오히려 마지막 주문에 보이는 모든 악귀(諸惡鬼)와 연관하여 분석될 여지를 느낀다.

증산선생이 피흉추길의 세계관과 신앙의식을 지닌 점을 견주어본다면, 모든 악귀(諸惡鬼)는 바로 凶鬼이고 邪氣일 수 있다. 凶鬼이고 邪氣인 잡것들이 사람의 세상이 나타나 괴롭히는 것을 두고, 이 경전의 작성자는 2)부분에서 "사악함은 바름을 범하지 못하고 요사함은 덕을 이기지 못한다."고 그 당위성을 밝히고도 있다.

결국 이 『天心經』은 온갖 만물가운데 사람이 가장 존귀한데, 존귀한 사람의 세상을 위협하는 사악함과 요사함에 대한 강한 배척의지를 지녔고, 그 배척의 인문적 정통성이 복희와 문왕 그리고 주공과 공자의 종적 질서를 강조한 가치관과 원리에 있음을 말하고 있으며, 邪的 意志를 모아서 강력하게 呪文을 드러냄으로 그 요구사항을 염원하고 있음을 알 수 있다.

점술인 사용

직경:14cm

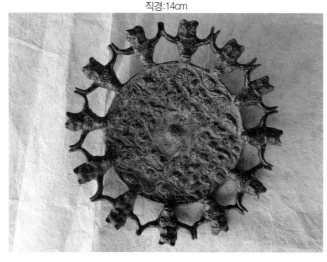

5. 『참 精神으로 배울 일』이 지니는 특이 점과 다른 근대신앙문건과의 차별성

1) 『참 精神으로 배울 일』에 담긴 총체적 성격
- '기별'과 '소식' 그리고 '선생님'과 '하늘임'과의 신앙적 상관성-

『참 精神으로 배울 일』이라는 이 기록은 1889년경에 작성된 것으로 추측되고 있다. 그리고 이 저작물의 저술 동기는 아무래도 신앙적 교재의 성격에서 찾아야 할 것 같다. 그 이유는 이 책자의 곳곳에 유교와 불교 그리고 단군신앙 등이 제 각기 어우러져 있고, 그러한 글들은 이른바 '기별'이란 표현으로 마치 신도들에게 전해주어야 할 '소식'의 가치로 중시되고 있기 때문이다. 더불어 이 책의 신앙적 요체를 체득한 신앙지도자인 '선생님(先生任)'의 소개를 긍지에 가득 찬 자세로 밝히고 있어 주목된다.

『참 精神으로 배울 일』이라는 이 기록에서 '기별'과 그에 연관되는 '소식'은 여러 형태로 이루어짐을 알 수 있다. 이를 테면, ●예수 弟子 寄別간다 ●甑山第子寄別간다 ●갔다 오는 和民人心 寄別가자분다. ● 還本精神 오른 사람 寄別가자 부른다 등이 그러하다. 그리고 기별과는 다른 관점에서 소식을 말하는데, ●수운의 제자가 소식차 간다(水雲弟子 消息간다) ●증산의 다시 삶(甑山再生)에 관한 소식(消息) 왔소. 등이다.

뒤이어 여러 글들이 이어지고 있는데, "음양시비 끝난 노래(陰陽是非 끝난 歌)"에서는 온갖 시비가 가려져 그 종식됨을 말하고 있다. 여기서 말하고 있는 종식은 사상적 판갈음의 의미로 규정되는 성격을 띠고 있다. 그리고 각종 시비의 종식은 '내외간' 그리고 '사둔간'에 있어서도 마침내 그친다는 의미를 드러내고 있어 19세기 후반에 조선 백성들 사이에 존재했던 숱한 이견과 반목의 장이 신앙적 화합으로 마침내 끝장이 났다는 다소 희망적인 감흥을 지니고 역설하고 있다.

다음으로 "해가 많은 천언(天言)을 보고 듣고서 알지 못하고 도가 없으면서 허둥지둥 말을 삼는 자에게(多害한 天言을 見聞而不知하고 無道而草草爲言者에게)"라는 글이 보인다. 이 글에서 "무릇 도는 도가 아닐 경우라면 도라고 말할 수 없다(夫道는 非道면 不可言道也니라)"는 내용을 보게 되는데, 다분히 논자도덕경의 맥락상 의미와 거의 통하고 있다. 19세기 후반부터 싹트고 있던 민중 속의 신종교운동의 사상적 한 바탕이 도가적 정서로 이루어졌음을 알게한다.

다음으로 "한 마음의 살리는 말씀(一心生言)"의 부분을 보면, 앞서 말했듯이 신앙지도자인 '선생님'을 극찬하는 내용을 역설하고 있다. 곧 "우리 선생님(先生任)은 천지와 더불어(與天地로) 그 덕을 갖추었소(合其德하시었소) 하늘과 땅으로 그 덕을 갖추실 때에(하날과 땅으로 其德을 合하실 때에) 하늘과 땅이 누구와 더불어서 그 덕을 갖추었겠소.(하날과 땅이 누구로 더불어 其德을 合하시겠소 아마도 사람인 것 아니겠소.) 이 사람은 천하에 지극한 선을 크게 했고 지극한 정성을 크게 한 양반입니다.(이 사람은 天下에 大至善 大至誠 한 양반이요.) 천하의 지극한 선을 크게 하고 지극한 정성을 크게 하지 않고는 때를 맞춰 천지가 사람에게 그대에게 다가오지 않을 것입니다.(天下의 大至善大至誠아니고는 때를 맞춰 天地가 사람에게 臨汝치 못하리다.) 그런 까닭으로 우리 선생님께서는 음양을 알고 있습니다.(그런 故로 우리 先生任께서는 能히 陰陽을 알으십니다.) 천지께서 우리 선생님의 몸과 마음에 강림하서 천지와 만물이 생육하신 움직임과 고요함을 알고 있습니다.(天地께서 우리 先生任 身心에 降臨하사 天地萬物生育하신 動靜을 압니다.)"라는 부분이 그러하다.

그런데 "한 마음의 살리는 말씀(一心生言)"의 부분은 다시 신앙인의 참된 태도를 역설하고 있어 주목된다. 곧 "도덕(道德)은 누구를 음해(陰害)하고 죽일 심술(心術)은 없소이다. 사람을 살리고자 싶은 마음뿐이요. 우리는 하날임 전(前) 하늘에 알리고 한마음으로 바뀌지 말자는(告天一心不變하잔) 언약(言約)이요. 그런 까닭(故, 으)로 우리는 서로 권선(勸善)하야 서로 옳다. 그르다. 맞아!(옳타글차마자) 서로 부탁(付託)한 말뿐이요 우리는 참 하날임 전(前) 손 모아 빌고 하기를(祝手하기을) 관청은 선한 마음으로 화합하도록(官廳善心和) 하심이시여 어서 성공(成功)하야 만백성(萬百姓)의 태평세상(太平世) 보기로 정성을 들이기(致誠) 하자구요."라는 내용이 그러하다. 신앙의 중심에 '하날임'이 등장함도 주목되는 사항이기도 한데, 결국 '만백성의 태평세상(萬百姓의 太平世)'를 소망하는 것을 통해 모든 신도들이 함께 태평한 세상을 맞이 하자는 매우 보편적인 세계관과 맞닿아 있음을 느끼게 된다.

이어 "예수 제자가 마중을 나간다(예수 弟子 寄別간다)"의 부분을 통해서는 이 책자의 신앙이 기독교적 요소를 부분적으로 활용하고 있다는 뚜렷한 근거를 확인하게 해주고 있다. 그리고 다시 "수운의 제자가 소식차 간다(水雲弟子 消息간다)"의 부분을 통해서는 동학을 창시한 수운 최제우의 종교적 사상성을 역시 활용하고 있음을 알게 된다. 그리고 이 "수운제자(水雲弟子) 소식(消息)간다"라는 기록에는, 사람들의 삶을 위협하는 모든 악을 징벌하고 광제창생의 대도를 열기 위해 '크게 항복시킬 운수의 점령(大降運數占領)'을 꾀하려는 수운의 제자들이 소망하던 의로운 개혁의 힘과 꿈이 담겼던 점도 더불어 살펴진다. 뒤이어 "증산의 제자가 마중을 나간다(甑山第子寄別간다)"의 부분에서는 역시 증산 증산선생의 종교적 사상성을 다시 활용하고 있다. 뿐더러 이 기록의 부분에서는 음부경(陰符經)이라는 도가적(道家的) 수단이 방편으로 제시되고 있고, 용화회(龍華會)라는 불교의 이상적 상태를 함께 희망하고 있고, 복희에게 물어서 소 같은 부처인 신농씨의 있는 곳을 찾아서, 그 신농씨의 신이한 약초의 힘을 얻어 만병을 치유하고 젊음을 유지하는 길로 나서는 데 크게 도움을 줄 '선생님'의 말씀을 들으러 오라는 메시지도 살펴진다. 또한 이 기록의 마지막 부분에서 '증산의 다시 삶(甑山再生)에 관한 소식(消息) 왔소'라고 한 것도 놓칠 수 없다. 어쩌면 새 깨달음의 길로 나서는 데 크게 도움을 줄 '선생님'은 다름 아닌 증산이고, 그를 통해 진정으로 얻어야 할 바는 '증산의 다시 삶(甑山再生)에 관한 소식(消息)'일 터이다. 문제는 도대체 '증산의 다시 삶(甑山再生)에 관한 소식(消息)'이 무엇인지를 밝히는 것인데, 거론되고 있는 '온갖 병에서 젊음을 되찾음(萬病回春)'이 눈길을 끈다. 새로운 길을 모색하는데 일단 몸이 건강하고 기분이 유쾌해야 천지자연의 도를 접할 때도 기쁠 터이니 말이다.

다음 "갔다 오는 화민인심이 마중을 나가자고 한다(갔다 오는 和民人心 寄別가자분다.)"라는 소제목의 기록도 눈길을 끈다. 언뜻 이 제목은 무슨 말인지 도무지 이해가 쉽지 않다. 그러나 뒤이어진 내용을 견주어 다시 헤아려 보면, 포교행사에 다녀온 사람들의 인심이 다시 그 포교행사에 마중을 나가자고 하더라는 뜻이 있음을 알게 된다. 뭔가 이미 진행된 포교행사가 당시의 사람들에게 일정하게 감동을 주었거나 호감을 느끼게 했음을 짐작하게 해준다.

다음으로 '근본에 되돌아온 정신으로 옳은 사람 마중을 가자고 부른다(還本精神 오른 사람 寄別가자 부른다)'라는 소제목의 기록도 주목된다. 이 소제목도 역시 언뜻 무슨 말인지 도통 쉽게 이해가 되질 않는다. 그러나 뒤이어진 내용을 견주어 본다면, '근본으로 되돌아온 옳은 사람이 마중을 나가자고 부르고 있습니다.'라는 내용이 된다.

그런데 이 "근본에 되돌아온 정신으로 옳은 사람 마중을 가자고 부른다.(還本精神옳은 사람 寄別가자 부른다.)"의 부분에서는 가장 한국적인 단군신앙에 주목하여 전통적 신앙관에 그 뿌리를 닿게 하려는 노력도 보여주고 있다.

한편 "삼인부(三印符)'의 부분에서는 기존에 《삼국유사》의 '왕검조선'조 기록을 통해 잘 알려진 천부인의 내용과는 전혀 다른 또 다른 상고시기의 표상에 관한 내용이 소개되고 있어 매우 흥미롭기도 하다. 또한 "삼인부(三印符) '의 부분에서는 기존에 《삼국유사》의 ' 왕검조선 '조 기록을 통해 잘 알려진 천부인의 내용과는 전혀 다른 또 다른 상고시기의 표상에 관한 내용이 소개되고 있어 매우 흥미롭기도 하다. 그 구체적인 내용을 살피면 천부인(天符印)의 경우는 한 번 인(印)을 들어 생명이 있기를 부른다.[18]고 했고, 지부인(地符印)의 경우를 보면, 한 번 인(印)을 들어 멸망됨이 없기를 부른다.[19]고 했으며, 마지막으로 인부인(人符印)의 경우에는 한 번 인(印)을 들어 대길하고 창성됨을 부른다.[20]고 하였다. 다시 말해 상고시기에 세 개의 상징적 표상으로서의 인(印)이 있었고, 제 각각의 인들은 그 성격이 "有生", "無滅 "그리고 "吉昌"이라는 저 마다 다른 목적으로 소망을 빌던 상징이었다는 내용으로 요약된다. 그런데 제기되는 주문의 내용은 사실 서로 호응되는 점도 있어 흥미롭다. 그것은 생명이 있기를 부른다는 ' 유생 '과 멸망이 없기를 부른다는 ' 무멸 '의 내용이 사실상 같은 맥락에서 이해될 수 있는 개념이기 때문이다. 생명이 있음은 멸망이 없는 상태이기 때문에 동어반복이라는 느낌을 강하게 들게 하고 있음을 알 수 있다. 그렇다면 문제는 이 삼인부에서 어째서 세 가지 중에 두 가지는 사실상 같은 의미의 내용일까?라는 점이다. 여기서 그 이유를 밝혀내기는 쉽지 않으나, 근대기의 조선사회에서 三政(전정, 군정, 환곡)으

---

18 一擧印而哭有生
19 一擧印而哭無滅
20 一擧印而哭吉昌

로 이야기되던 민생도탄의 상황은 그야말로 산 사람도 죽음으로 이끌던 참혹한 악마적 기제였음을 환기할 필요가 있다. 어린 아이에게조차 장정의 군역세를 물게 한 황구첨정의 가혹한 징세구조를 이야기하지 않더라도, 조선말의 백성은 초근목피로 연명하던 사실상의 窮民들이었고, 그들에게 생명을 있게 함이란 탐학한 관리들의 횡포나 가렴주구를 멸절시키는 것이 아니었을까?

또한 삼인부(三印符)를 설명하는 글을 이어 마치 간절한 기도문처럼 느껴지는 글이 덧붙인 점도 흥미롭다. 이러한 글을 통해 아무래도 삼인부(三印符)와 같은 제의(祭儀) 목적으로 사용될 부(符)와 인(印)을 역시 19세기후반의 시기에 여러 가지 혼란한 상황 속에 처했던 당시 민중들의 의례 속에서 사용했을 개연성을 느끼게 된다. 근대기 민중사회에서 기도와 같은 글이 쓰였고, 거론된 글도 역시 그러한 용도로 사용되던 글의 일부로 추론되어진다. 특히 "하날님 전(前) 빌어보고 산을 보고 물을 보고(見山見水) 빌어봅니다."는 부분은 전근대 한국인들이 정화수를 떠놓고 아무 곳에서든지 빌고 기원을 올리던 어느 모습을 쉽게 연상시키는 모습이다. 기도하던 이들은 하날님을 찾았고, 눈앞에 보이는 산이나 물가에서 간절한 기원을 올렸음을 알 수 있다.

간략하게 살펴본 것처럼 『참 정신으로 배울 일』이라는 문건 속에는 신앙적 언설들이 비교적 다양하게 실려 있다. 그러한 부분들은 사실 여부를 떠나 한국 상고시기의 문화상과 사회상을 좀 더 풍부하게 고찰하는데 문학적 상상력을 자극한다는 점에서 가볍지 않은 가치를 드러낸다고 평가가 가능하다. 구체적으로 보면, '기별'과 '소식'이라는 구분된 내용으로 당시 도탄에 빠진 조선민중에게 신앙적 메시지를 전하고자 함을 드러내고, 그 과정에서 '선생임'의 신이한 존재를 조명하면서, 그것은 결국 민중을 구제할 '하날임'과 연관되는 것임을 알려주려는 신앙적 의도를 느끼게 하고 있다.

2) '음양에 관한 시비(陰陽是非) 끝났음을 말하는 노래(歌)' 부분에 관한 검토

『참 정신으로 배울 일』에서 처음 보이는 단위 문장이 '음양시비 끝난 노래(陰陽是非 끝난 歌)'이다. 이는 음양을 둘러싼 시비가 끝났음을 알리는 노래'라는 뜻으로 풀이되는 글이다. 그런데 이 문장은 그리 쉽게 풀이되는 글이 아니다. 끝에 노래(歌)라는 표현이 있지만 그리 녹록하게 여겨지지 않는다. 우선 그 의미를 풀어서 옮겨 보면 다음과 같다.

무자기축 윤 7월22일 정미무신 음양시비 끝났네. 음양시비가 끝났소.[21] 큰 도는 즐겁소. 큰 도는 즐겁소. 천지와 음양에 관한 큰 도는 즐겁소. 천하가 하나로 되돌아가는 큰 도는 즐겁소. 만사가 뜻대로 되는 큰 도는 즐겁소. 우리 도는 봄바람이니 큰 도는 즐겁소. 바람이 불고 불어 일어나고 일어나 큰 도는 즐겁소. 좌로나 우로나 옳고 그름 끝났

---

21 戊子己丑 閏7月22日 丁未戊申 陰陽是非 끝났네. 陰陽是非 끝났소.

네.[22] 동서시비 끝났네.[23] 내외간에 저 시비시비 오늘 끝나고 사둔간의 저 시비시비 오늘 끝났다.[24] 일곱 번 생각하는 2일 뒤 알겠는가. 정미무신 묘린다.[25] 차차로 이후에 두고 보아 큰 도(道)의 봄바람이 봄바람 길게 멀리 무궁하구나. 머리카락이 없는 저 사람이여. 누가 머리카락 있는가를 시비하지 마세요.[26] 그런데 이 부분의 뒤에 7월23일(七月二十三日)이라는 일자가 뒤따라 표기되어 있는데, 그에 관한 역사성 여부는 차후의 과제로 유보코자 한다.

이 글에서는 온갖 시비가 가려져 그 종식됨을 말하고 있는 듯이 여겨진다. 여기서 말하고 있는 종식은 사상적 판갈음의 의미로 규정되는 성격을 띠고 있다. 그런데 "큰 도는 즐겁소"로 풀이 되는 그 도(道)는 과연 어떤 도를 말하는지 구체적으로 파악하기 어려운게 아쉽다. 그러나 적어도 큰도는 즐거워야 하고 거꾸로 즐겁지 않다면 큰 도가 아닐 수 있다는 논리가 가능하기에 여리서 말하는 도는 그저 엄숙하고 비인간적인 권위에 기대지 않는 것임을 슬며시 느낄 수 있어 다행이라는 엉뚱한 심상에 젖기도 하게 한다.

이어서 눈에 띄는 부분으로 "좌로나 우로나 옳고 그름 끝났네. 동

---

22 大道樂 大道樂 天地陰陽大道樂 天下歸一大道樂萬事如意 大道樂 吾道春風大道樂 風風起起大道樂左右是非끝났네.

23 東西是非 끝났네.

24 內外間에 저 是非是非 오날 끝나고 査屯間의 저 是非是非 오날 끝났다.

25 七念2日 뉘알라 丁未戊申묘린다.

26 次次以后 두고보아 大道春風이 春風長遠無窮하구나 頭髮없는 저 누구 有髮是非마소.

서시비 끝났네."라는 내용이 있다. 이 내용을 통해 역시 즐거운 도가 좌로나 우로나 지역의 편파성을 극복하는 공정함을 갖추는 것임을 알게 하고, 또한 동과 서의 지역성을 역시 뛰어넘는 보편성을 확보하는 가치를 지니고 있었음을 알게 한다. 그런데 점점 도대체 그렇게 좌나 우 그리고 동과 서를 모두 아우르는 균형있고 공정한 도가 어떤 도였는지 더욱 궁금해질 뿐이다.

그런데 이 기록의 맺음 부분에 보이는 "머리카락이 없는 저 사람이여. 누가 머리카락 있는가를 시비하지 마세요."라는 내용은 여기서 언급된 도가 머리카락이 없는 곧 승려와 같은 동아시아 전통의 신앙수행자의 관점에서는 다소 이질적이거나 비판적인 대상의 도일 것이라는 추론을 부르고 있다.

어떻든 이 기록은 신앙적으로 대립되거나 양립하기 어려운 시비의 근거가 사라졌음을 말하고 있음이 분명하다. 그리고 각종 시비의 종식은 '내외간' 그리고 '사둔간'에 있어서도 마침내 그친다는 의미를 드러내고 있어 19세기 후반에 조선백성들 사이에 존재했던 숱한 이견과 반목의 장이 신앙적 화합으로 마침내 끝장이 났다는 다소 희망적인 감흥을 지니고 역설하고 있다.

3) '해(害)가 많은 천언(天言)을 보고 듣고서 알지 못하고 도가 없으면서 허둥지둥 말을 삼는 자에게[27]' 부분에 관한 검토

이 기록의 내용은 언뜻 도가적 저서를 지닌 이가 작성하였다는 추론을 느끼게 하는 신앙적 기록이다. 곧 "무릇 도는 도가 아니면 도라고 말할 수 없다."[28]라고 표현한 부분이 그러한 점을 뒷받침하고 있다. 그리고 "우리가 어찌 도가 아니고서 감히 말하겠는고? 무릇 본 사람이 어찌 사교리오?"[29]라고 하는 부분에서는 자신들이 믿고 있는 신앙에 관하여 굳은 확신에 찬 의비를 읽게 된다.

뒤이어 "야언(耶言)이라고 꾸미지 말라 하라. 보는 자가 야교라 말로 칭함이 도를 모르는 까닭이라 우리는 농부라 농부는 말을 못한다."[30]라고 한 부분은 무슨 뜻인지 이해가 쉽지 않다. 자신들이 농부출신임을 드러내고 있음이 자신들이 믿는 종교와 연관성이 있다는 주장인지 그 위도를 확인하기 어렵다.

또 "하늘이 가르치고 행동함은 말로 됨이니 하늘이 그 말을 가르치니 농부의 말이라.[31] 불상하니 나로다. 농부 무식 이 사람 무슨 일로[32]

---

27 多害한 天言을 見聞而不知하고 無道而草草爲言者에게
28 夫道는 非道면 不可言道也니라
29 吾何非道而敢言고 夫見者是何邪敎耶
30 勿爲耶言敎하라 見者耶敎稱言이 道不知故也라 吾는 農夫라 農夫不言이요
31 天敎行之爲言也니 天敎其言이 農夫言也니라
32 불상타나여 農夫無識이사람 무삼일노

이 해 저 해 죽음과 삶 집푼이[33] 고생을 피눈물 붉은 흐름 지내난고[34]"
라는 부분을 보면, 확실히 이 종교를 믿는 신도의 상당수가 농부와 같
은 향촌 농경사회의 촌락민들이었음을 추정하게 하고 있다.

　뒤에 이어지는 내용을 보면 다음과 같다.

　　오호(嗚呼)라 저 창생(蒼生)아 내가 죽어 네 살아야 내의 죽엄을 들
　　러바라[35] 네 죽엄 내 죽엄이 천 번 죽고 만 번 죽어(千死萬死) 죽었
　　나니 내 슬픔이 네 슬픔이라 천황지황변화(天皇地皇變化)로세 인
　　황씨(人皇氏) 생겨날 제 용사시비(龍巳是非) 생사 판단(判斷) 삼황
　　오제생사유무(三皇五帝生死有無) 요순화심(堯舜和心) 누구란야.
　　천하일기재생신(天下一氣再生身)을 천지대도(天地大道) 내린 대
　　강(大降) 예수 와서 어디 있고 제불선(諸佛仙)이 어디있야 각도주
　　인(各道主人) 각인심주(各人心主) 날찼기은 생각(生覺)잔고 예수
　　왔다 기별(奇別)한 즉 모략시기(謀略猜忌) 무삼일고 철不知 너기
　　들아 예수 모해(謀害) 너무 말라 불상한 서양(西洋)예수 불상한 서
　　양(東洋)예수 하강천해원(下降天解寃)이다. 동서학(東西學)이 생
　　겨날 때 서학(西學)와서 날을 찼고 동학(東學)와서 나을 찾아 요순
　　춘심(堯舜春心) 본 연후(然后)에 만언시비(萬言是非) 끌러내여 일
　　도화기귀일(一道和氣歸一)이디 시비창창무도자(是非蒼蒼無道者)

33 '집푼이' 란 무슨 의미의 말인지 그 뜻을 전혀 확인할 길이 없어 아쉽기만 하다.
34 此年彼年 死生집푼이 苦生을 血淚紅流지내난고
35 '들러바라' 역시 그 뜻을 전혀 확인할 길이 없다.

야 옳은 내말 신문(新聞)은 못 내보고 천언작해신문(天言作害新
聞)이야 학왜염질(學倭染疾) 짓지 마라.

네 무도(無道)를 살리자고 축원축수(祝願祝手) 빌어 보았다 기본
수토(其本水土) 어느 땅의 생겼든고. 머리카락이 있음(有髮)이 야
교(耶敎)던야 자유(自有)의게 두발(頭髮)을 나를 태어나게 했으니
그게 근본임(生我其本) 몰라보고 작해면수무수(作害寃讐無數)로
다. 대도음양초정신(大道陰陽初精神)이 생아견덕춘정표(生我見德
春情表)가 두발(頭髮)이라 서불무발유발(西佛無髮有髮)하자 경영
(經營)라 이 말 만일(萬一) 네와 나와 재판(裁判) 할진대는 재판소
(裁判所) 저 양반도 이 말 재판(裁判) 네 죄(罪) 알아 나를 홀각선능
지이해능지(忽覺善能知而解能知)요 대통령(大統領) 저 성도(聖道)
도 이 말 화심동도상성춘선의(和心同道相成春善矣)리리 선견지지
(善見知之)하라.

소개된 이 기록은 대체적으로 문맥이 자연스럽지를 못해 매끄럽게
전체의 내용을 연결하기는 쉽지 않다. 그러나 "내 슬픔이 네 슬픔이라
천황지황변화(天皇地皇變化)로세."고 한 표현은 우리의 인생 살이에
있어 사실 너와 나가 따로 구별되어 누구는 행복하고 누구는 불행하
다는 이분법적 사고를 초월하고 있다는 인상을 느끼게 하고 있다. 그
것은 바로 양지가 음지가 되고 음지가 양지가 된다는 속담처럼, 하늘
이 땅이 되고 땅이 하늘이 될 수 있다는 논리를 제시하고 있는 듯이 느
끼게 한다.

그런데 "철不知 너기들아 예수 모해(謀害) 너무 말라 불상한 서양(西洋)예수 불상한 서양(東洋)예수 하강천해원(下降天解寃)이다."는 부분에서는 이 기록의 집필자가 상당히 서학(西學)이나 야소교의 논리에 익숙해져 있는 사람이 아닐까 하는 의문을 느끼게 하고 있다. 서양의 예수가 다름 아닌 원망을 풀어주러 하늘에서 내려온 존재(下降天解寃)라고 밝히고 있기 때문이다. 그리고 이 기록의 집필자는 "시비창창무도자(是非蒼蒼無道者)야 옳은 내말 신문(新聞)은 못 내보고 천언작해신문(天言作害新聞)이야 학왜염질(學倭染疾) 짓지 마라."고 하고 있다. 곧 옳다 그르다 하며 숱하게 시비가 많은 도를 모르는 사람이여. 옳은 내 말은 신문에 내질 않고 하늘 말이라고 하여 해를 지어서 신문을 내니 그것은 왜인들을 배워 오염시키는 병질(病疾)이라고 성토하고 있는 것이다. 아마도 당시에 서학과 야소교를 비방하는 이들이 정치적으로 친일적인 관계를 이루고, 하늘의 말이라며 비판적 입장에 서있던 것임을 추론하게 되는데, 그에 관한 구체적인 증거와 사례를 당장 찾기란 쉽지 않아 보인다. 어떻든 이 기록은 19세기후반부터 싹트던 여러 민중 종교운동의 한 양상을 미루어 짐작해보게 하는 자료적 가치가 있다는 평가는 가능할 것이다. 특히 앞서 거론했듯이 "무릇 도는 도가 아닐 경우라면 도라고 말할 수 없다(夫道는 非道면 不可言道也니라)"는 내용을 보게 되는데, 다분히 노자도덕경의 맥락상 의미와 거의 통하고 있음을 보게 된다. 그러나 이 기록의 다른 부분에서 서학이나 야소교적 입장에서나 가능할 수 있는 예수 중시의 태도는 19세기 후반부터 싹트고 있던 민중 속의 신종교운동의 사상적

바탕이 도가적 정서는 물론, 서양의 신앙적 요소와 내용까지 부분적
으로 융합하려는 의도가 뒤섞여 있던 것임을 주의하게 한다.

4) '한 마음의 살리는 말씀(一心生言)' 부분에 관한 검 토

이 "한 마음의 살리는 말씀(一心生言)"의 부분을 보면, 앞서 말했듯
이 신앙지도자인 '선생님'을 극찬하는 내용을 역설하고 있다. 곧 "우
리 선생님(先生任)은 천지와 더불어 그 덕을 갖추었소. 하늘과 땅으로
그 덕을 갖추실 때에 하늘과 땅이 누구와 더불어서 그 덕을 갖추었겠
소. 이 사람은 천하에 지극한 선을 크게 했고 지극한 정성을 크게 한
양반입니다. 천하의 지극한 선을 크게 하고 지극한 정성을 크게 히지
않고는 때를 맞춰 천지가 사람에게 그대에게 다가오지 않을 것입니
다. 그런 까닭으로 우리 선생님께서는 음양을 알고 있습니다. 천지께
서 우리 선생님의 몸과 마음에 강림하셔 천지와 만물이 생육하신 움
직임과 고요함을 알고 있습니다."라는 부분이 그러하다.³⁶

---

36 원문을 그대로 옮기면 다음과 같다.
우리 先生任은 與天地로 合其德하시었소 하늘과 땅으로 其德을 合하실 때에 하늘과 땅이 누구로 더불어
其德을 合하시겠소 아마도 사람인 것 아니겠소. 이 사람은 天下에 大至善 大至誠 한 양반이요 天下의 大
至善大至誠아니고는 때를 맞춰 天地가 사람에게 臨汝치 못하리라. 그런 故로 우리 先生任께서는 能히
陰陽을 알으십니다. 天地께서 우리 先生任 身心에 降臨하사 天地萬物生育하신 動靜을 압니다. 與日月로
合其明하시었소 날과 달로 더불어 其明을 合하실 때에 누구시오 아마도 사람이 날과 달로 더불어진 것
아니오 그렇다면 사람이 日月精神에 合하여 본 故로 能히 밝은 말을 합니다. 明者圖畫日月이요 그런 故
로 圖 를 能言 하십니다 이러므로 우리는 압니다. 與四時로 合其序하시었소. 四時로 더불어 其序를 合
하는 이 四神이 사람으로 더불어 其次畫를 合한 것 아니겠소. 四神이 四帝요 四帝가 곧 五帝요 五帝가 사
람인 것 아닙니까. 五帝는 天下江山萬國이요 이 양반이 누구시오 곧 天地父母시여 이 양반이 四時를 말

요약하자면 이 기록 속의 선생님의 존재는 다음과 같은 훌륭한 점을 갖춘 존재로 요약된다.

● 천지와 더불어(與天地) 그 덕에 합치된(合其德) 분/천지합덕(天

하시니 곧 元亨利貞이요. 仁義禮智를 能히 알라 말하시오 그런 故로 압니다. 與鬼神으로 合其吉凶하시었소. 鬼神으로 더불어 其吉凶을 合하실 때에 鬼神이 사람으로 더불어 吉凶을 合하신 것 아니요 그렇다면 사람이 鬼神이요 鬼神이 사람인 것 아니요 鬼神과 함께 죽어보고 살아보심이시어 이 生死吉凶은 입으로 다 말할 수 없소 기막히오. 億兆蒼生의 罪惡이며 止害止病 지내 날 때 참 一筆로 難記지요 萬忠臣의 죽음을 다 죽어보고 살려내심이시어 萬蒼生의 罪惡 죽음을 任意로 죽어 없애보심이시어 道德善心의 저 죽음도 이 양반을 찾아와 죽어보고 살아나니 恩德은 다 世上兵 쓸 것 없애보시고 다 세상쓸 것은 살려 있게 하신 누구시오 불상하고 슬퍼하고 亡之又亡은 다하시고 興다하시 이 天地父母시어 누가 있고 누가 안 잊으오리까. 이 世上에 살아난 우리 만한 사람은 다 잊을 수 없소. 참 불상하기도 짝이 없소 우리는 어서 찾아 救援합시다. 恩高德厚하신 恩德이시어 우리는 어서 찾아 報恩합시다. 이 불상하고 무서우신 이 사람을 어서 찾아 救援키는 생각잖고 알지 못한 世上사람 是非하고 口舌하미 作害하고 미워하고 陰陽하고 冤讐짓기 무삼일고. 德者는 生我萬物之德也요 明者는 敎化萬億之明也요. 序者는 多小生死無○之序也요 吉凶者는 多蒼生棄死多生之吉凶이니라. 道德은 누구를 陰害하고 죽일 心術은 없소이다 사람을 살리고자싶은 마음뿐이요 告天一心不變하잔 言約이요 그런 故로 우리는 서로 勸善하야 서로 옳타글차마자 서로 付託한 말뿐이요 우리는 참 하날임 前 祝手하기을 官廳善心和하심이시어 어서 成功하야 萬百姓의 太平世 보기로 致誠하자구요. 牛性는 龍性이요 在野는 農夫가 在野牛性이요 天地父母는 萬物生育하신 父母요 弓乙合德은 陰陽合德이요 天地合德이요 德者는 다 一體로 하나도 안 빼고 살린단 말이요. 時感惠는 牛馬鳴龍化人生天下萬物生我之恩 一心同力는 不忘我生之恩一心同力이요 世界所立은 家家人人各人心主所立 다 自各心主를 세워야 한다는 말이요 吾主所立은 各人心主吾主요 各人心主 다 제금 心主세워 吾主所立이란 말이요. 右便에서 人心돌면 安民報國하게 되고 左便에서 人心돌면 合和朝鮮大運이라. 左右人心合和하니 大得萬年朝鮮이네 蒼生일을 生覺하야 懷抱있어 이리저리 움쿠러서 하는 말 畏哉라 海印經이어 誰不至誠罪得天고 天降海印치며 廣濟蒼生이로다 何者가 罪犯於海印經고 天必誅之無所禱矣라. 始劃八卦伏羲氏가 彌勒인 줄 뉘가 알며 天下惡毒이 身變化滅亡인줄 뉘가 알며 投鞭草木神農氏가 牛佛인 줄 뉘가 알며 天下惡毒저 疾病을 牛首變化 다 滅하고 살려낸 줄 春心生을 뉘가 알고 불쌍하 이 道德이시여 天이 말씀하시니 말씀이시오 廣濟蒼生하시자고 多生多殺하신 줄을 生者야 無心할까 忽然히 알고보면 精神돌아오려니와 儒佛仙을 分明 알고 東西洋仔細히 알아 古今事가 完然인 줄 宇宙江山 알아내요. 하날임이 하신 말씀 나도 알고 자네 알고 왼 世上이 다 알아라 하시었소. 우리 先生任께서는 天地合德 하신 양반이시오 天地合德은 사람이 符合天地合德하셨단 말이요. 合德愚夫愚女居室之間陰陽合德이란 말씀이요. 合字는 萬物之氣能合羽能放日合이요 德者는 萬物之生育曰德也요 우리 先生任께서는 日月合其明하신 양반이시오 日月合其明은 사람이 符合日月合明하셨단 말씀이요 合明은 愚夫女居室之間內外合明이란 말씀이요 合字는 萬物之明照光一照合也요 明字는 內明之神明日外明之人明日天下大文明也요 우리 先生任께서는 四時合序를 하시었소.

地合德) 하신 양반

●천하(天下)에 대지선(大至善) 대지성(大至誠) 한 양반

●음양(陰陽)을 알고 계신 분

●몸과 마음에 천지(天地)가 내려 임하여(降臨) 천지만물을 살게 기르는(天地萬 物生育) 움직임과 고요함(動靜)을 알고 있는 분

●해와 달과 더불어(與日月) 그 밝음에 합치된(合其明) 분/해와 달의 밝음에 합치된(日月合其明) 양반

●사시와 더불어(與四時) 그 질서에 합치된(合其序) 분

●귀신과 더불어(與鬼神) 그 길흉에 합치된(合其吉凶) 분

●누구를 음해(陰害)하고 죽일 심술(心術)은 없고, 사람을 살리고 자싶은 마음뿐인 분

한편으로 이 기록의 집필자는 자신 등이 믿고 따르는 신앙의 절대적 지도자(선생님)께서 세상에 가득한 문제를 해결할 것으로 여겼고, 해결이 필요한 사안은 대체로 "시비(是非)하고 구설(口舌)하기"를 없앰이며, "해를 짓고(作害) 미워하고 음양(陰陽)하고 원수(冤讐)를 짓기" 따위였던 것으로 살펴진다.

그런데 이 기록의 집필자는 자신이 그토록 믿고 따른 선생님을 '임금'으로까지 치켜 올리고 있음을 문맥으로 헤아리게 된다. 곧, "우리 임금이 세우는 바는 각 사람의 마음의 주인이고 우리의 임금이다. 모

---

37 吾主所立은 各人心主吾主요 各人心主 다 제금 心主세워 吾主所立이란 말이요.

두 지금 마음의 임금을 세움이란 우리 임금을 세운 바란 말입니다.[37]" 란 부분이 그러함을 뒷받침한다. 그리고 그렇게 각 사람이 마음의 임금을 세우게 되면 오른쪽에서 인심이 돌아서 백성은 편안하고 나라에 보답하며 왼쪽으로 인심이 돌게 되면 조선의 대운이 모여지고 화합할 것(合和朝鮮大運)이고 결국 좌우의 인심이 모여 화합하면 만년세월의 조선을 크게 얻을 것(大得萬年朝鮮)을 말하고 있다.[38] 이 부분에서 살펴지는 '조선의 대운이 모여지고 화합할 것(合和朝鮮大運)'과 '만년 세월의 조선을 크게 얻을 것(大得萬年朝鮮)'이라는 내용은 신앙으로 충실한 사람들이 모여 결국은 만인이 행복하고 화평한 조선의 구현으로 그 이상적인 정치상황까지 가능할 것을 말하고 싶었음을 알게 한다.

그런데 이 기록의 집필자는 믿는 자들이 또 중시할 신앙의 바탕으로서 주목할 경전으로 '해인경(海印[39]經)'이 있음을 갑작스럽게 제시하고 있기도 하다. 곧, "두렵도다. 해인경(海印經)이여! 누가 지극한 정성이 없어 하늘에 죄를 얻는가? 하늘이 해인(海印)을 내렸으니, 널리 창생을 구제할 것이다."[40]고 말하는 부분이 그러하다. 그리고 강한 주장이 이어지는데, "무엇이 해인경에 죄를 범하는가? 하늘은 반드시 기도가 없는 곳에 벌을 주리라!"[41]고 말하고 있어 꾸짖듯이 하고 있다.

---

38 右便에서 人心돌면 安民報國하게 되고 左便에서 人心돌면 合和朝鮮大運이라. 左右人心合和하니 大得萬年朝鮮이네
39 해인(海印)이라는 어휘는 불교(佛敎)계의 말로, 바다의 풍랑이 잔잔해져서 만상(萬象)이 그대로 나타난다는 뜻으로 부처의 슬기를 이르는 말이다.
40 畏哉라 海印經이여 誰不至誠罪得天고 天降海印하니 廣濟蒼生이로다
41 何者가 罪犯於海印經고 天必誅之無所禱矣라.

뿐더러 기록자는 거듭 주장하는데, "처음에 여덟 괘를 그은 복희씨(伏羲氏)가 미륵(彌勒)인 줄 뉘가 알며 천하에 악독한 뱀의 몸이 바뀌어 멸망한 줄 뉘가 알며, 초목에 채찍을 내리친 신농씨(神農氏)가 소롤 된 부처인 줄을 뉘가 알며 천하 악독한 저 질병을 소머리의 변화로 모두 멸하고 살려낸 게 봄철이 살려냄을 지닌 마음임을 뉘가 알고"[42] 있겠느냐고 하고 있다. 이 부분의 내용은 언뜻 서로 정합되지 않는 성격이 있어 이해가 쉽지 않다. 그러나 이 기록의 문맥으로 보아 이 집필자는 유불선(儒佛仙)의 융합을 도모하고 있었음을 알 수 있다. 그러한 집필자의 성향을 미루어 본다면, 팔괘를 그은 복희씨가 사실상 미래에 나타나서 중생을 구제하려했다는 불교 교리상의 미륵과 다를 바 없다고 자리매김한 것이고, 역시 독초와 약초를 구별코자 초목을 맛보아 고생하던 신농씨가 결국 대자대비를 밀한 부처와 다를 바가 없다고 이해 한 것을 추론할 수 있다.

이어서 기록자는 마침내 쏟아내듯이 듣는 이들에게 힘차게 말하기 시작한다. 곧 "불쌍하다. 이 도덕(道德)이여. 하늘이 말씀하시니, (하늘의) 말씀입니다. 널리 창생을 구제하자고 많이 살리고 많이 죽인 줄을 살아난 이여! 마음이 없는 것인가. 홀연하게 알고 보면 정신을 차리게 될 것이니 유불선(儒佛仙)을 분명히 알고 동서양을 자세히 알아서 옛일과 지금의 일이 완연한 것을 우주강산을 알아내시오."[43]라고 하고 있다. 이 기록의 집필자가 최종적으로 유도하고 있는 신앙의 종착

---

[42] 始劃八卦伏羲氏가 彌勒인 줄 뉘가 알며 天下惡毒巳身變化滅亡인줄 뉘가 알며 投鞭草木神農氏가 牛佛인 줄 뉘가 알며 天下惡毒저 疾病을 牛首變化 다 滅하고 살려낸 줄 春心生을 뉘가 알고

점이 단순하게 해인경(海印經) 정도에만 머물지 않고 유불선 삼교의 융합적 수용과 활용이란 점을 알게 된다.

　그런데 "한 마음의 살리는 말씀(一心生言)"의 부분은 다시 신앙인의 참된 태도를 역설하고 있어 주목된다. 곧 "도덕(道德)은 누구를 음해(陰害)하고 죽일 심술(心術)은 없소이다. 사람을 살리고자 싶은 마음뿐이요. 우리는 하날임 전(前) 하늘에 알리고 한마음으로 바뀌지 말자는(告天一心不變하잔) 언약(言約)이요. 그런 까닭(故, 으)로 우리는 서로 권선(勸善)하야 서로 옳다. 그르다. 맞아!(옳타글차마자) 서로 부탁(付託)한 말뿐이요 우리는 참 하날임 전(前) 손 모아 빌고 하기를(祝手하기을) 관청은 선한 마음으로 화합하도록(官廳善心和) 하심이시여 어서 성공(成功)하야 만백성(萬百姓)의 태평세상(太平世) 보기로 정성을 들이기(致誠) 하자구요."라는 내용이 그러하다. 신앙의 중심에 '하날임'이 등장함도 주목되는 사항이기도 한데, 결국 '만백성의 태평세상(萬百姓의 太平世)'를 소망하는 것을 통해 모든 신도들이 함께 태평한 세상을 맞이하자는 매우 보편적인 세계관과 맞닿아 있음을 느끼게 된다.

---

43 불쌍하다 이 道德이시여 天이 말씀하시니 말씀이시오 廣濟蒼生하시자고 多生多殺하신 줄을 生者야 無心할까 忽然히 알고 보면 精神돌아오려니와 儒佛仙을 分明 알고 東西洋仔細히 알아 古今事가 完然인 줄 宇宙江山 알아내요.

5) '예수 제자 기별(弟子 寄別)간다' 부분에 관한 검토

이 '예수 弟子 寄別간다' 는 기록도 그 풀이가 좀처럼 쉽지 않다. 우선 그 본래 문장을 다시 쉽게 옮겨 보면 다음과 같다.

예수. 하늘을 믿는 우리 제자 선생님의 소식을 들어 보았나. 선생님 소식을 들어 보았소?[44] 하늘 위에서 사람 사이로 아래로 내려 올(上天下降人間) 때 거짓 예수가 없었으니 참 예수가 인간의 삶을 신민(新民)으로 되어 날 때 옷을 걸치고 갓을 쓰고 문물을 지니고 머리에는 머리카락(衣冠文物頭髮)이었네[45] 신기(神奇)하고 마음은 묘(心妙)하다. 만민 가운데에 다른 백성 뇌성벽력(雷聲霹靂)이른 곳에 천지에는 한 사람도 사람이 없었으니(無人天地一人) 하나의 나팔을 불이 일어나니 대대로 독이 핀 강산(毒代江山)이 천지의 하늘을 믿는 사람은 예수를 아시기 바랍니다.[46] 부모소식(父母消息) 아일진대 이 소식이 뉘 소식인가. 하늘로 오르던 우리 형제 내려 와서 마중을 하네.

옮겨진 문장을 통해 몇 몇 의미를 검토해보고자 한다. 먼저 첫 구절에서 예수를 "하늘을 믿는 우리 제자 선생님"으로 이해하고 있음이

---

[44] 예수 信天 우리 弟子先生任 消息을 들어보았나. 先生任消息을 들어 보았소.

[45] 上天下降人間을 때 거짓 예수가 없었으니 참 예수가 인간 삶 新民으로 되어 날 때 衣冠文物頭髮이네

[46] 神奇하고 心妙하다 萬民中의 다른 百姓 雷聲霹靂이른 곳에 無人天地一人 한나 나팔불어 일어나니 毒代江山이 天地의 信天者는 예수 알으세요.

인상적이다. 어째서 예수를 제자 선생님으로 파악하고 있는지 그 이유는 알 수가 없다.

그런데 돌연하게 '거짓 예수' 라는 어휘를 사용하고 있음이 흥미롭다. 또한 거짓 예수가 아닌 '참 예수' 의 등장은 마치《삼국유사》속의 환웅설화를 연상시키는 듯하여 어리둥절해진다. 곧, 하늘 위에서 사람의 사이로 내려 올 때 참 예수는 인간의 삶을 신민으로 되도록 했다는 문맥상의 내용이 그러하다. 그리고 당시 참 예수가 새로운 시대를 열 때에 "옷을 걸치고 갓을 쓰고 문물을 지니고 머리에는 머리카락(衣冠文物頭髮)이었"음을 강조한 것은 어째서일까? 혹시 천여 년 이상으로 한반도의 곳곳에 자리를 잡았던 불교도들의 교리에 바탕을 두지 않으려는 강한 반발심의 반영일지 알 수 없는 대목이다.

이 기록의 집필자는 마치 우리의 옛 상고시기 첫 나라를 열었다는 환웅의 설화적 상황을 서양의 구약과 신약의 요소들을 적절히 차용함은 물론 예수라는 서양의 신앙 지도자를 적절히 삽입시키는 방식을 펼치고 있다는 추론을 불러 일으킨다. 음을 헤아리게 된다. 곧 "천지에는 한 사람도 사람이 없었으니 하나의 나팔을 불어 일어나니 대대로 독이 핀 강산(毒代江山)이 천지의 하늘을 믿는 사람은 예수를 아시기 바랍니다."라고 한 대목이 그러한 의심을 가능하게 한다. 한 사람도 없는 곳에 하나의 나팔이 울리면서 '독이 핀 강산' 에 천지의 하늘을 믿는 사람이라고는 '예수' 만이 있었다는 분위기로 꾸미고 있는 속내에는 예수만이 독으로 가득찬 강산을 말끔하게 할 수 있는 능력을 갖추고 있음을 말하고 하려고 한 것으로 이끌고 있다.

하지만 이 '예수 弟子 奇別간다'는 기록의 내용은 그야말로 허황된 내요에 지나지 않는다. 분명치는 않으나 마치 환웅시기의 개벽과 같은 건국의 설화 상황을 나팔이 울리며 새롭게 펼쳐진 듯이 묘사하려는 그 마음은 불교의 논리로 장식되어 오던 세계관과 신화의 이미지를 서학과 야소교의 논리와 이미지로 대체시키려 한 의도 이상으로는 다른 가치가 느껴지지 않는다.

다만 이 기록의 내용은 19세기 근대기라는 힘겨운 고난의 시기를 살던 조선의 기층적 서민들과 일부 식자층이 다른 신앙적 활로를 찾고자 할 때 지녔던 사유의 세계를 고스란히 보여주고 있다는 점에서는 나름 시대상을 반영한 기록이라는 평가는 가능할 터이다.

6) '수운 제자 소식(水雲弟子 消息)간다' 부분에 관한 검토

이 "수운제자(水雲弟子) 소식(消息)간다"라는 기록도 역시 신앙과 관련된 내용이다. 그러나 역시 그 전체 내용을 매끄럽게 이해하는 것은 쉽지 않게 여겨진다. 일단 좀 더 쉽게 옮겨 보면 다음과 같다.

> 소식이 왔네. 소식이 왔소. 수운선생님의 소식이 왔네.[47] 때가 되면 오마 하던 말, 예수 슬픔. 수운 설움. 오늘 이때가 되어서 오셨

---

[47] 消息왔네 消息왔소 水雲先生任 消息왔네

지.[48] 뇌성벽력이 울고 하늘의 궁궐 속 하늘 여러 신선들이 모양을 지어 내려올 때, 크게 항복시키려하는 염원과 뜻이 있어 온갖 마귀를 항복시키자고 죽거나 삶이 위중한 곳에 큰 도 운수와 생기를 따라서 모두 살려서 수운제자가 마중하러 왔습니다.[49]

궁을합덕(弓乙合德) 거기에 계셔서 소가 울 때 은혜를 느껴(봇時感惠) 알았거든 한 마음으로 힘을 함께 하여(一心同力) 찾아들어오소. 하늘 문 궁궐(天門宮)에 내린 대항운수점령(大降運數占領) 못하겠는가. 운수(運數)따라 합(合)해보면 천도행사(天道行事) 상제교화분명무의(上帝教化分明無疑) 어디 일런고.

한 발 자칫 지체(遲滯)되면 욕도무처처사(慾到無處虛事)라네. 선생님(先生任) 소식을 물어서(여쭤서) 오세요. 때가 있으면 오면 수운선생님 소식(水雲先生任消息)이 왔소.

이 기록에서 "크게 항복시키려하는 염원과 뜻이 있어 온갖 마귀를 항복시키자고 죽거나 삶이 위중한 곳에 큰 도 운수와 생기를 따라서 모두 살려서 수운제자가 마중하러 왔"다는 부분이 인상적이다. 그러한 결연한 의지와 실천이 바로 수운 최제우의 신앙적 발자취였고 그를 따르는 제자들 역시 같은 길을 가고 있는 것임을 기록자는 말하고 싶었던 것으로 이해된다. 그래서 기록자는 말한다. 궁을합덕(弓乙合

---

[48] 때있으면 오만말 예수슬픔 水雲 설움 오늘 이때가 되야 오셨지.
[49] 雷聲霹靂 天宮天諸仙作伴 내려올 때 願爲大降 뜻이 있어 降盡魔鬼 없애자고 死生處에 大道運數生氣 따라 다 살려서 水雲弟子寄別왔소.

德)이 있어 소가 울 때 은혜를 느껴(牛時感惠) 알았거든 한 마음으로 힘을 함께 하여(一心同力) 찾아서 어서 들어오라고.

그림3 동학도들이 내거는 궁을(弓乙) 깃발

그런데 궁을합덕이란 도대체 무엇일까? 그런데 이 궁을합덕은 그 의미가 너무 깊고도 많아서 사실 설명하기가 매우 어렵다. 그러나 이를 가장 간명하게 설명하고 이해하는 데는 동아시아의 보편적인 불(黻)무늬를 살펴보면 비교적 간단하다.

동북아시아의 전통 복식가운데 황제나 군왕 그리고 그에 준하는 왕자 등이 입는 옷은 여느 사대부와는 달랐다 그 가운데 면복이 있고, 그 면복에는 여러 문양이 베풀어진다. 황제나 군왕의 경우 12문장이 옷에 베풀어지고 그 가운데 불(黻) 문양은 두 개의 활을 서로 마주 보게 하는 모습인데, 이를 두고 "신민이 악(惡)을 등지고 선(善)을 향하는 뜻을 채택했음을 상징한다."[50]는 견해가 있어 흥미롭다. 이 불(黻) 무늬는 현재 중국학자들에 따르면 자신들의 오래된 복식제도의 결과로 주장하고 있다. 그들의 주장은 별 무리가 없게 여겨진다. 왜냐하면 우리의 고대시기에 불모양 등 12개 무늬가 새겨진 면복을 사실 중구에서 만들어 우리 땅에 보내주었다는 기록이 확인되기 때문이다. 물론 조선조 어느 시기부터는 우리 자체적인 본을 만들어 스스로 면복을 제작하여 사용하기 시작했으므로, 면복이 반드시 중국인의 솜씨에만

---

50 와타나베 소슈 지음, 유덕조 옮김,《중국고대문양사》, 법인문화사, 2000, P. 426.

기댄 것이 아님을 말할 수도 있다.

여기서 거론코자 하는 요지는 불(戫) 무늬의 기원이 반드시 중국에서 였겠느냐 하는 점이다. 왜냐하면 우리의 상고시기에 어아(於阿) 노래가 있었고, 그 노래의 핵심은 악함을 징벌한다는 강렬한 징악(懲惡) 의지였다. 중요한 점은 징악 의지가 상징처럼 거론된 '활'에 있었고, 그 활이 불(戫) 무늬의 핵심으로 쓰였는데 "악(惡)을 등지고 선(善)을 향하는 뜻"인 점은 아무래도 불(戫) 무늬의 기원이 중국만의 것이라고 단정하는데 이의를 느끼게 한다.

더욱이 이암이 전한 《태백진훈》을 보면, 치우가 대궁(大弓)을 신(神)의 기물(奇物)처럼 여겼다는 부분이 포착되고, 한국의 일부 샤먼들이 악귀를 몰아내는 형상을 구현할 때 복숭아나무로 만든 활을 쥐고 악귀를 내쫓는 시늉을 하는 점은 불(戫) 무늬의 '활'이 지니는 의미와 너무 강하게 맞아 떨어지고 있다. 이쯤에서 한중일 삼국 사이에 유독 활을 잘 다루고 국기처럼 여긴 족속이 중국과 일본이 아닌 우리 한민족이었던가 하는 점도 깊이 고려할 부분이다. 뿐더러 근대기의 동학도들이 사용하기 시작한 궁을기(弓乙旗)의 문양을 견주어 보면 놀랍게도 불(戫) 무늬의 또 다른 형상으로 느껴져 놀랍기만 하다.

여러 가지 문화적 자료와 전승 기록들을 견주어볼 때, 수운 최제우를 비롯하여 숱한 동학도들이 휘날렸던 궁을기(弓乙旗)와 궁을합덕(弓乙合德)이란 의미는 악한을 징벌하는 강한 징악의지를 바탕으로 하는 신앙의식의 상징으로 이해된다.

결국 이 "수운제자(水雲弟子) 소식(消息)간다"라는 기록에는, 사람들의 삶을 위협하는 모든 악을 징벌하고 광제창생의 대도를 열기 위해 '크게 항복시킬 운수의 점령(大降運數占領)'을 꾀하려는 수운의 제자들이 소망하던 의로운 개혁의 힘과 꿈이 담긴 것이라고 이해된다.

그래서 이 기록자는 또 말하고 있다. "운수(運數)따라 합(合)해보면 천도행사(天道行事) 상제교화분명무의(上帝敎化分明無疑) 어디 일런고."라고. 그 말은 주어진 대도를 열 운수를 피하지 않고 하늘의 도를 이룰 일인데, 그렇게 한다면 상제(上帝)가 가르치고 교화함이 분명하여 의심할 바는 없을 터이니 그 곳은 어디 일 것인가! 하며 그러한 이상세계를 찾아 나서자고 하는 듯하다.

7) '증산제자 기별(甑山第子寄別)간다' 부분에 관한 검토

이 '증산제자 기별(甑山第子寄別)간다.'는 기록의 내용도 그 의미 찾기가 만만치 않게 어려운 편이다. 우선 다시 옮기면 다음과 같다.

기별가세. 기별가. 기별오네. 기별와. 수운기별 증산소식 소의 울음에 섰으니 사생처가 어드메요. 증산재생 그곳이라.[51] 천하에 한 기운

---

51 寄別가세. 寄別가. 寄別오네. 寄別와. 水雲寄別甑山소식 소울음에게 섰으니 사생처가 어드메요 甑産再生 그곳이라.

이 몸을 다시 살렸네. 뉘 소식을 못들어 소가 울 때 은혜를 느껴 다 거기 천하인생귀일화음부우성성진명용화회상하강세복희(天下人生歸一和陰符牛聲性震鳴龍華會上下降世伏義) 물러 미륵소식우불(彌勒消息牛佛) 찾아 천하명의만병회춘해인약지체(天下名醫萬病回春海印藥遲滯) 못할 이 시간 선생님 소식(時間先生任 消息)을 들으러 오세요. 증산의 다시 삶(甑山再生)에 관한 소식(消息) 왔소.

이 기록에서는 제목이 '증산제자 기별(甑山第子寄別)간다.' 임에도 '수운기별' 이란 말이 앞서 나오고, 다시 '증산 소식' 이 뒤따르고 있다. 수운의 신앙적 전통을 보다 앞세우고, 그 기반위에서 형성된 증산의 신앙 지향성을 표현한 것인지 알 수 없다. 그런데 뒤이어 보이는 23자의 한자는 절구도 아닌 상태로 그 의미 파악이 용이하지 않아 고민스럽다. 대체로 천하에 사람의 삶은 하나로 되돌아가는 데, 음부경(陰符經)에 조화되어야 함을 강조한 듯하고, 소우는 소리는 우레의 성질을 띠고 용화회(龍華會)를 울린다는 뜻을 지니고 있는 듯하며, 그것은 위로나 아래로 세상을 항복시키고 복희에게 물어 미륵의 소식인 소같은 부처를 찾아 천하의 명의로 온갖 병에서 젊음을 되찾고, 해인(海印)의 지혜와 약을 더디게 못할 이 시간이니 선생님의 소식을 들으러 오라는 의미로 풀이된다.

결국 이 '증산제자 기별(甑山第子寄別)간다.' 는 기록에는 음부경(陰符經)이라는 도가적(道家的) 수단이 방편으로 제시되고 있고, 용화회(龍華會)라는 불교의 이상적 상태를 함께 희망하고 있고, 복희에게

311

물어서 소 같은 부처인 신농씨의 있는 곳을 찾아서, 그 신농씨의 신이한 약초의 힘을 얻어 만병을 치유하고 젊음을 유지하는 길로 나서는 데 크게 도움을 줄 '선생님'의 말씀을 들으러 오라는 게 요지인 셈이다.

그런데 이 기록의 마지막 부분에서 '증산의 다시 삶(甑山再生)에 관한 소식(消息) 왔소.'라고 한 것은 이 기록의 의미를 곱씹게 한다. 어쩌면 새 깨달음의 길로 나서는 데 크게 도움을 줄 '선생님'은 다름 아닌 증산이고, 그를 통해 진정으로 얻어야 할 바는 '증산의 다시 삶(甑山再生)에 관한 소식(消息)'일 터이다. 문제는 도대체 '증산의 다시 삶(甑山再生)에 관한 소식(消息)'이 무엇인지를 밝히는 것이다. 하지만 이 글에서는 더 이상 그에 관한 단서를 찾기는 쉽지 않아 보인다. 그러나 적어도 '온갖 병에서 젊음을 되찾음(萬病回春)'은 그러한 새로운 길과 무관하게 느껴지진 않는다. 일단 몸이 건강하고 기분이 유쾌해야 천지자연의 도를 접할 때도 기쁠 터이니 말이다.

8) '갔다 오는 화민인심(和民人心) 기별(寄別)가자분다' 부분에 관한 검토

이 소제목을 다시 풀어보자면 "갔다 오는 화민인심(化民人心)이 마중을 나가자고 한다."라는 의미로 이해된다. 뒤이어진 내용을 견주어 다시 헤아려 보면, 포교행사에 다녀온 사람들의 인심이 다시 그 포교행사에 마중을 나가자고 하더라는 뜻이 있음을 알게 된다. 뭔가 이미 진행된 포교행사가 당시의 사람들에게 일정하게 감동을 주었거나 호감을 느끼게 했음을 짐작하게 해준다. 우선 관련 글을 옮기면 다음과 같다.

가그라 가그라 어서 어서 가그라 오니라 오니라 어서어서 오니라 순심화생(舜心和生) 우리 잔민(殘民[52]) 신민소식(新民消息)들러나 신민소식(新民消息) 들렀소. 신민소식(新民消息) 이 소식(消息) 전(傳)해기도 밥부고 보내기도 밥부네. 송송망망(送送忙忙) 전전급급(傳傳急急) 이리오소 어서가 소식(消息) 전(傳)커 어서가 저리오소 어서와 기별(寄別)가게 어서와 다청다습(多聽多習)이 공부(工夫) 활인적덕(活人積德)이 공부(工夫) 포덕(布德)가게 어서와 활인(活人)하게 어서와 화기(和氣)둘어서 다 풀어 옳은 사람 다 되면 선한 사람 아닌가

어을시구(於乙矢口)나 태평세생아자우부모(太平聖世生我者又父母)말 소식전(消息傳)차왔소. 순화인심(舜化人心) 우리 인심개신천하(人心皆新天下) 알으세요 잊지 못할 이 소식(消息)잊지 말고 다 오세요. 요순신민소식(堯舜新民消息)왔소.

이 기록은 얼핏 비천한 신분의 한 서민이 나름대로 새로운 신앙의 길을 전해 듣고서 그에 동화되어 무슨 노랫소리처럼 주장하는 글이

---

52 잔민(殘民)은 가난에 지쳐 힘든 백성을 뜻하는데, 잔맹(殘氓)으로도 쓰인다.

다. 먼저 원문의 내용을 다시 쉽게 풀어 보고 그에 대한 검토를 덧붙이
는 방식으로 분석을 추진하겠다. 척 문장을 보면 "가거라. 가거라. 어
서 어서 가거라. 오너라. 오너라. 어서 어서 오너라."고 되어 있다. 이
문장에서 가라고 한 것은 묵은 적폐와 같은 것이고, 오라고 거듭 요구
하는 것은 새로운 희망 세상으로 추론된다.

　이어서 "순심화생(舜心和生) 우리 잔민(殘民) 신민소식(新民消息)
들러나 신민소식(新民消息) 들렀소. 신민소식(新民消息) 이 소식(消
息) 전(傳)해기도 밥부고 보내기도 밥부네."라고 했는데, 이는 "순임
금 마음처럼 생령을 조회시킴을 바라는 우리 헐벗은 백성들, 백성을
새롭게 혹은 백성을 가까이 한다는 소식이 들리게 되었고, 그러한 소
식이 들리고 있소." 그 같은 고마운 소식을 전하기도 바쁘지만, 또 그
에 따라 다른 곳으로 연락을 보내기도 바쁘다는 뜻으로 이해되는 대
목이다.

다음으로 "송송망망(悾悾忙忙) 전전급급(傳傳急急) 이리오소 어서가 소식(消息) 전(傳)커 어서가 저리오소 어서와 기별(寄別)가게 어서와."라고 했는데, 이는 보내고, 보내며 바쁘고, 바쁘며 전하고, 전하며 급하고, 급하니 이리 오십시오. 또한 어서 소식을 전하고자 어서 가보십시오. 또 저리로 오시고 어서 오서 마중을 갈 터이니 어서 오십시오."라고 풀이된다.

다음으로 "다청다습(多聽多習)이 공부(工夫) 활인적덕(活人積德)이 공부(工夫) 포덕(布德)가게 어서와 활인(活人)하게 어서와 화기(和氣)둘어서 다 풀어 옳은 사람 다 되면 선한 사람 아닌가?"라고 하고 있다. 그런데 이 부분은 이 "갔다오는 和民人心 寄別가자분다"라는 일종의 벽서같은 글 속에서 가장 핵심적 요점이 담겨 있다는 느낌을 주고 있다. 먼저 풀어보면 "많이 듣고 만히 익히는 것이 공부이고, 남을 살리고 덕을 쌓음이 공부입니다. 덕을 베풀고자 할 것이니 어서 오십시오. 남을 살릴 터이니 어서 오세요. 화목한 기운이 둘러져서 다 풀어지고 옳은 사람이 모두 된다면 착한 사람이 아니겠습니까?"라는 내용이 될 터이다,

이 부분의 기록에서 소식을 전하는 이는 "남을 살리고 덕을 쌓음이 공부"임을 밝히고 있다. 비록 신분이 비천한지 어떤지는 알 수가 없으나 해당 내용은 공부를 하는 참된 목적과 가치가 어디에 있는 것인지를 일깨워주고 있다. 또한 "화목한 기운이 둘러져서 다 풀어지고"라는 부분은 화목한 기운이 주위에 둘러퍼지고 각 사람마다 맺혀 있던 원망과 한이 모두 해소된 이른바 해원(解)의 상황을 말하는 것은 아

닌지 조심스러운 추론을 해보게 된다.

한편 "옳은 사람으로 바뀌면 선한 사람"이라는 논리도 귀담아 들어야할 대목이다. 그냥 선해서는 안 되고 반드시 옳은 사람이어야만 선한 사람이라는 논리이기 때문이다. 그렇다면 그냥 선한 사람이란 누구이겠는가. 쉽게 말해 물색 모르고 무조건 착한 경우의 사람이 아닐까 싶은데, 마치 누군가를 죽이려고 하는 사람에게 사정도 파악치 않고 웃는 표정으로 살인을 서두르려는 이에게 선뜻 칼을 빌려주는 사람 정도가 아닐까 싶다. 누군가에게 도움을 주는 일은 기본적으로 착한 행위이겠으나 당사자가 엄청난 악행을 저지르려하는지 여부도 살피지 않는 멍청함으로 도리어 큰 변고를 생겨나는데 일조를 한 셈이라면 그렇게 악행을 방조한 격인 사람을 두고 과연 착한사람이라 해도 괜찮겠는가? 지금 소식을 선하는 이는 그래서 역설하고 있는 것 같다. 옳은 사람으로 바뀌어야만 선한 사람이라고 말이다.

또한 "어을시구(於乙矢口)나 태평세생아자(太平聖世生我者) 우부모(又父母)말 소식전(消息傳)차왔소. 순화인심(舜化人心) 우리 인심 개신천하(人心皆新天下) 알으세요. 잊지 못할 이 소식(消息)잊지 말고 다 오세요. 요순신민소식(堯舜新民消息)왔소."라는 맺음 부분도 그 의미가 가볍지 않다. 이 부분을 다시 쉽게 풀면, "얼시구나. 태평하고 성스러운 세상은 나를 살리는 것이고 또 부모님 말씀을 소식 전하고자 왔소. 순임금이 사람의 인심을 교화하였듯이 우리 인심이 모두 천하를 새롭게 하는 것을 아십시오. 잊지 못할 이 소식을 잊지마시고 모두 오십시오. 요임금 순임금의 백성 새롭게 대하는 소식이 왔습니다."로 이해된다.

이 "갔다 오는 화민이심(和民人心) 기별(奇別)가자분다"라는 기록을 처음으로 지은 이가 누구인지는 모르나, 이 기록의 집필자는 적어도 요임금과 순임금이 베풀었다는 화민성속의 아름다운 전통을 그리워하고 있었음을 느끼게 된다. 그래서 기록자가 분명하게 알리고자 하는 요점 가운데 "태평하고 성스러운 세상은 나를 살리는 것이고 또 부모님 말씀을 소식 전하고자 왔소."라는 부분도 큰 무게로 자리하고 있음을 깨닫게 된다. 곧, 이 기록의 집필자는 참답게 모든 이를 살리고 즐겁게 하는 세상은 그것이 "나를 살리는 것(生我者)"임을 적시했고, 그것은 나를 이 세상에 태어나도록 은혜를 베푼 부모님이 하시는 말씀과도 같음을 밝히고 있다고 여겨진다.

결국 무슨 노랫말과도 같이 착각이 드는 이 기록은 조선후기에 온갖 설움과 제도적 압제 속에서 신음하던 민중의 마음 밑바닥에 무슨 염원이 어떻게 꿈틀대고 자리했는가를 추론케 하고 있다. 그것은 요순으로 지칭되던 옛 태평성세의 재현이었고, 그러한 이상세계를 향한 순진무구한 새 세상 그리기였던 셈이다. 그래서 이 기록의 바탕에는 중국의 전통적인 유학사상을 신앙적으로 수용하는 측면이 적지 않게 스며있다는 특징을 느끼게 된다.

9) '환본정신(還本精神) 옳은 사람 기별(寄別)가자 부른다' 부분에 관한 검토

이 '환본정신(還本精神) 옳은 사람 기별(寄別)가자 부른다'는 기록은 다른 부분과 달리 단군과 기자 등을 언급하는 등 다소 특이점이 돋보여 눈갈을 끈다. 먼저 이 기록을 좀 더 쉽게 옮기면 다음과 같다.

> 마중할 일 마중할 일. 바삐 서둘러 마중할 일. 단군이며 천신이신님이 오시니 하늘의 뜻 마중하는 사람의 마음이 돌고 있는 마중이라네. 바삐 갑시다. 바삐 가요. 단군님 기자님 어디 오시나. 온갖 신선 길에 내리시니 복숭아 꽃 거듭 피어난 땅이라네. 용화세계의 뭇 신선은 금강산이 절승이나 죽고 사는 운명의 집이 어디인가.(하네) 천하에 착하여 마음의 모범됨이 금강암자의 심천(沈天, 심청?)의 효성이라네. 저 효녀가 아버지 눈을 밝게 하고자 임당수에 몸이 팔려서 황제가 낭군되어 자신은 황후이며 부인이 되었으니 여와씨와 복희씨의 내력을 알아봅시다. 참된 나무 소나무 아래에서 화신한 단군임 소식도 그에 견줄만한 소식이 아니겠습니까? 백성들 백성들 우리 백성들. 앞선 임금의 조선이여. 우리 백성. 조선의 물과 땅이 생거나 있는 백성들. 근본을 잊으면 어찌할 것이고, 조정을 잊으면 어찌하겠습니까? 살아가고 있는 우리 백성들. 마음 하나가 되어 기운 화목하게 하여 마중을 나가세. 바쁜 마중이고 마중일세.

어서 가보세. 바삐 갑시다. 하늘 말씀 가운데 하늘이 내린 말씀을
시간을 더디 지체할 수가 없습니다. 남을 살리고 덕을 베풀고 있으
니 어서 갑시다. 바삐 갑시다. 부모 소식이며 나를 살리는 소식을
봄 바람에 물어서 찾아 들어오십시오. 단군님이 머리를 묶으셨고
머리털이 있으셨네. 단군님은 천신님인 듯하니, 마중할 때입니다.
"53

이 "還本精神옳은 사람 寄別가자 부른다"의 부분에서는 가장 한국

---

53 寄別寄別 바쁜 寄別 檀君天神 오시(니) 寄別天意人心도는 寄別 바삐가세 바삐가. 檀君箕子 어디오시
나 萬仙降道重桃땅 龍華群仙勝剛山 死生집 뿐이 어디 天下心判金剛庵沈天孝誠 저 孝女가 我父 눈을
밝히고자 임당 水에 몸 팔려 皇帝郎君 皇后婦人變化하자 女 氏伏義氏來歷을 알아내소. 眞木松下化
한 사람 檀君消息아닐런가 百姓 百姓 우리 百姓 先王朝鮮 우리 百姓 朝鮮水土생긴 百姓 忘本어이 忘
朝런고 사라나는 우리 百姓 同心和氣寄別가세 바쁜 寄別이 寄別 어서가세 바삐 가 天語中天 내린 말
遲滯漸時 못하네 活人布德어서가 바삐가. 父母消息生我消息春風물어 찾아들어오세요 檀君束髮有髮
이네 檀君天神 寄別왔소.
朴善植(한국인문과학예술교육원) 註解,《참 精神으로 배울 일》, 古佛禪院 本(19세기말 유통)

적인 단군신앙에 주목하여 전통적 신앙관에 그 뿌리를 닿게 하려는 노력도 보여주고 있다. 곧, "단군이며 천신이신 님이 오시니 하늘의 뜻 마중하는 사람의 마음이 돌고 있는 마중이라네. 바삐 갑시다. 바삐 가요. 단군님 기자님 어디 오시나."라고 하는 부분이 단적으로 그 같은 특이점을 알게 하고 있다.

이 『참 정신으로 배울 일』이란 문건이 유불선(儒佛仙) 삼교의 신앙적 요소를 융합하려고 하는 의도를 지녔음을 헤아려 볼 때, 단군이나 기자를 언급함은 도리어 당연한 거론사항이 될 터이다. 그러나 그냥 단순히 장식적 효과를 꾀하고자 삽입한 사항이 아니라면 분명히 신앙적으로 유의미한 부분이 있었기 때문에 단군이나 기자가 언급되었을 개연성이 있다. 그런 점에서 눈길이 가는 대목이 "앞선 임금의 조선이여. 우리 백성. 조선의 물과 땅이 생겨나 있는 백성들. 근본을 잊으면 어찌할 것이고, 조정을 잊으면 어찌하겠습니까?"라는 부분이다.

'앞선 임금의 조선'을 기록하는 해당 부분의 원문을 보면, 그 표기가 '先王朝鮮'이라고 되어 있다. 여기서 말하는 선왕(先王)을 어떻게 받아들일지도 쉽지 않은 문제이다. 왜냐하면 선왕(先王)은 흔히 말하는 서낭단의 서낭을 한자로 표기할 경우에 해당되기도 한 까닭이다.

어떻든 이 기록의 집필자는 "근본을 잊으면 어찌할 것이고, 조정을 잊으면 어찌하겠"느냐고 하고 있다. 따라서 이 기록의 소제목이 '환본정신(還本精神) 옳은 사람 기별(寄別)가자 부른다.'라고 한 까닭을 이해할 수 있게 된다. 이 기록에서는 근본됨을 되돌이키는 의미로 글이 씌어졌음을 쉽게 추론할 수 있기 때문이다.

기록자는 그래서 또 재촉하듯이 말하고 있다. "우리 백성들. 마음 하나가 되어 기운 화목하게 하여 마중을 나가세. 바쁜 마중이고 마중 일세. 어서 가보세. 바삐 갑시다. 하늘 말씀 가운데 하늘이 내린 말씀을 시간을 더디 지체할 수가 없습니다. 남을 살리고 덕을 베풀고 있으니 어서 갑시다. 바삐 갑시다. 부모 소식이며 나를 살리는 소식을 봄바람에 물어서 찾아 들어오십시오."라고.

그런데 "남을 살리고 덕을 베"풀어야 함은 이미 앞서 살핀 바 있는 "갔다 오는 화민인심(化民人心)이 마중을 나가자고 한다."라는 기록에서 보인 내용이다. 곧 "다청다습(多聽多習)이 공부(工夫) 활인적덕(活人積德)이 공부(工夫)"라는 부분에서 보인 표현이엇던 것이다.

결국 이 『참 정신으로 배울 일』이란 문건 속에는 여기 저기서 비슷하거나 같은 말이 반복되어 사용되고 있음을 확인하게 된다. 그만큼 이 문건 속의 신앙적 기조는 서로 긴밀하게 상통되거나 같은 맥락에서 의미구조들이 구성되어 있음을 알 수 있다.

10) '삼인부(三印符)' 부분에 관한 검토

이 『참 정신으로 배울 일』이란 신앙적 문건에는 크게 보아 유불선 삼교의 신앙적 요소들이 종횡으로 뒤얽혀 있음을 잘 알게 된다. 특히 이 '삼인부(三印符)'의 부분에서는 가장 한국의 전통적 문화기반 위에 선도(仙道)적인 요소가 명징하게 기록되어 있음에 크게 주목하게 된다.

이 삼인부(三印符)의 부분에서는 기존에 《삼국유사》의 '왕검조선'조 기록을 통해 잘 알려진 천부인(天符印)의 내용과는 전혀 다른 또 다른 상고시기의 표상에 관한 내용이 소개되고 있어 매우 흥미롭기도 하다. 그 구체적인 내용을 살피면 천부인(天符印)의 경우는 한 번 인 (印)을 들어 생명이 있기를 부른다.[54]고 했고, 지부인(地符印)의 경우를 보면, 한 번 인(印)을 들어 멸망됨이 없기를 부른다.[55]고 했으며, 마지막으로 인부인(人符印)의 경우에는 한 번 인(印)을 들어 대길하고 창성됨을 부른다.[56]고 하였다. 다시 말해 상고시기에 세 개의 상징적 표상으로서의 인(印)이 있었고, 제 각각의 인들은 그 성격이 "有生", "無滅" 그리고 "吉昌"이라는 저 마다 다른 목적으로 소망을 빌던 상징이었다는 내용으로 요약된다. 이를 다시 정리하면 다음의 표-1과 같다.

|표-1|

인(印)의 구분	주문의 내용	핵심 소망사항
천부인(天符印)	한 번 인(印)을 들어 생명이 있음을 부른다(주문한다)	有生
지부인(地符印)	한 번 인(印)을 들어 멸망이 없게 됨을 부른다(주문한다)	無滅
인부인(人符印)	한 번 인(印)을 들어 대길(大吉)과 창성(昌盛)함을 부른다(주문한다)	吉昌

---

54 一擧印而哭有生
55 一擧印而哭無滅
56 一擧印而哭吉昌

여기서《영보육정비법(靈寶六丁秘法)》의 '무언법(無言法)' 항목의 일부 내용을 비교해보고자 한다. 왜냐하면 거론된 삼인부(三印符)의 인(印)부분의 내용과 약간의 유사성이 느껴지기 때문이다. 《영보육정비법(靈寶六丁秘法)》의 '무언법(無言法)' 항목을 보면, "초제를 제사 지냄은 정(丁)일을 맞아 한다. 상 위에 좌정한 밤에 눈을 감고 생각을 편안히 하는데, 상(床)은 인안(印案)으로 하고서, 한 면은 서쪽으로 머리를 두고 몸에 육정옥녀인(六丁玉女印)을 두르는데, 이는 구천현녀와 관련한 옥녀의 인(九天玄女管係玉女之印)이다."[57]는 내용을 보게 된다. 여기서 거론된 구천현녀는 헌원이 치우와 군사적 대립과 격전을 벌이는 과정에서 헌원에게 도움을 준 일종의 여성지도자이다. 문제는 그녀가 단순하게 정치지도를 하는 데 그치지 않고《현녀병법(玄女兵法)》이라는 기록과 인검(印劍)이라는 구체적 도구(또는 무기)를 전달한 점이다. 또한《영보육정비법(靈寶六丁秘法)》의 '무언법(無言法)' 항목을 견주어본다면, 현녀가 헌원에게 준 인검(印劍)은 사실 인(印)과 검(劍)으로 구분이 가능한 신성지물(神聖持物)이었을 가능성이 추론된다. 마치 한국상고시기를 거론함에 환웅(桓雄)과 연관되는 천부인(天符印)을 연상하면 현녀의 인(印)이 어떤 것이었는지를 쉽게 추정해볼 수 있다.

어떻든《영보육정비법(靈寶六丁秘法)》의 '무언법(無言法)' 항목에

---

57 祭醮祭遇丁日, 夜於床上坐定, 閉目存想：床爲印案, 一面西爲頭, 身帶六丁玉女印, 其印是九天玄
女管係玉女之印也°《靈寶六丁秘法》의 '無言法' 항목

서는 현녀의 그 인(印)을 보존하는 방법(存印法)을 설명하는데, 동북인(東北印), 동남인(東南印), 동북인(東北印)서북인(西北印) 등이 거론된다. 그리고 각각의 도장(印)은 옥녀들이 칼을 들고서 치루는 행사에서 중요한 지물로 사용되었음을 알 수 있다.

한편 세 가지 인(印)의 설명과는 별도로 천지인(天地印)에 관한 내용이 덧붙여 있어 그 해석에 신중함을 느끼게 한다. 원문은 "人能用於天地印 三印明於天下善"이다. 그리고 그 풀이는 "사람은 천지인(天地印)으로써 임용하고, 세 인(印)은 천하의 착함에서 밝았다."는 의미임을 누구나 어렵지 않게 이해하게 되는데, 문제는 앞 서 언급한 세 인(印, 곧 天符印, 地符印, 人符印)과는 달리 천지인(天地印)이라는 인(印)이 별도로 사용되었다는 것인지 의문이다. 만약 천지인이 따로 있어 문장의 내용처럼 사람의 임용에만 쓰였던 것인지 문맥상 의미를 확정하기가 쉽지 않다. 만일 천지인이 별도의 인(印)이었다면 한국상고시기에 쓰였던 표징적(標徵的) 인(印)은 네 개가 되는 셈이다.

이 기록에서 네 개의 표징적(標徵的) 인(印)에 관한 내용을 뒤이어 다음의 내용이 덧붙여 전해진다. 쉽게 풀어 옮기면 다음과 같다.

> 우리는 서로 애를 쓰며 죽지 않고 화합하기 어서 성공하여 주옵소서. 하날님 전(前) 빌어보고 산을 보고 물을 보고(見山見水) 빌어봅니다. 죽고 사는 집푼[58]

---

[58] 앞서 언급한 것처럼 무슨 위미인지 파악이 쉽지 않은 표현이다.

피눈물 속 성의 없는 저 농민 도적, 못난 거지는 대통령 전(前) 황

공하게 한 잔 길게 좋은 말을 하고자 상소하고 엎드려 빕니다. 빌

고 또한 절하여 기도하니 아래에서 성인을 기다립니다.[59]

간절한 기도문처럼 느껴지는 글임을 알 수 있다. 그런데 이러한 간

절한 글이 무슨 까닭으로 삼인부(三印符)를 설명하는 글을 이어 배치

된 것일까? 이는 아무래도 삼인부(三印符)와 같은 제의(祭儀) 목적으

로 사용될 부(符)와 인(印)을 역시 19세기후반의 시기에 여러 가지 혼

란한 상황 속에 처했던 당시 민중들의 의례 속에서 사용했을 개연성

으로부터 찾아볼 일이다. 근대기 민중사회에서 기도와 같은 글이 쓰

였고, 거론된 글도 역시 그러한 용도로 사용되던 글의 일부로 추론되

어진다.

이를테면 "하날님 전(前) 빌어보고 산을 보고 물을 보고(見山見水)

빌어봅니다."는 부분은 전근대 한국인들이 정화수를 떠놓고 아무 곳

에서든지 빌고 기원을 올리던 여느 모습을 쉽게 연상시키는 모습이

다. 기도하던 이들은 하날님을 찾았고, 눈앞에 보이는 산이나 물가에

서 간절한 기원을 올렸음을 알 수 있다.   그런데 이 기도문에서 가장

증오하는 대상이 엉뚱하게 "피눈물 속 성의 없는 저 농민 도적"이 되

고 있는 듯이 여겨진다. 관청의 탐관오리 정도가 아니고, 농민도적이

라고 한 점은 어찌 해석해야 마땅할까? 기도문에서 딱히 다른 세력을

---

59 祝又且拜禱下令待聖하나이다.

성토한 것이 없는 것으로 보아, 기도문을 작성한 사람들이 가장 증오한 사람들은 당시 똑같이 농민출신으로 도둑이 된 사람들일 것이라는 추론을 할 수 밖에 없다.

한편 이 기도문의 말미에서 "빌고 또한 절하여 기도하니 아래에서 성인을 기다립니다."는 내용은 기도하던 이들이 학수고대하는 대성은 '성인'으로 지칭되는 존재였음을 알게 한다. 그것은 이 『참 정신으로 배울 일』이라는 신앙의 문건 곳곳에서 보였던 '선생님'이나, '미륵', 또는 '예수'나 '수운'' 증산'과도 같은 기이하고 신이한 비범성을 갖춘 존재들로 여겨짐은 당연하다.

6. 『大巡典經』이 지니는 특이점과 다른 근대신앙문건과의 차별성

1) 근대 세계관을 일부 수용한 조선말의 새로운 신앙 사상 문건, 『대순전경』

한반도에 이른바 '삼정'의 문란으로 이야기되던 시기가 있었다. 엄혹했던 19세기 무렵을 말하는데, 당시 관청의 구실아치(아전)들은 민가의 젖먹이 아이까지도 군적에 올려 군포세를 갈취하려고 했다. 제대로 먹은 것이 없어 어린 젖먹이에게 젖조차 물리지 못하던 빈궁한 아낙들이 적지 않았지만 서슬 퍼런 아전들은 호통을 치며 가렴주구를 그치질 않았다. 입에서는 쓴 내가 나고 눈에서는 서러움이 일렁이던 형국이었다. 그렇게 당시는 벼슬아치가 깡패이며 도둑이기도 했던 시대였고, 아름다운 인의예지의 전통은 좀처럼 찾아보기 쉽지 않은 서글픈 시절이었다. 그러나 생각해보면 그러한 도덕 상실의 시기가 반드시 19세기에만 해당한다고는 할 수가 없을 터이다. 사람이 사는 곳이 대개는 천국을 가장한 지옥과 그다지 다르지 않다고 느끼는 경우가 적지 않은 까닭이다.

살벌한 19세기 조선 땅에 살던 서민들과 향반(鄕班) 정도에 머물던 낮은 계층의 사람들은 언제나 신세가 편할 날이 올지를 고대하였다. 오늘날 전해지고 있는 『대순전경(大巡典經)』을 보면, 새로운 신앙적 희망을 찾고자 몸부림치던 당시 지식인의 상태가 어떠했는지를 짐작할 수 있다. 『대순전경(大巡典經)』의 서문을 보면, 증산선생은 "神明公事를 行하사 萬古의 冤을 解하시고 埋火ㅊ克하사 相生의 道를 闡明"하였음을 밝히고 있어 참고가 된다. 신명에 관한 공적인 일을 처리하기를 오래된 원한을 풀고 불기운을 묻고 떨쳐내어 이겨내어 서로 살 수 있는 길을 열어 밝힘이 증산선생의 뜻한 바라는 취지를 읽을 수 있다.

조선이 일본에 병탄되기 일 년 전인 1909년. 극동 조선의 땅에서는 수 천 년 간 이어진 역사와 문화적 자존을 지키고자 쓸어져가는 고목이 간신히 대지에 박힌 뿌리에 힘을 주고 버티듯이 마지막 숨결을 거칠게 토해내고 있었다.

그리고 해가 바뀌어 1910년. 조선은 끝내 거레의 염원을 저버린 매국인사들을 조종한 일본제국주의자들에 의해 국권을 잃고 그들의 검은 손아귀에 숨통을 눌리는 형세를 면치 못했다. 이후 조선의 땅은 숨결조차 제대로 쉬지 못하는 암흑천지가 되었으니, 강물은 흘렀건만 제국주의의 마수로 빼앗긴 물자를 나르는 수송로가 되었고, 숲은 여전하였지만 숲 속의 삼림이 송두리째 잘려져 나가 제국주의의 군사 자원조달의 공간이 되었다.

마침내 정지된 조선이라는 숲. 토끼도 호랑이도 이제 숨쉬기 어렵게 된 조선이라는 숲. 그 숲이 본래대로 돌기는 어렵게 된 터. 그러한 조선의 막힌 명운을 다시 크게 돌리기 위해서는 무엇을 어떻게 해야 했을까?

어떤 이는 여전히 옛 유교정신에 바탕을 두고 조선의 회복을 꿈꾸었고, 어떤 이는 아예 옛 문화를 일소하고 근대 서양문물에 기초한 개화적 세계관으로 조선을 설계해야 한다고도 했다. 그러나 일부 지사들 가운데는 옛 조선의 역사와 전통을 바탕으로 하면서 근대 문물을 일부 배합하려는 융합적인 절충주의적 시도로 조선의 새 땅을 꿈꾸기도 했다. 그러한 다소 융통성이 있는 세계관을 지닌 지사들 가운데 죽은 조선의 기운을 회복하려는 사상이 움트기 시작했다. 조선을 다시 왕성하게 되살려 삶의 기운을 크게 돌게 하고자 하는 '크게 돎'(大巡)을 소망하던 사람들이 있었다.

조선의 기운을 다시 크게 돌리고자 했던 인물가운데 증산선생을 빼놓을 수 없다. 증산선생은 평생을 조선 기운의 회복에 뜻을 두고 전통적인 사상과 문화를 녹여 새로운 신사상과 세 세상의 건설을 소망했던 인물이었는데, 그의 지론은 한 책에 담겨지게 되었다. 증산선생이 조선의 명운이 사그라져가던 1909년에 세상을 뜨자, 1년 뒤인 1910년 7월 26일에 전라남도 장성에 살던 '이양섭'이 완필했다는 『대순경전(大巡經典)』이 바로 그 책이다.

증산선생이 평소에 자신이 大巡을 하는 救世 道通君子를 자처했다는 점에서 혹시 '크게 순행을 하는 듯이 하면서 이 세상에 펼친 경전'이라는 뜻으로 풀이된다.

2) 신앙지도자(증산선생)에 관한 연대기적 서술

19세기 말 등장하여 한국문화사상의 획기적 전기를 마련한 바 있는 甑山 姜 一淳은 일찍이 '仙之造化'라고 말한 바 있다. 즉 仙이란 조화를 토대로 한다는 말이다. 그런데 이 같은 仙에 대해 옥편에서는 늙지 않고 죽지 않는 術을 얻은 사람 그리고 신이한 능력을 지니고 가볍게 날아다니는 사람 등으로 기록하고 있다. 이런 의미에서 仙은　과 통한다. 달리 仙을 '飛揚昇高'라 표현하고, 산에 사는 사람·살아 신선이 된 사람으로 이해하기도 한다. 그런데 여기서 이를 도교의 신선술과 연관하여 볼 때, 仙은 '불사에의 염원'이란 근본적인 자기의 주제를 가진다. 곧 「仙」이란 기본적으로 삶과 죽음이라는 생명 이해의 문제와 밀접한 관련을 맺고 있는 것이다. 그리고 대개 仙家의 언어로 볼 때, 仙을 이루었다는 것은 생명을 완성했다는 의미를 동시적으로 지니는 것이기도 하다. 실로 仙과 생명사상은 하나의 동일한 주제로 다루어졌던 것이다. 이로부터 '仙之造化'의 의미를 생각해보면, 증산은 생명의 의의는 조화에 있으며 또 조화로써 長生한다는 뜻을 천명한 것으로 이해할 수 있다.

일찍이 증산선생은 "최 제우가 儒家의 낡은 틀을 벗어나지 못하였나니, 나의 가르침이 참동학"[60]이라 하고, 또 "무궁한 행복을 얻어 선경의 낙을 누리리니, 이것이 참 동학"이라 하였다 한다. 곧 유교의 가

---

[60] 甑山道도전편찬위원회, 「道典」 2편 73장 9절. 증산과 관련하여 그 행적을 기록한 경전으로는 여러 종류가 있다. 그러나 이 중 현대적 문체로 구성되어 있는 것은 「道典」이라 할 수 있다.

르침을 넘어서, 선경의 즐거움을 기초하는 것이 자신이 말하는 '참 동학'이라는 것이다. 이 경우 仙境이나 참 동학과 결부된 이해 속에서 가장 중시할 것은 결국 생명이라 생각된다. 그것은 증산이 말한 「仙境」의 의미가 곧바로 불로장생 · 조화와 합일의 세계와 연결되기 때문이다. 이로부터 '참 동학'의 세계를 탐색하면서, 동양학의 중추적인 축을 형성해 온 한국철학사상의 본질과 그 성격 또한 찾아져야 할 것이라 생각해보기도 한다. 바로 가와 같이 전통적 정서와 사상적 맥락에서 벗어나지 않고 있는 증산선생의 삶에 관한 기록이 바로『대순전경』인 셈이다.

이『대순전경』은 다른 근대기 신앙문건과는 달리 신앙지도자(증산선생)의 삶을 마치 연대기를 기록하듯이 편술한 문건이라는 특징을 지닌다. 그래서『대순전경』의 서술 내용은 다분히 한 개인의 이력과도 같은 순차로 펼쳐진다. 따라서 그 서술순서는 ●序 /●贊 /●補註 / ●선생의 탄강과 유년시대 / ●선생의 遊歷 /●선생의 成道와 奇行異蹟 / ●선생께서 門徒의 從遊와 訓誨 / ●治病 / ●天地公事 /●傳敎 / ●法言 / ●開闢과 仙境 / ●文明 / ●引古文明 / ●化天 등으로 구성된 점을 이해하게 된다.

3) '萬古解'의 의지가 담긴 조선말기 민중적 신앙문건

증산선생의 영향이 적지 않은 저작으로 여겨지는『대순전경(大巡典經)』의 서문을 보면, 큰 밝음은 빛이 없고, 큰 소리는 소리가 없으니, 오직 빛이 없어야 삼원을 통하여 헤아리고 소리가 없어야 하늘과 땅을 흔들고 씻어낼(+) 수 있다고 밝히고 있다. 이 부분은 쉽게 이해할 수 있는 내용은 결코 아니다. 다만 지극한 빛은 너무 커서 눈으로 그 빛을 느낄 수 없고, 큰 소리는 너무 크기 때문에 귀로 차마 들을 수가 없다는 논리로 느껴짐은 어째서일까? 사실 우리가 살고 있는 지구가 거대한 구슬모양의 별인데, 어떤 사람조차 현기증을 느끼지 못하고 있다. 만약 지구가 돌고 있음을 느낀다면 단 1초도 버티지 못하는 고통을 느낄 것이다. 마치 그러한 경우처럼 큰 빛과 큰 소리를 그와 같은 관점에서 말한 것으로 추론된다 하겠다.

한편 『대순전경(大巡典經)』의 서문을 다시 보면, 신인을 또 언급하고 있다. 신인은 공이 없어도 지극한 덕은 이름이 없으니 오직 공이 없는 공이라야 우주를 주재하고 이름이 없어야 만 가시 조화를 다스린다고 밝히고 있다. 이 부분의 내용은 마치 노자의 도덕경에서 느끼는 감흥과 비슷한 감정을 느끼게 한다. 도라고 말하면 도가 아니고, 떳떳한 도라고 한다면 떳떳한 도가 아니라는 논리와 비슷한 감흥을 전해주고 있다.

그리고 앞서 소개한 대로 "神明公事를 行하사 萬古의 冤을 解하시고 埋火ㅊ克하사 相生의 道를 闡明"하였으며, 그렇게 함으로써 "造化仙境의 元基를 尊定하시되 天下는 知치 못하고 覺치 못하니 이는 다름이 아니다."는 내용이 이어진다.

4) 피흉추길(避凶趨吉)경향의 신앙지도자(증산선생) 내면을 드러냄

『대순전경』의 제2장을 보면 증산선생이 24세가 되던 시기의 일화가 전해진다. 갑오년(1894)에 고부사람 전 봉준이 당시 "악정(惡政)을 분개(憤慨)하야 동학신도(東學信徒)를 모아 혁명(革命)을 일으키니 일세(一世)가 흉동(洶動)"하였다고 소개하고 있다. 당시 19세기는 조선이 일본은 물론 여러 나라의 이권에 제물이 되어 그 기운을 빼앗겨 국망(國亡)의 조짐이 점차 짙어가던 상황이었다. 따라서 적지 않은 조선지식인들은 옛 역사와 문화에 바탕을 둔 세 세상의 건설과 새 사상을 찾아 나섰다. 이를테면 수운 최제우가 애써서 이룩한 동학은 대표적인 신사상 정립과 재구성된 신앙문화의 결과였다. '시천주조화정영세불망만사지'로 요약되는 최제우의 주문은 새 날 새 세상을 꿈꾸는 조선민중에게 불씨가 되어 솟아오르는 불길로 바뀌었다. 쉽게 말하여 하늘님을 모시면 조화되어 안정되며 영원토록 만사가 풀린다는 주문의 내용이 어찌 고통 속에서 허덕이던 당시 민중의 가슴을 감동시키지 않았겠는가.

그러나 수운 최 제우의 사상은 그가 '검결(劍訣, 칼노래)'을 퍼뜨려 민중을 현혹했다는 이유로 대구 장대에서 참수되는 결과를 불렀고, 그를 따르던 동학교도들의 거센 봉기는 조선의 정치적 상황을 도리어 뒤틀리게 만들기도 했다. 그리하여 한반도에 청일전쟁이 벌어지는 기이한 현상이 펼쳐졌고, 조선민중은 수천년 이어온 전통이 있음에도 근대 문물의 발전이 부진한 까닭에 당하는 외세의 간섭과 그 위세에 겁을 집어먹을 수밖에 없었다.

그래서였을까? 수운 최 제우의 비극적 최후는 물론 동학도들의 대규모 시위와 군사적 움직임을 두고 비판적인 사람들이 생겨났는데, 증산선생이란 신앙운동가의 경우를 보면 좀 더 적극적으로 동학을 비판하고 나선 점이 주목된다. 『대순전경(大巡典經)』의 제2장을 다시 보면 동학군의 형세를 불리하고 보던 차에 "先生(증산선생-필자 주)이 그 前途가 不利할 줄 이르시고 月黑雁飛高 單于夜遁逃 欲將輕騎逐 大雪滿弓刀의 古詩를 여러 사람에게 외워주사, 동기(冬期)에 이르러 패멸(敗滅)될 뜻을 풍시(諷示)하시며 망동(妄動)치 말라"고 했다는 일화가 보인다. 덧붙이길, "그해 겨울에 과연 동학군(東學軍)이 관군(官軍)에게 초멸(剿滅)되고 선생의 효유(曉諭)에 쫓은 자는 다 화를 면하니라"고 맺고 있다.

여기서 거론된 "月黑雁飛高 單于夜遁逃 欲將輕騎逐 大雪滿弓刀"라는 글귀는 정확한 출처는 확인하기 어렵지만 21세기 현대한국사회에서 증산도에 입문하려는 이에게 보게 하는 『증산도성전(甑山道聖典)』이란 책자에서도 밝히고 있는 내용이기에 비중있게 여기는 문장으로 이해된다.

그런데 해당 문장을 두고 그냥 문자만을 단순하게 풀어보면, '달빛은 검은데 기러기는 높이 나는구나. 흉노 우두머리(선우)는 밤에 사라져 도망가고 날랜 기병이 장차 쫓으려 하는데 큰 눈에는 활과 칼이 가득하구나! 라고 이해되는 문장이다. 그런데 언뜻 숨은 본래의 의도가 무엇인지는 명확치는 않다. 다만 증산선생이 조선의 국가 명운을 걱정했다면 주문 속의 달빛은 내일을 알 수 없듯이 흐려진 당시 조선의 상황을 검다고 표현한 것일 테고, 흉노 우두머리인 선우는 사세에 마땅찮게 민심을 흩어지도록 하는 인물을 악평한 것으로 여겨질 뿐이다. 게다가 날랜 기병이란 아무래도 근대문물을 영악하게 받아들여 조선침략을 노리던 일본 등의 외세를 지칭한 것으로 이해되고 큰 눈에 활과 칼이 가득하다는 것은 흰 색 입은 조선 사람의 아름다운 조선 땅이 꽁꽁 얼어붙어 가는 상황인데 인명을 살상하는 수단인 무기만이 번득인다고 개탄한 것인지 그 뜻을 분명하게 알 수 없어 안타까울 뿐이다.

어떻든 『증산도성전(甑山道聖典)』이란 책자를 견주어보면 1894년 10월이 되어서 증산선생은 태인 동골에 사는 동학 접주 안윤거를 직접 찾아 "고부에서 난리가 일어나서 동학군이 황토마루에서 승리를 거두었으나, 필경 패망을 면치 못하겠으므로 동학군의 발원지인 이곳에 효유하러 왔노라"하면서, "삼가 전란에 참가하기를 회피하여 무고한 생민을 전화에 몰아들이지 말라. 섣달이면 그들이 전패하리라"고 말했다고 한다. 이는 역시 『대순전경(大巡典經)』의 제2장에서 보게 되는 내용과 그 맥락을 같이 하고 있다.

증산선생이 한 동학 접주를 찾아 군사적 행동에서 벗어나라고 한 점은 아무래도 생명을 소중히 여기던 세계관과 무관치 않을 터이다. 사실 살려고 죽창을 들고 총을 드는 것이라면 죽을 게 뻔한 듯이 여겨지는 사지(死地)로 구태여 찾아 갈 필요는 없다. 증산선생은 장차의 사태가 사지로 몰려가는 상황이라고 판단한 것 같고 그 같은 소신을 해당 세력인 동학집단에게 전달하려고 한 점이 분명해 보이는 대목이다.

그런데 증산선생과 같은 당시의 새로운 신앙운동가들이 생명을 소중히 여긴 점은 사실 전통적 사상과도 그 맥락을 함께 하는데, 살생을 삼가려는 태도는 흔한 한국인의 전통적 정서이기도 하였다.

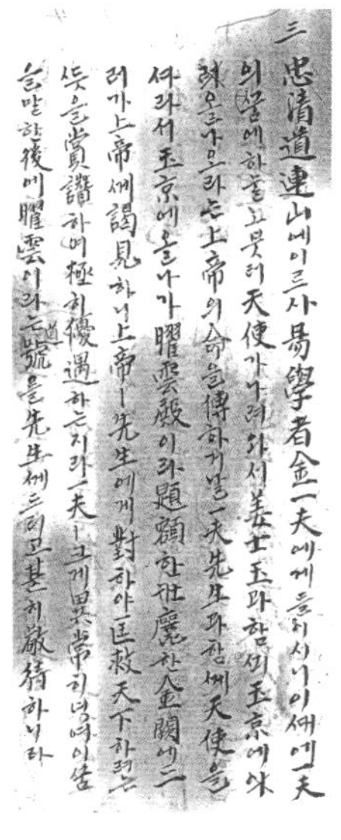
三
忠淸道連山에이르사易學者金一夫에게들리시니이새에一夫
의꿈에하늘로붓터天使가나려와서姜士玉과함씌玉京에와
請오르나오라는上帝의命을傳하거날一夫先生과함씌天使을
따라서玉京에올나가曜雲殿이라題額한壯麗한金闕에드
러가上帝께謁見하니上帝ㅣ先生에게對하야匡救天下하려는
뜻을賞讚하여極히優遇하는지라一夫ㅣ그게異常히녁여이일
을말한後에曜雲이라는道號를先生께드리고甚히敬待하니라

그림6 『대순전경』 속에 보이는 김일부와의 만남에 관한 부분

5) 광구천하(匡救天下)를 위한 신앙지도자의 세계관 표출

역시 같은 제2장을 보면 증산선생이 세상을 질시하고, 그 해법에 고민을 거듭하던 인물임을 알게 한다. 당시 시정을 질타하기를 "국정(國政)은 더욱 부패(腐敗)하고 세속(世俗)은 날로 악화하야 관헌은 오직 탐장잔학(貪贓殘虐)을 일삼으며 유자(儒者)는 허례(虛禮)만 숭상(崇尙)하고 불도(佛徒)는 무감(誣感)만 힘쓰며 동학(東學)은 겁란(ㅇ難)을 경(經)한 후로 위미(萎靡, 시들고 쓰러짐)를 극(極)하야 거의 형적(形跡)을 거두게 되고 서교(西敎, 基督新舊敎-원문의 細註임)는 세력(勢力)을 신장(伸張)하기에 진력(盡力)을 하니 민중(民衆)을 고궁(苦窮)에 빠져 안도(安堵)의 길을 얻지 못하고 사위(四圍)의 현혹(眩惑)에 씌이며 귀의(歸依)할 바를 알지 못하야" 온 사회에 위구(危 s.)와 불안(不安)이 찾아 들었음을 통렬하게 개탄하고 있었음을 알게 한다.

증산선생의 세상사 개탄은 단순히 한탄으로 그치질 않았는데, 제2장은 "선생이 개연(慨然)히 광구(匡救)의 뜻을 품으사 유불선음양참위(儒佛仙陰陽讖緯)의 서적(書籍)을 통독(通讀)하시고 다시 세태인정(世態人情)을 체험(體驗)하시기 위하야 정유(丁酉)로부터 유력(遊歷)의 길을" 떠났음을 소개하고 있다.

그리하여 "충청도 연산(連山)에 이르사 역학자(易學者) 김 일부(金一夫)에게 들렀고 그때에 일부(一夫)의 꿈에 하늘로부터 천사(天使)가 내려와서 강 사옥(姜士玉)과 함께 옥경(玉京)에 올라오라는 상제(上帝)의 명(命)을 전하거늘 일부(一夫)선생과 함께 천사(天使)를 따라서 옥경(玉京)에 올라가 요운전(曜雲殿)이라 제액(題額)한 장려(壯麗)한 금궐(金闕)에 들어가 상제(上帝)께 알현(謁見)하니 상제(上帝)가 선생(先生)에게 대(對)하여 광구천하(匡救天下)하려는 뜻을 상찬(賞讚)하며 극(極)히 우우(優遇)" 하였다고 소개하고 있다. 소개된 문장에서 보이는 강사옥(姜士玉)은 증산선생 자신을 말하며, 그가 충청도 연산에 거주하며 역학을 연구하고 있던 김 일부를 만났고, 김 일부는 미리 꿈 속에서 증산선생을 만나 하늘의 상제에게 함께 다녀왔다는 얘기를 전하고 있어 자칫 허탄하게 느껴지는 대목이라 할 수 있다. 또한 "일부(一夫)가 크게 이상(異常)하게 여겨 꿈을 말한 후에 요운(曜雲)이라는 도호(道號)를 선생(先生)께 드리고 심히 경대(敬待)" 했다고 한다.

이 부분은 증산선생이 '천하를 바르게 하고 구하고자 함'(匡救天下)을 목표로 하여 지역 전문 인사들을 찾아 나섰다는 사례를 적시했다는 의미를 지닌다.

6) 도술적(道術的) 기담(奇談)의 연속적 서술

『대순전경』은 앞서 거론한 바대로 피흉추길(避凶趨吉)을 꾀하던 증산선생의 내면적 성향과 나름대로 광구천하(匡救天下)를 도모코자 하던 증산선생의 포부에 따른 유력(遊歷)의 기행담이 펼쳐져 있다. 그런데 『대순전경』에는 무엇보다 증산선생을 중심으로 하여 신이한 이루어진 도술적 기담(奇談)이 광대무변한 대하(大河)처럼 끝없이 펼쳐지고 있다는 게 뚜렷한 큰 특징의 하나라고도 할 수 있다.

이를테면 제3장의 1을 보면 증산선생이 "다년간 객지에 유력하였고 많은 경험을 덕은 뒤에 신축년(辛丑年)에 이르러 비로소 자유자재로 할 수 있는 권능을 얻지 않고는 뜻을 이루지 못할 줄을 깨닫고" 드디어 전주 모악산 대원사(大願寺)에 들어가 도를 닦았는데 7월에 "대우오룡허풍(大雨五龍噓風)에 천지대도를 깨닫고 네 종류의 마(四種魔)를 항복케 하"였고, 그 때에 사찰 주지로 있던 박금용(朴錦容)이 모든 편의를 도왔다고 밝히고 있다.[61]

소개한 문장에서 '자유자재로 할 권능' 의 내용이 분명치 않으나 문맥상 '대우오룡허풍' 과 "네 종류의 마(四種魔)를 항복케" 하였다는 행위와 연관성이 느껴진다. 문제는 그러한 논리가 이제 새로운 종교를 꾀하는 19세기말 종교창도자에게 어째서 필요한 것이었겠는가? 하는 점이다. 추론컨대 점증하는 극내외의 불안감과 함께 조선민중에게는 초인적 신비감을 만끽시키는 초현실적 영웅이나 저혀 다른 지도자의 출현을 기대하고 있었다. 따라서 좀처럼 의미를 헤아리기 힘든 "대우오룡허풍(大雨五龍噓風)에 천지대도를 깨닫"게 된 경위가, "큰 비가 내려 다섯 용이 꿈틀거리듯이 천둥이 치던 시기에 하늘과 땅이 움직이고 순행하는 원리를 홀연히 깨닫게 되었음을 그렇게 문학적 언사로 꾸민 결과로 이해되는 측면이 있다. 그러나 항복케 하였다는 "네

---

61 《大巡典經》(古佛禪院 本,), 第三章 一.

종류의 마(四種魔)"는 끝내 그 실체가 무엇인지 의문이 간다.

살펴보면 증산선생의 초기 창도과정상의 성격은 지극히 민간신앙적 요소들을 동원하고, 사뭇 신비주의적 언사로 그 창도의 발단의 시작이었다라고 분석해 본다.

그런데 뒤이어 제3장의 2를 보면 돌연하게 증산선생이 '성도(成道)'를 했다는 소문이 있은 뒤에 '치안(治安)'이라는 사람의 문중에서 일어나던 혼사에 관여한 일화가 이어진다. 증산선생이 수년 동안을 유력하다가, 경자년에 고향으로 돌아왔고, 그 때에 전주에 사는 李治安이 혼처를 찾고자 충청도로 향하다가 旅舍에서 증산선생을 만났음을 소개하고 있다. 이라는 사람의 문중에서 일어나던 혼사에 관여한 일화가 이어진다. 그 때에 '치안(治安)'이라는 사람을 만났고, 증산선생은 대뜸, 치안에게 너무도 상세한 이야기를 일방적으로 하였나. 곧 "그대가 이제 혼처를 구하고자(求婚) 길을 떠났으나 반드시 허행(虛行)이 될 것이다. 그러하니 이 길을 가지 말고 다시 집으로 돌아가라. 그러면 이전부터 혼인이 의논되어 오던 곳에서 그대의 집에 중매인을 보내 완전한 혼약을 구하고자 할 것이다. 만일에 기회를 잃으면 혼인길이 열리기 어려울 것이니 빨리 돌아가라."고 하였다. 소개한 문장을 통해 우리는 적어도 두 가지를 생각할 수 있다. 하나는 증산선생이 타인의 생활을 꿰뚫어보는 신이한 투시능력의 성인이라는 점이다.

살펴보면 증산선생의 돌연한 설득에 치안이라 사람은 신기하게 여기고 자기의 이름을 밝히고 거꾸로 증산선생의 주소를 안 뒤 그길로 집으로 돌아갔고, 마침내 모든 상황이 증산선생의 설명대로 이루어짐을 알게 되었다.

우리는 증산선생의 창도 초기와 시정의 일화를 통해 19세기말 신앙 창도자들이 다분히 신비주의적 색감으로 종교를 일구는 행태의 단면은 물론, 불특정 다수인의 한 사람에게 당면한 문제에 관한 구체적인 설명과 해법의 제시를 드러내는 방식을 사용했음을 알 수 있다.

한편 『대순전경』의 '제3장의 38' 부분을 보면 증산선생 일행은 12월에 함열(咸悅) 땅을 으로부터 동곡(銅谷) 땅으로 이동하고 있었음을 알 수 있다. 그런데 당시 길이 무척 질척거려서 걸음을 옮기기가 어려웠던 모양이다. 따라서 증산선생은 잠시 가던 길을 멈추고 '어거하여 함라의 산 아래에 있도다! 라는 내용의 글귀(御在咸羅山下)를 쓴 뒤 다시 그 글씨가 씌어 있는 종이를 불살랐다고 한다. 그리고 이내 질척거리던 땅의 상태가 곧 굳어지면서 말라지기 시작하여 증산선생 일행이 보행하는데 수월한 상황으로 바뀌었다고 한다.

『대순전경』에서 거론된 '어거(馭車, 御)하여 함라의 산 아래에 있도다!(御在咸羅山下)' 란 표현은 증산선생이 스스로를 어떻게 여겼는지를 단적으로 알게 하는 증거가 도고 있다. '御在' 라는 표현이 일반 문사들이나 학인들도 쓸 수 있는 표현이긴 하지만 대체로 그 표현은 자신이 임금일 경우에 더욱 어울리는 표현인 점은 증산선생의 자아관을 말할 수 있다.

『대순전경』의 '제3장의 58' 부분을 보면 중복일(中伏日)에 증산선생은 뒤따르고 있던 모든 종도들에게 말하길, "오늘 전광이 나지 않으면 충재(蟲災)가 생겨 농작에 해가 들 것이니 잘 살펴보아라."고 했다고 한다. 그래서 모든 종도들이 주의하고 날이 저물도록 살폈다. 그러나 전광은 일어나지 않았고 그런 결과로 증산선생은 하늘을 향해서 하소연했다고 한다. 곧 "천지가 어찌 생민의 재해를 이렇게 돌아보지 않는가요." 하고는 마름 짚들을 골라서 화롯불에 꽂아서 불을 살랐다. 그랬더니 문득 북방에서 전광이 일어났다고 한다. 그래서 증산선생은 다시 또 하소연하길, "북방사람만 살고 다른 쪽 방면의 사람은 다 죽어야 옳은 것인가!' 하였다고 한다. 그랬더니 사방에서 전공이 번쩍번쩍 했다고 『대순전경』의 기록자는 전하고 있다.

거론된 내용은 증산선생이 드러내는 신통력의 투여 대상이 대개 농민들의 농작과 어민의 어업 등의 생활면에 집중되고 있었던 점을 다시 한 번 알게 하고 있다. 그렇게 증산선생이 민생문제에 지극한 관심과 그에 따른 신이한 행동의 연속적 구현은 보는 이로 하여금 신위를 떠나서 깊은 동질감을 느끼게 했을 터이고, 증산선생이 창도한 신안 조직의 확대와 발전에도 나름 의미가 있게 영향을 끼쳤을 것이란 추론을 부른다.

또한 『대순전경』의 '제3장의 67 부분을 보면, 증산선생이 정읍(井邑)의 수통점(店)에서 유숙했을 때의 일을 전하고 있다. 그 때 공우(公又)가 옆에서 모시고 있었는데 같은 종도였던 이도삼(李道三)이 와서 말하길, 이웃의 벼들里에서 나이가 20세무렵의 여성이 호랑이에게 물려갔다는 소문을 전했다. 그 말에 증산선생은 공우에게 하늘에 충성(좀성이라 하는 별)이 보이는지 살펴보라고 했고, 공우는 밖으로 나가 살폈다. 곧 공우가 하늘에 그 별이 나타나 있음을 확인하고 증산선생에게 다시 말하니, 증산선생은 목침(木枕)으로 마루장을 치면서 "충성아 어찌 사람을 상처를 내느냐?' 하였다. 그리고 다음 날이 되었는데, 호랑이에게 물려갔다는 그 여성이 다시 살아왔다는 소문이 들렸는데, 그 여성은 옷가지가 산산이 찢겨 있었는데, 몸은 그다지 상처를 크게 입지 않았다고 했다.

우리는 거론된 일화를 통해 증산선생의 활동시기에 여전히 호환(虎患)이 심했고, 그 호환을 당해 일부 식자들은 하늘의 천문지식을 활용하여 일종의 방술(方術)처럼 주문(呪文)과 같은 호통을 내지르면서 나름대로 구제책(救濟策)을 도모했음을 알 수 있다. 물론 그 같은 방법은 증산선생처럼 지식과 비술을 갖춘 특정인들에 국한하여 주로 이루어졌음은 당연한 추론이 될 터이다.

또 『대순전경』의 '제3장의 79' 부분을 보면, 김병욱의 차인(差人, 차인꾼)[62]이던 김 윤근이 증산선생을 찾아 인사하였음을 전하고 있다. 김 윤근은 "근래 며칠동안 날이 가물어서 작물이 모두 마르니 선생께서는 단비를 내리게 하셔 만민의 초조함을 끝내주소서."라고 했다. 증산선생은 김 윤근의 말을 듣고서 다시 덕찬(德贊)에게 명하기를 기르고 있던 집의 돼지 한 마리를 잡아서 삶아 요리하도록 하여 여러 종도들과 더불어 식사를 하였다. 김 윤근의 간절한 바람을 듣고 어째서 돼지고기를 삶이 여럿이 함께 식사를 한 것이다. 어떻든 증산선생

---

62 차인(差人, 차인꾼)이란 1.남의 장사하는 일에 시중드는 사람.2.임시 심부름꾼으로 부리는 사람.이라는 의미를 지닌 어휘이다.

과 그 종도들이 함께 돼지고기 식사를 하고 있는데, 식사가 끝나지도 않은 상태에서 하늘에서 벼락이 치고 비가 내리기 시작했다고 한다. 그렇게 기다리던 비가 내리자 김 윤근은 치솟고 뛰는 듯이 기뻐했는데, "선생은 참으로 만민을 구하고 살려내는 상제(上帝)이십니다."라고 한다.

일화를 통해 증산선생은 가뭄의 시기에 절대적으로 필요한 비를 내리게 하는 조치로 그저 돼지고기를 삶아 요리를 만들게 하여 종도들과 함께 식사를 했을 뿐이었다. 혹여 뜨겁게 익어가는 돼지고기의 냄새를 하늘에 알려서 타들어가는 민심을 표현한 것으로 추측한다. 어떻든 증산선생의 위민적(爲民的) 기행(奇行)이 끊임없음을 또 느끼게 하는 일화이다.

7) 교훈적 일화와 교학(敎學)의 실례를 소개함

『대순전경』의 기록자는 간헐적으로 증산선생이 민중에게 교훈을 전해주거나 증산선생 자체가 교학의 담당자였음을 조명하고 있다. 그것은 증산선생이 기본적으로 유학의 학적 기반을 갖춘 인물이기에 가능한 것이었을 터이다. 한 예로 '제3장의 36' 부분을 보면 증산선생은 늘 '천지공사(天地公事)'를 도모했다. 바로 말해 하늘의 운수에 맞는 올바른 상황을 이끌어내고자 생각하고 그에 따른 실천적인 행동을 함께 드러냈다는 의미다.

증산선생은 모든 종도들에게 말하길, "마음을 잘 닦아서 앞으로 다가오는 좋은 세상을 구경할 것이다."고 했고, 자신도 하루 바삐 그 세상이 이르기를 희망했다고 한다. 그런데 어느 날 신원일이 한사코 청하여 말하길, "선생께서는 천지를 개벽하여 새 세상을 건설한다고 하신지가 이미 날이 오래되었습니다. 또 공사(公事)를 행하심도 여러 차례를 지났는데도 시대의 현상은 적은 털끝조차 바뀌어 고쳐진 게 없으니 제자(弟子)의 의혹이 날로 거듭 깊어가니 선생이시여! 하루바삐 이 세상을 뒤집어서 선경(仙境)을 건설하서 남의 비웃음을 한 몸에 모으지 않도록 하시고 애가 닳게 기다리는 우리에게 영화(榮華)를 주시옵소서!'라고 했다.

증산선생을 따르던 사람들 곧 종도(從徒)나 제자로 불리던 사람들이 상당히 증산선생의 신통력에 의한 공사(公事)의 이후에 행복하게 사는 세상인 선경(仙境)을 희망하고 늘 염원하고 있었음을 알게 된다.

살펴보건데 신원일의 말을 듣고서 증산선생은 대답하길, "사람의 일에는 기회가 있고, 하늘의 이치는 도수(度數)가 있다. 그 기회를 지으며 도수를 움직여 조화를 시킴은 당연한 일이다. 이제 기회와 도수를 어기고 억지로 사권(私權)을 쓰면 이는 천하에 재앙을 기침이며 억조나 되는 생명을 빼앗음이다. 그러하니 차마 할 일이 아니다."하였다. 증산선생이 말한 의미를 좀 더 풀어보면 사람의 삶이란 기회에 따라 바뀌고 하늘의 이치에는 법도에 따른 운수(도수)가 있다고 본 것인데, 증산선생은 기회를 짓는 것으로 표현했고, 도수는 움직일 수 있는 대상이고 결국 조화를 도모해야 한다는 논리를 제시한 셈이다. 그런데 기회를 짓지 않고 하늘의 도수도 파악치도 않고서 사사로이 권도

(權道)를 부린다면 그것은 천하의 평화가 아닌 재앙을 일으킴으로 주장하였다. 또한 뭇 생명을 상하게 하는 것이란 점도 덧붙이고 있다, 추론컨대 증산선생께서는 단호한 정의관계바탕을 두면서 내면화된 신통력을 발현코자 했다.

증산선생의 분명한 입장이 드러났지만 앞서 말씀을 올린 신원일은 다시 더욱 청하여 말하기를, "이제 천하가 혼란무도(混亂無道)하여 선악을 가리기 어렵습니다. 마땅히 빨리 섬멸(殲滅)하고서 운수를 열도록 함이 옳습니다."라고 증산선생이 빨리 새 세상을 열기를 재촉하듯이 바랐다.

증산선생은 신원일과 몇몇 종도를 함께 데리고 변산(邊山)의 개암사(開岩寺)에 갔는데, 손가락으로 물을 찍어서 부안석교로 향하여 뿌리는 행동을 보였다. 그러자 문득 물을 뿌린 곳으로 구름이 몰려들더니 큰 비가 아래로 내리 붓듯이 하였다. 그런데 증산선생 일행이 있던 개암사 부근만큼은 그저 청명하였다. 그렇게 기이한 날씨의 변화가 있는 가운데 증산선생은 신원일에게 명하여 빨리 집에 다녀오라고 하였다. 신원일은 그 명을 듣고서 바로 집으로 가보니 그 아우의 집이 큰 비에 허물어져 있었고 그 딸린 가족들이 신원일의 집으로 몸을 피해 모두 모여 있었다고 한다. 신원일이 황당하고 놀래서 다시 증산선생에게 돌아와서 집에서 벌어진 일들을 말씀드려 올리니, 증산선생은 "개벽(開闢)이란 이렇게 쉬운 것이다." 라고 말을 끝낸다.

맺는 글

이제껏 『天心經』과 『참 精神으로 배울 일』 그리고 『大巡典經』이라는 이름으로 알려진 근대기 신앙문건에 관한 공통적 성격과 개별적 특이점 등을 소략하게 살펴보았다. 거론된 세 신앙문건은 이미 앞서 언급했듯이 상고이래 한국인의 선조들이 드러낸 기본적 정서와 사상관의 맥락에서 크게 이질적이거나 궤도를 달리하는 양상과 그 출현이었다기 보다는, 기본적인 한국인의 정서와 문화사상적 전통의 줄기를 나름 지속적 속성을 드러내고, 나타난 신앙문건으로 여겨지는 바이다.

먼저 세 신앙문건이 지니는 공통적 성격은 1) 신앙적 지도자에 관한 신성성의 부여 2)주술적 기원행위 3)三才(天地人)思想의 새로운 적용 등으로 파악되었다. 그 관련사항을 요약하자면, 1)의 경우, 세 신앙문건은 모두 신앙지도자에 대한 신성성을 부여하고 있지만 그 방법에 있어서는 『天心經』과 『참 精神으로 배울 일』은 위대한 성인과 위인을 거명함으로 간접적인 효과를 도모했고, 『大巡典經』은 직접적인 신성시를 추구한 점이 다른 것을 파악할 수 있었다. 다음 2)의 경우, 『天心經』의 저자는 마지막에 강렬한 주문을 표출한다. "諸惡鬼는 速去千里唵唵吸吸 如律令娑婆阿!"라고 말이다. 이는 "모든 악귀는 빨리 천리(멀리)에로 사라지길 唵唵吸吸, 율령과도 같이 娑婆阿!'인데, 전통적인 주문의 양태를 다분히 답습하고 있기도 하다. 그리고『참 精神으로 배울 일』의 신앙문건을 보면 각기 그 뜻이 ˝有生˝, ˝無滅˝ 그리고 ˝吉昌˝으로 요약되는 간절한 소망의 염원을 드러냈는데, 이는 또 다른 呪文의 성격을 지닌 것으로 볼 수 있다. 마지막으로『大巡典經』을 보면, '제4장의 45' 부분에서 보이는 바와 같이 증산선생이 종도들에게 같은 공부의 수단으로 주문을 외게 한 점을 통해서 강한 주술적 성향을 읽어낼 수 있다. 그 구체적인 주문의 내용은 '태을주(太乙呪)'와 '시천주(侍天呪)' 등이었음을 확인하게 된다. 다음 마지막 3)의 경우를 보면, "하늘이 움직인 뒤에 땅이 안정되고, 안정되고, 땅이 안정된 이후에 사람이 생겨나고 사람이 생긴 이후에 마음이 제대로 되었으니 하늘은 日月星辰의 군장이요, 땅은 利懿十二의 군장이리. 君이란 皇이요."(『天心經』)라는 내용, 그리고 "우리 선생님(先生任)은 천지와 더불어(與天地로) 그 덕을 갖추었소(合其德하시었소) 하늘과 땅으로 그 덕을 갖추실 때에(하날과 땅으로 其德을 합하실 때에) 하늘과 땅이 누구와 더불어서 그 덕을 갖추었겠소.(하날과 땅이 누구로 더불어 其德을 합하시겠소 아마도 사람인 것 아니겠소.)" 등의 내용(『참精神으로 배울 일』) 그리고 증산선생이 온 우주를 조화로 움직이는 기운이 천지를 각각 주재하고 그러한 점을 아는 마음이 대도술이라고 헤아린 점 따위의 해당 문장내용(『大巡典經』) 등의 내용을 통해서 각기 세 신앙의 문건 속에 삼재사상이 새롭게 활용되거나 적용된 점을 언급했다.

세 신앙문건을 통해 확인된 공통적 성격과 달리 세 신앙문건이 제 각기 드러내는 특이점을 구분하여 언급하기도 했다. 그래서 그에 관해 다시 각기 구분하여 요약하자면 『天心經』이라는 신앙문건은 증산 선생이 지은 것이라는 강력한 傳言이 오늘까지 이어지고 있어 종교적 관심을 불러일으키는 문건인데, '복희의 先天을 여쭙고, 문왕의 後天을 여쭙고, 주공의 마음을 올바로 지님(正心)을 법으로 하며, 공자의 어진 마음(仁心)을 법으로 하는 것'을 드러내고 있는 점 등으로 보아 전통적 유학의 질서관에서 그 신앙의 원칙들이 정립된 것임을 쉽게 이해하게 하고 있다. 그러나 이 『天心經』은 말미에 '모든 악귀는 빨리 천리로 없어져 唵唵吸吸 율령과 같이 娑婆訶!'하며 강렬한 呪力으로 기원하고 있어, 매우 위태로운 시국에서 갈 길을 몰라 헤매이던 당시 조선민중에게 신앙의 이정표와 같은 역할을 하고자 스스로 자처했던 점을 알게 하고 있다.

다음 『참 精神으로 배울 일』을 보면, 이 기록은 19세기 후반에 작성 된 것으로 추측되는데, 이 소 책자의 곳곳에 유교와 불교 그리고 단군 신앙 등이 제 각기 어우러져 있음이 흥미롭다. 그러한 글들은 이른바 '기별'이란 표현으로 마치 신도들에게 전해주어야 할 '소식'의 가치 로 중시되고 있기 때문이다. 더불어 이 책의 신앙적 요체를 체득한 신 앙지도자인 '선생님(先生任)'의 소개를 긍지에 가득 찬 자세로 밝히 고 있어 주목된다.

그런데 이 『참 精神으로 배울 일』의 "삼인부(三印符)'의 부분에서 는 기존에 《삼국유사》의' 왕검조선 '조 기록을 통해 잘 알려진 천부인의 내용과는 전혀 다른 또 다른 상고시기의 표상에 관한 내용이 소개되고 있어 매우 흥미롭기도 하다. 또한 삼인부(三印符)를 설명하는 글을 이어 마치 간절한 기도문처럼 느껴지는 글이 덧붙인 점도 흥미롭다. 이러한 글을 통해 아무래도 삼인부(三印符)와 같은 제의(祭儀) 목적으로 사용될 부(符)와 인(印)을 역시 19세기후반의 시기에 여러 가지 혼란한 상황 속에 처했던 당시 민중들의 의례 속에서 사용했을 개연성을 느끼게 된다. 근대기 민중사회에서 기도와 같은 글이 쓰였고, 거론된 글도 역시 그러한 용도로 사용되던 글의 일부로 추론되어진다. 특히 "하날님 전(前) 빌어보고 산을 보고 물을 보고(見山見水) 빌어봅니다."는 부분은 전근대 한국인들이 정화수를 떠놓고 아무 곳에서든지 빌고 기원을 올리던 여느 모습을 쉽게 연상시키는 모습이다. 기도하던 이들은 하날님을 찾았고, 눈앞에 보이는 산이나 물가에서 간절한 기원을 올렸음을 알 수 있다.

간략하게 살펴본 것처럼『참 정신으로 배울 일』이라는 문건 속에는 신앙적 언설들이 비교적 다양하게 실려 있다. 그러한 부분들은 사실 여부를 떠나 한국 상고시기의 문화상과 사회상을 좀 더 풍부하게 고찰하는데 문학적 상상력을 자극한다는 점에서 가볍지 않은 가치를 드러낸다고 평가가 가능하다.

한편 증산선생(姜一淳)의 영향이 적지 않은 저작으로 여겨지는『대순전경(大巡典經)』을 보면, 그 서문에서 큰 밝음은 빛이 없고, 큰 소리는 소리가 없으니, 오직 빛이 없어야 삼원을 통하여 헤아리고 소리가 없어야 하늘과 땅을 흔들고 씻어낼 수 있다고 밝힌 점이 눈길을 끈다.

이 부분은 쉽게 이해할 수 있는 내용은 아니지만, 지극한 빛은 너무 커서 눈으로 그 빛을 느낄 수 없고, 큰 소리는 너무 크기 때문에 귀로 차마 들을 수가 없다는 논리로 느껴진다.

이『대순전경(大巡典經)』에는 증산선생의 피흉추길(避凶趨吉)성향이 강하게 드러나고 있다. 곧 흉함은 피하고, 길함은 추구한다는 뜻인데, 증산선생의 행적이 숱한 도술적 기담으로 거듭되는 이유가 그러한 증산선생의 성향과 잘 맞는 점은 도리어 당연한 것이기도 하다. 또한 이『대순전경(大巡典經)』은 증산선생의 피흉추길(避凶趨吉)성향과 짝이되어, 그에 따른 '광구천하(匡救天下)를 위한 증산선생의 길 떠나기'가 연이어 나열되면서 그 내용이 일화별로 소개되고 있다.

그런데 이『대순전경(大巡典經)』을 세세히 읽다보면 도술적(道術的) 기담(奇談)이 연속적으로 서술되고 있다는 느낌도 들기도 한다. 이를테면『대순전경(大巡典經)』제3장의 1을 보면 증산선생이 "다년간 객지에 유력하였고 많은 경험을 덕은 뒤에 신축년(辛丑年)에 이르러 비로소 자유자재로 할 수 있는 권능을 얻지 않고는 뜻을 이루지 못할 줄을 깨달고" 드디어 전주 모악산 대원사(大願寺)에 들어가 도를 닦았는데 7월에 "대우오룡허풍(大雨五龍噓風)에 천지대도를 깨닫고 네 종류의 마(四種魔)를 항복케 하"였고, 그 때에 사찰 주지로 있던 박금용(朴錦容)이 모든 편의를 도왔다고 밝히고 있다.

소개한 문장에서 '자유자재로 할 권능'의 내용이 분명치 않으나 문맥상 '대우오룡허풍'과 "네 종류의 마(四種魔)를 항복케" 하였다는 행위와 연관성이 느껴진다. 문제는 그러한 논리가 이제 새로운 종교를 꾀하는 19세기말 종교창도자에게 어째서 필요한 것이었겠는가? 하는 점이다. 짐작컨대 증산선생은 전통적의 선도의 기풍을 바탕으로 중생제도의 큰역할을 스스로 자임코자 결단하신 의지의 결과로 이해된다. 따라서 좀처럼 의미를 헤아리기 힘든 "대우오룡허풍(大雨五龍噓風)에 천지대도를 깨닫" 게 된 경위가, "큰 비가 내려 다섯 용이 꿈틀거리듯이 천둥이 치던 시기에 하늘과 땅이 움직이고 순행하는 원리를 홀연히 깨닫게 되었음을 그렇게 문학적 언사로 꾸민 결과도 이해되는 측면이 있다.

이『대순전경(大巡典經)』에는 교훈적 일화와 교학(敎學)의 실례를 소개하기도 하고 있기도 한 점을 빼놓을 수 없다. 이를테면『대순전경』의 '제4장의 57 부분을 보면 증산선생이 당시에 인류의 본질적인 욕구를 무시한 제도에 대하여 강한 비판의식이 있었음을 알게 된다. 당시에 어떤 곳에서 젊은 부인이 남편의 초상을 당하고 곧 순절하였다고 하는 소문을 들었는데, 증산선생은 말하길, "악독한 귀신이 무고하게 사람의 목숨을 살해한다."라는 증산선생님의 설법을 살펴보자. '충성되고 효성스럽고 열렬함이 나라의 큰 기강인 듯이 하나, 나라는 충성됨에서 망하고, 집안은 효성됨에서 망하며, 몸은 열렬함에서 망한다(忠孝烈國家之大綱然 國亡於忠 家亡於孝 身亡於烈)'고 했다. 해당 문장을 다시 돌려 말하자면 충성을 한답시고 하면서 도리어 나라를 뒤엎는 경우가 있고, 자녀를 많이 낳아 어른께 효도를 한답시고 본처를 놔두고 여러 소실을 두어 적서간의 갈등을 낳아 집안싸움이 되게 하고, 열렬한 절개를 지키게 한답시고 과부의 개가를 막아 스스로

죽게 하는 행위는 곧 한 사람의 몸을 죽게 하는 결과를 부른다. 라는
내용을 교훈으로 함축하고자 한다.

찾아보기

증산 **강일순 상제**의 **성해**는

1판 제1쇄 인쇄   2019년 5월 11일
1판 제1쇄 발행   2019년 5월 15일

엮은이   석암 강희준
펴낸곳   뱅크북
등록번호   제2017-000055호
주소   서울시 금천구 시흥대로123다길
전화   (02)866-9410
팩스   (02)855-9411
이메일   sanchung54@naver.com
ISBN   979-11-90046-02-2   03220